纵横百家

让学术亲近大众

1951 年，大学时代的我

2011 年 6 月，在家乡贵州

九十年沧桑

我的文学之路

乐黛云——著

什刹海书院文库
总主编　乐黛云 怡学

导师传记·口述史丛书
主　编　吴安春

中国大百科全书出版社

图书在版编目（CIP）数据

九十年沧桑：我的文学之路 / 乐黛云著 . —北京：中国大百科全书出版社，2021.1

ISBN 978-7-5202-0870-3

Ⅰ . ①九… Ⅱ . ①乐… Ⅲ . ①散文集 – 中国 – 当代 Ⅳ . ① I267

中国版本图书馆 CIP 数据核字（2020）第 245967 号

出 版 人	刘国辉
策 划 人	曾 辉
责任编辑	曾 辉
责任印制	魏 婷
封面设计	今亮后声
出版发行	中国大百科全书出版社
社　　址	北京阜成门北大街 17 号
邮政编码	100037
电　　话	010-88390969
网　　址	www.ecph.com.cn
印　　刷	北京地大彩印有限公司
规　　格	710 毫米 × 1000 毫米 1/16
印　　张	21.5 **插页** 4
字　　数	259 千字
印　　次	2021 年 1 月第 1 版 2021 年 1 月第 1 次印刷
书　　号	ISBN 978-7-5202-0870-3
定　　价	79.00 元

九十岁感言

人的命运总是与时代息息相关。我出生在二十世纪三十年代，1948年考入北京大学。五十年代初期，曾经有过那样辉煌的日子，到处是鲜花、阳光、青春、理想和自信！后来就是一连串痛苦而惶惑的岁月，谁也说不清是怎么回事。我在北大（包括门头沟劳动基地、北大鲤鱼洲分校）当过猪倌、伙夫、赶驴人、打砖手，也学会了耕地、播种、收割，最后又回到学术岗位。八十年代以来，我访问过美国、加拿大、澳大利亚等国家，还去过非洲、南美洲和欧洲。虽然我有机会长期留在国外，但我最终还是回到了北大。

我很庆幸选择了北大，选择了教师这个职业，选择了文学研究作为我的终身事业。我从小就立志从事文学工作，最大的愿望是把美好的中国文学带到世界各地，让各国人民都能欣赏到优美的中国文化，进而了解中国。我努力做着，虽然做得还不够好，但我一直是这样做的。

今年我九十岁了，在北大七十二年。我与北大血脉相连，这里有我的老师、我的亲人、我的学生们。我爱北大，爱她美丽的校园，爱她自由创新的精神。我深深感谢命运给予我的一切，光荣和卑屈、骄傲和耻辱、欢乐和痛苦、动荡和宁静……

书中的文章写作历时多年，大部分已发表在各种散文集或专著中。我的小友马明芳女士对文章进行了精心的编选；助理刘美珍女士费时费力搜集资料，找到了非常珍贵的老照片；中国大百科全书出版社的曾辉同志和编辑们付出了许多努力，在此一并致谢。

乐黛云

2020 年 10 月 20 日

目录

叁 第三章 历史的错位

肆 第四章 噩梦中的噩梦

伍 第五章 自由飞翔

陆 第六章

我的比较文学之路

柒 第七章

跨文化之旅

捌 第八章

第三次再出发

玖 —— 第九章

献给自由的灵魂

第一章

壹

思想性格的萌生

一、父亲与童年

我生在美丽的山城。中国西南部云贵高原有连绵不断的群山，最高的乌蒙山海拔 2900 米。群山之中，有一块不大的盆地，这里四周青山环绕，中间有清澈见底的河流流过。这就是贵阳——我的家乡。

父亲是二十世纪二十年代北京大学英文系的旁听生。他千里迢迢，跨越崇山峻岭，到北京来投考著名的北大英文系。他曾接受过胡适的面试，但胡适嫌他英语口语不好，有太重的山城口音，没有录取他。他一气之下，就在北大西斋附近租了一间公寓，坚持在北大旁听，当了四年北大英文系的旁听生。他告诉我当年北大的课随便听，他只听陈西滢和温源宁的课，虽然对面教室鲁迅的讲堂人山人海，他也从不过问。

他不缺钱。祖父是贵阳山城颇有名气的富绅兼文化人，写得一手好字，收了好些学生。据说他痛恨自己的先人曾是贩卖鸦片的巨商，立志改换门庭，除一个儿子继续经商外，将其余四个儿子都先后送到北京。后来，一个是清华大学首批留美学生，学化学；一个送到德国，学地质，后来多年担任北大地质地理系主任；还有一个学医，是抗战时期贵州名医；只有父亲学文，颇有游手好闲之嫌。

但父亲并不是一个纨绔之人。记得1976年他和我曾到天安门东侧的劳动人民文化宫，当时那里曾作为特殊的灵堂安放周恩来总理的骨灰3天，我们去向周恩来总理做最后的告别，他一再和我谈起1924年，他到天安门西侧中山公园悼念孙中山，并步行送孙总理遗体上碧云寺的情景。他对两位总理都深怀敬意，曾对相隔五十余年的西侧、东侧两次悼念，不胜唏嘘。但他却始终讨厌政治，只喜欢读济慈、华兹华斯的诗。

1927年，他“学成”还乡。同学中有人劝他去南京，有人劝他去武汉，他都不听，一心要回家乡，建立小家庭，享人间温暖，尽山林之乐。据他说，途经九江，曾遇一位革命党人，好意劝他参加革命，不想他游庐山归来，这位革命党人已经被抓进监狱，这更使他感到政治斗争的残酷，而更坚定了“躲进小楼成一统，管他冬夏与春秋”的决心。

回到贵阳，父亲很是风光了一阵。他穿洋装，教洋文，手提文明棍；拉提琴，办舞会，还在报上骂军阀，都是开风气之先。他又喜欢和教堂的神父、牧师交往，练练口语，换换邮票，看看杂志，喝喝咖啡之类。“文化大革命”期间，他为此吃了大苦头，说他是什么英国特务的高级联络员等，经过多次“触及灵魂的批斗”，后来也就不了了之。

父亲当年回乡最得意之事就是娶了比他年轻十多岁的母亲，她是当年女子师范艺术系的校花，从此筑成了他多少年来朝夕梦想的温馨小家。我就是在这样一个家庭中长大。父母都是新派人，又有钱无处花，所以四岁就送我进天主堂，跟一位意大利修女学钢琴。一星期三次，我每次都被天主堂那只大黑狗吓得魂飞魄散，对钢琴毫无感觉。我在这个名叫善道小学的教会学校念到三年级，留下了对天主堂圣诞节、复活节的辉煌记忆。最有意思的是每个礼拜的望

1935 年，父亲和我

弥撒，我还能清楚记得那每次必念的经。当时这些经对我来说，只是一串音符，现在想来，大概是如此："申尔福、玛利亚，满被圣宠者，主与尔贤焉。女中尔为赞美，尔胎子耶稣，并为赞美。天主圣母玛利亚，为我等罪人，敬谢天主及我等死后人。阿门。"这一段经，当时学校上下人人会念。最近读关于第一批耶稣会士利玛窦的书，才恍然大悟，原来，利玛窦为了迎合中国文化讲求仁义、崇拜祖先、尊重母亲的特点，尽量少宣传耶稣被钉死在十字架上的残酷形象，而多宣传圣母，以致乡民认为主宰天主教的是一位女性；而且在敬谢天主之后，还要敬谢"死后人"之类，大概都是外来文化首先迁就本土文化（崇拜祖先）的痕迹。

对天主堂的其他记忆是还有一次为一名德高望重的老神父送葬。那次，我走在最前面，手捧一大把非常美丽的鲜花。另外，就是许许多多漂亮的十字架和念珠，以及每回圣诞节必得的一只透明小靴子，里面装满了五颜六色的糖果，有时还会有一个小小的刻着圣母像的精致圣牌。

卢沟桥事变之后，贵阳这座山城陡然热闹起来，市街上摆满了地摊，出售逃难来的"下江人"（指来自长江下游发达地区的人）的各式衣服杂物；油炸豆腐、江苏香干、糖炒栗子、五香牛肉的叫卖声此起彼落。一到傍晚，人群熙熙攘攘，电石灯跳动着小小的蓝火苗，发出难闻的臭味。我却欢喜和母亲一起一边在闹市中穿行，一边吃个不停。可惜好景不长，大约是 1939 年末，下达了疏散学校的命令，父亲所在的贵阳一中奉命迁到离市区十余里的农村——乌当。先是在一个大庙里上课，后来又修建了一些简陋的草房；教员则挤在租来的民房里。父亲仍不改他的"浪漫"，别出心裁地租了一座农民储粮的仓库，独门独户，背靠小山，地基很高，面向一片开阔的打谷场。

二、蓝色的天堂

我们一家四口（还有两岁的弟弟）就在这个谷仓里住了两年多。尽管外面兵荒马乱，但我们还可以沉浸在父亲所极力营造的一片浪漫温情之中。例如我们常常去那座小山顶上野餐，欣赏夕阳。这种时候，我和弟弟在草地上打滚，摘野花，有时也摘一种野生的红荚黑豆和大把的蒲草，母亲会将它们编成一把笤帚扫床。母亲还教我们用棕榈叶和青藤编织小篮儿，装上黄色的蒲公英花和蓝色的铃铛花，非常美丽。这时候，父亲常常独自引吭高歌，他最爱唱的就是那首英文歌《蓝色的天堂》："just Mary and me，and baby make three，that is my blue heaven!"有时我们也一起唱："家，家，甜蜜的家！虽然没有好花园，春兰秋桂常飘香；虽然没有大厅堂，冬天温暖夏天凉……"父亲有时还唱一些古古怪怪的歌曲，我至今还清楚地记得其中一首歌词是这样："我们永远相爱，天荒地老也不分开，我们坚固的情爱，海枯石烂也不毁坏；你看那草儿青青，你看那月儿明明，那便是我们俩纯洁的真的爱情。"我至今不知此是中国歌还是西洋歌，是流行歌曲还是他自己编的创作歌曲。

中学教师的薪水不多，但乡下物价便宜，生活过得不错，常常可以吃到新鲜蔬菜和鲜猪肉。每逢到三里外的小镇去买菜赶集，就是我最喜欢的节日。琳琅满目挂在苗族和仲家族项链上的小铃铛、小饰物，鲜艳夺目的苗族花边和绣品，还有那些十分漂亮、刻着古怪图案、又宽又薄的苗族银戒指，更是令人生出许多离奇的梦幻。唯一令人遗憾的，是没有好点心可吃。母亲于是用洋油桶做了一个简易烤箱，按书上的配方做蛋糕和饼干。开始时，蛋糕发绿，饼干有一股涩味，后来一切正常。由于加了更多的佐料，比在城里点心店买的还要好吃。父母常以《浮生六记》的男女主人公自况，《闲情记趣》一章也就成了我的启蒙读物。那时候，生活真好像是一首美丽恬静的牧歌。然而，经过多年之后，回想起来，倒也不尽然。

我们家附近没有小学，父母就自己教我念书。父亲教英语、算术，母亲教语文和写字。

母亲嫌当时的小学课本过于枯燥无味，就挑了一些浅显的文言文和好懂的散曲教我阅读和背诵。我现在还能背全篇归有光的《祭

1933 年，母亲和我

1940 年，九岁的我

妹文》和一篇至今未能找到出处的短文。这篇短文按我的记忆大致如下："闻门外有卖花声，呼之入，视之，则一女子，年可十六七，因询其家状，女曰：'吾父夙经商，不幸，病目失明。余因自念，在家坐食，徒为亲累，特非计之得，遂请于父母，以卖花为业，于此获微利，借谋自立之道焉。'已而顾日影曰：'日将终，吾将趋归，为吾父做饭。'"后来，我曾遍寻各种典籍，却始终找不到这篇短文的出处。我有点怀疑这是不是母亲自己编的。

母亲十岁丧母，外祖父是贵州大法官，三个女儿中，最爱我母亲。他为了照顾孩子，娶了一房继室。谁知孩子们的生活由此更为难过，外祖父不久即抑郁而死，那时母亲年仅十五岁。母亲是一个非常要强的人，她一方面支持比她大四岁的姊姊到北京求学，另一方面，带着比她小五岁的妹妹在别人的欺凌中苦苦挣扎。据我后来的观察，她与父亲的结合多少有一些"不得不如此"的苦衷。她内心深处总以靠父亲生活不能自立为耻。对于父亲的种种"罗曼蒂克"，她也不过勉强"紧跟"而已。从我很小的时候起，她总时时刻刻教我要自立自强，并让我懂得依靠别人是非常痛苦的事。母亲很少教我背诗，却教我许多易懂的散曲，内容则多半是悲叹人生短暂，世事无常。那首"碧云天，黄花地，西风紧，北雁南飞。晓来谁染霜林醉，总是离人泪"，母亲最喜欢，还亲自谱成曲，教我唱。我至今会背的，还有"晓来青镜添白雪，上床和鞋履相别……人生有限杯，几个登高节！嘱咐俺顽童记者，便北海探吾来，道东篱醉了也"，等等。从后来的许多事实看来，这些选择都体现出母亲内心深处的一些隐痛。

其实，所谓牧歌云云，也不过是自己给自己营造的一种假象。当时，抗日运动在高涨，学校也来了许多"下江"学生和先生。他们教大家唱抗日歌曲，诸如"大刀，向鬼子们的头上砍去""工农兵学商，一起来救亡”之类，我都是当时学会的。我印象特别深的是有一位美术老师，我至今还记得他的名字叫吴夔。我之所以记得这个名字，是因为夔字太难写，母亲教我写了很多遍。他教学生用当地出产的白黏土做各种小巧的坛坛罐罐，然后用一个铜钱在上面来回蹭，白黏土上就染上一层淡淡的美丽的绿色。他又教学生用木头雕刻简单的版画，我记得刻的大都是肌肉隆起的臂膀，还有喊叫的张开的大嘴。版画上大都刻着抗日的大字标语。学生们都很喜欢他，特别是我的小姨、母亲唯一的妹妹，当时也是贵阳一中的学生。父母在乡间很少招待客人，这位吴先生却是例外，记得他来过好几次，和父母谈得很高兴。然而，到了大清洗的那一天，在一个漆黑的夜晚，吴先生和两个学生被抓走了，警车呼啸着，穿过我们窗前的小路。不久，传来消息，说吴先生一被抓到城里就被枪毙了，他是共产党员！接着又有一些学生失踪。母亲把小姨囚禁在家，也不让她上学，她大哭大闹也没用。就在那个夏天，父亲被解聘，失了业，罪名是与共党分子往来。幸而他们并未搜出学生们藏在我家天花板上的文件，否则问题就不只是解聘了。那是1941 年，我十岁。

三、困顿与转机

我们一家凄凄惶惶地回到了贵阳。原来的房子已租给别人，我们无处可去，只好挤进“老公馆”。所谓“老公馆”，就是祖父去世前与他的五房儿子共居的处所。老屋很大，共有六进，从一条街进去，打从另一条街出来。

当年祖父去世，五兄弟分家，有的分了田产，有的分了商号，父亲放弃了其他一切，只要了祖父晚年刻意经营的小小的后花园。我记得当时的“乐家大院”是一座很长的大建筑，横穿两条街：大门开在普定街，后花园出口是毓秀里。房屋有五进：第一进是办公待客的地方；第二进是祖父的书房，这两处后来改建为伯父临街的诊所；第三进是祖父原来的起居室，祖父去世后，设有乐氏族宗的牌位，由祖父的姨太太掌管，每天按时进香、敲磬、祭祀；第五进是一些无人居住的旧房。穿过这些荒凉地带就是后花园。

花园里原有一座带飞檐的旧楼，挂着“湘雪堂”的牌匾，有许多玉兰花、紫荆花和古老的银杏树，还有一口养金鱼的大石缸。父亲对这个花园进行了彻底改造，他买来许多外国建筑和室内装饰杂志，自己设计了一幢美丽的小洋楼。那还是三十年代初期，在贵阳确是绝无仅有。父亲对自己的杰作满意极了！他常常举行周末家庭舞会，宾客云集，华尔兹、狐步舞、探戈都从这里传播开去。他们在里屋舞兴正酣，我们几个小孩则在外屋把准备好的糖果点心吃个够!

这是父亲一生中最快乐的几年。可惜好景不长，政府决定要新修一条马路，通过毓秀里，直达体育场。后来父亲告诉我，曾有人来联系，说是只要自愿出一点“捐赠”，马路就可以绕开一些，不一定从父亲的花园穿过。父亲认为如此公然让他行贿，简直是奇耻大辱，不仅拒绝，还把来人大骂了一顿。据说原来计划修的马路并非像后来那样，就是因为父亲坚决拒绝行贿，惹恼了父母官，一条大路硬是从我们的花园中央蛮横地穿了过去。花园中的这个厅，那个楼，当然全都被拆得七零八落，林木花草更是一片凋零。父亲已不再有钱修复破败的花园，只好将房子和地皮都交给当时正在发展的“信谊药房”经营。相约八年内由他们使用，八年后他们占一半，交还父亲一半。

“老公馆”堂屋旁边还有间空屋，我们一家四口就搬了进去。和原来的大花园相比，自然是天上地下。

我们真是过了一段非常穷困的日子。我常陪母亲到贵阳专门收购破烂的金沙坡去卖东西。几乎所有能卖的东西都卖光了。记得有一次，母亲把父亲过去照相用作底片的玻璃片洗得干干净净，一扎扎捆得整整齐齐，装了一篮子，拿到金沙坡旧货市场去卖，但人家不愿买，说了很多好话才卖了五毛钱。母亲和我真是一路滴着眼泪回家。更难堪的是，当时已是贵阳名医的伯父，事业非常发达。他的私人医院占据了大部分老宅，而且修缮一新。许多权贵都来和他结交。就在同一院内，他们家天天灯火辉煌宾客盈门。我的六个堂兄弟都穿着时髦，请有家庭教师每天补习功课。我和他们常一起在院子里玩，每到下午三点，就是他们的母亲给他们分发糖果点心的时候。这时，母亲总是紧关房门，把我和弟弟死死地关在屋里。在这一段时间里，父亲很颓丧，母亲和我却更坚定了奋发图强，将来出人头地的决心。

生活的转机有时真是来得好奇怪！父亲偶然碰到了一个北京大学的老同学，他正在为刚成立不久的贵州大学招兵买马，一谈之下，父亲当即被聘为贵州大学英文系讲师，事情就是那么简单！我们一家高高兴兴地搬到了贵州大学所在地花溪。说起花溪，也真是有缘分。这是一个非常美丽的小镇，一湾翠色的清溪在碧绿的田野间缓缓流淌，四周青山环绕，处处绿树丛生，离贵阳市中心四十多里地，但多少年来，这块宝地却不为人知。

还在抗日战争爆发前三四年，喜爱爬山越野的父亲就发现了这一片世外桃源。那时这里还是一片不为人知，只是仲家族聚居的荒山僻野。如果你不能步行四十里，就绝无可能亲自领略这一派人间仙境。父亲一心向往西方生活方式，也想在城外拥有一间幽静的别墅。他花了很少一点钱在花溪（当时的名称是“花格佬”）买了一小片地，就地取材，依山傍水，用青石和松木在高高的石基上修建了一座有三个房间长的房子，前面有宽宽的阳台，两边有小小的耳房，走下七层台阶，是一片宽阔的草地，周围镶着石板小路，路和草地之间，是一圈色彩鲜艳的蝴蝶花和落地梅。跨过草地，是一道矮矮的石墙，墙外是一片菜地，然后是篱笆。篱笆外便是那条清澈的小溪了，它是大花溪河的一道小小的支流，把大河里的水引向脚下一大片良田。草地的左边是一座未开发的、荒草与石头交错的小山。最好玩的是在篱笆与小山接界之处，有一间木结构的小小的厕所，厕所前面有一块光滑洁净的大白石。后来，我常常坐在这块大白石上，用上厕所作掩护，读父母不愿意我读的《江湖奇侠传》和张恨水的言情小说。草地的右侧则是一间厨房和一间储藏室，父亲雇来看房子和种花草的一个孤单老人就住在这里。听说他也不是本地人，而是一个四处流浪、无家可归的老兵。几年后，这位孤独的老人一病不起，父亲一怕传染，二不愿有人死在自己的家里，就在墙外搭了一个草棚，将老人搬进去。我每天给他送水送饭送药，心里总感到很难过、很不忍，觉得我和父亲一起做了亏心事。这是我第一次朦胧体验到人间的不平，此是后话。当年，这位老兵可真是把房子、菜地、花园全都收拾得一无瑕疵，可惜路途遥远，交通不便，实际上，抗战前我和母亲只去过一次，是乘轿子去的。那次，新居落成，父亲大宴宾客，游山玩水，唱歌跳舞，又是听音乐，又是野餐，很是热闹了好几天。平时，只有父亲常去，他喜欢步行，认为那是一种很好的运动。

这次重返花溪的机缘简直使父亲欣喜若狂。虽然他的别墅离贵州大学足有十里之遥，他也宁可每天步行上课，而不愿住进大学的教师宿舍。后来他为此几乎付出了生命的代价。他和母亲在这里一住就是三十年，二十世纪五十年代，当我们兄弟姊妹都在北京念书或工作时，他忽然得了脑血栓，人事不知，昏迷不醒。那幢别墅修建在土家族聚居的一座小山的半山腰，离镇上的小医院还有十多里路，既没有车也没有电话，一时间更叫不来帮手。母亲怎么把父亲弄到医院，父亲又怎么能全无后遗症地恢复了健康，对我们来说，始终是百思不得其解！

我快乐地在花溪度过了我的初中时代。母亲因为在我就读的贵阳女中找到了一份教书的工作，心情比过去好多了。她担任的课程是美术和劳作。她教我们用白黏土做小器皿，并用铜板磨上淡淡的绿色。我知道这是为了纪念那位被枪杀的年轻美术教师吴夔。母亲还教我们用粗毛线在麻布上绣十字花，她也教我们铅笔画、水彩画、写生和素描。总之，她的教法是相当新潮的。她非常爱艺术，也爱她的学生。据说她和父亲结婚的条件就是婚后送她到上海读书学画，但是由于过早地怀上了我，一切计划都不得不付诸东流！后来母亲和父亲吵架时，总是恨恨地骂他毁了她的一生。其实父亲也并非不感到内疚，在我两三岁时，父亲曾带着我和母亲到杭州，让母亲在那里上了著名的杭州艺专。但是不到半年，由于我不知道的什么原因，我们一家又回到了贵阳。

总之，我们在花溪的生活又恢复到过去的情调：在小溪边野餐，看日落，爬山，做点心，赶集，只是这里的集市要比乌当大得多了，父亲又开始快乐地唱起他那些永远唱不完的老歌。

四、山城中学生活一瞥

抗战初期，我在从贵阳疏散到花溪的贵阳女中念完了三年初中。这所刚从城里迁来的学校集中了一批相当优秀的老师。我最喜欢的一门课是国文。老师是刚从北方逃难南来的一位“下江人”。我还清楚地记得她的名字叫朱桐仙。她也不愿住在学校附近，就在我们家那座小山上，比我们家更高一些的地方，租了两间农民的房子。她单身一人，家中却很热闹，常有许多年轻的来访者。母亲不大喜欢她，常在背后指责她走起路来扭得太厉害，有故意卖弄风情之嫌。

朱老师很少照本宣科，总是在教完应学的单词、造句和课文之后，就给我们讲小说。一本英国托马斯·哈代的《德伯家的苔丝》，讲了整整一学期。那时我们就知道她的丈夫是一个著名的翻译家，当时还在上海，《德伯家的苔丝》正是他的最新译作。朱老师讲故事时，每次都要强调这部新译比旧译的《黛丝姑娘》好得太多，虽然她明知我们根本听不懂翻译好在哪里。在三年国文课上，我们还听了《微贱的裘德》《还乡》《三剑客》《简爱》等。这些美丽的故事深深地吸引了我，我几乎每天都渴望着上国文课。

初中三年，我们每学期都有国文比赛，每次我都是尽心竭力，往往几夜睡不好觉，总想得到老师的青睐，然而，不管我如何奋斗，我从来就只是第二三名，第一名永远属于老师的宠儿“下江人”葛美。她穿着入时，皮肤白皙，两只大眼睛清澈明亮。我对她只觉高不可攀，似乎连嫉妒都不配。她也一向只和“下江人”说话，从来不理我们这些乡巴佬。

我们的国文课越上越红火了。大约在二年级时，朱老师在我们班组织了一个学生剧团，第一次上演的节目就是大型话剧《雷雨》。我连做梦都想扮演四凤或繁漪，然而老师却派定我去演鲁大海。我觉得鲁大海乏味极了，心里老在想着繁漪和大少爷闹鬼，以及二少爷对四凤讲的那些美丽的台词。由于演出相当成功，朱老师甚至决定自己来创作一出歌剧。她在课堂上大讲中国京剧如何落后，意大利歌剧如何高超。她终于和一位姓李的贵州农学院的讲师合作，写出了中国“第一部可以称为歌剧的歌剧”。在他们合作的过程中，李先生几乎每天都来朱老师家，他俩为艺术献身的精神着实令人钦佩。李先生会拉手风琴、会弹钢琴，朱老师构思情节并写歌词。他们常常工作到深夜，于是，人们开始窃窃私语。每逢李老师过我家门口，母亲总是对父亲悄然一笑。有一次母亲还一直熬到深夜，就为看看李先生究竟回家没有，我也使劲撑着眼皮，但很快就睡着了，到底不知结果如何。

不管怎样，歌剧终于完成，并开始大张旗鼓的排练。朱老师要求全班都学会唱歌剧中所有的歌，我们大家每天都得练到天黑才回家，这些歌也都深深刻进了我们年少的记忆。记得演出时，帷幕一拉开，就是伯爵登场，他轻快地唱道：“时近黄昏，晚风阵阵，百鸟快归林。荷枪实弹，悄悄静静，沿着山径慢慢行……”他随即开枪，向飞鸟射击。一只被击中的小鸟恰好落在树林深处伯爵夫人的怀里，她于是唱起了凄凉的挽歌："鸽子呀，你栖息在幽静的山林，你整天在天空飞翔，从东到西，从南到北，没有一些儿阻挡；鸽子呀，你哪知凭空遭祸殃，可怜你竟和我一样，全身战栗，遍体鳞伤，失去自由无力反抗……"正在此时，一位流浪诗人恰好走来，他唱着："异国里飘零，流亡线上辛酸，这生活的滋味像烙印般刻在我心上。每日里，痛苦鞭打着我，我饱受人间的冷眼讽言。我只能忍气吞声，我只能到处飘零。如今，我不知向何处寻求寄托，何处飘零？！"当然，两个不幸的人立刻同病相怜，随即坠入情网。后来，当然是伯爵一枪将诗人打死，伯爵夫人也就自杀身亡。

当时，这出"千古悲剧"真使我们心醉神迷！虽然所有角色照例都属于漂亮入时的"下江人"，但我们对于分配给我们的任务却是十分尽职尽责。记得我当时负责管道具，为了打扮那位伯爵夫人，我把母亲结婚时用的银色高跟鞋和胸罩（当时一般女人不用胸罩）都背着母亲翻了出来。演出当然又是非常成功。露天舞台设在高高的土台上，后面是一片幽深的松林，当年轻美丽的伯爵夫人穿着一身白纱裙（蚊帐缝的），头上戴着花冠从松林深处幽幽地走向前台时，大家都不由自主地屏住了呼吸。

我就是这样爱上了文学，爱上了戏剧。

母亲把她的全部希望寄托在我身上，总想让我来实现她未能实现的梦想。初中一毕业，她就让我考上贵州唯一的国立中学——第十四中。这里的同学大半是大官和有钱人家的子弟，"下江人"居多，师资水平相当高，其中不少人原来是大学教师或报刊文人。在当时，学校方面对学生有一套严格的管理办法，每一班级都有一个班主任，这一班级就以他的名字命名。我们的泽寰班以数学好著称。我后来考大学能拿高分，就得益于赵泽寰老师教我的数学。学校每天都有升旗仪式，唱《国歌》《国旗歌》，然后校长训话。晚上有晚点名，点名前唱的歌是《劳动歌》："神圣劳动，小工人爱做工；神圣劳动，小农民爱耕种……为什么读书，为什么读书，为辅助劳动。"点名后唱的歌是学校老师自编自谱的《马鞍山颂歌》，我至今清楚记得歌词是这样："马鞍山，马鞍山，是我们成长的园地，是我们茁长的摇篮。山上飘洒着园丁的汗雨，山下流露着慈母的笑颜。上山！上山！往上看，向前赶！永恒的光，永恒的爱。永远地守住我们的园地，永远地守住我们的摇篮！"每个星期一都要举行"纪念周"，在这种全校的周会上，常常有大小官吏来训话。总之，国立第十四中有自己独特的传统和校风，尊师爱校，严格训练和管理，重视劳动，每个班级都有自己的自留地，学生都为自己的学校而自豪。

五、沉浸在西方文化的海洋中

可惜我在第十四中的时间并不长，高二那年，抗日战争胜利，第十四中迁回南京，重新复原为中央大学附属中学，我则仍然留在贵阳。高中三年印象最深的就是美国。我对那些嚼着口香糖，伸出大拇指叫“顶好”，开着吉普车横冲直闯的美国兵并无好感。我每个周末回花溪，有时坐马车，有时走路，总会碰上那些载着花枝招展的时髦姑娘的美国吉普。车上的美国兵常常对着我喊：“漂亮姑娘，要不要搭车？”他们其实也许并无恶意，但我却觉得受了莫大的侮辱。

有一次，我和堂姊在花溪平桥碧绿的溪水里游泳后，正穿着游泳衣坐在桥头上晒太阳，来了一群醉醺醺的美国兵，他们先是说说笑笑，后来就动手动脚，竟将堂姊推落水中。堂哥一见大怒，用相当流利的英语和他们争吵起来。堂哥当时是空军机械师，刚从美国受训一年归来。美国兵一看堂哥能开“洋腔”，顿时有些气馁，终于被迫道了歉。后来发生“沈崇事件”，美国兵强奸了北京大学的女学生，凶手竟被引渡回国，无罪开释，引起了全国学生运动。我自己更是对美国兵恨之入骨。我的这位堂哥后来加入了地下共产党，解放前夕被抓进监狱，国民党撤退时英勇就义，成为贵州有名的烈士。我想他所感到的民族的屈辱一定也是他参加革命的重要动因。

然而，奇怪的是我一方面讨厌美国兵，一方面却又被美国文化深深地吸引。四十年代那些美国的所谓“文艺哀情巨片”简直使我如醉如痴。泰隆·鲍华、罗勃·泰勒扮演的银幕上的美国兵竟然成了我心目中的英雄。每个周末放学回花溪，我宁可摸黑走路回家，也要在星期六下午赶两三场美国电影。当时的《魂断蓝桥》《鸳梦重温》《马克·吐温传》等影片在我心中烙下了深深的印记。

我们学校附近就有美国兵的驻地，我和同学们都喜欢黄昏散步时在那边徘徊。堆成小山的咖啡渣发出诱人的香味，偶尔会拾到一两张美丽而有光泽的糖纸。特别吸引我们的是沿街销售美国剩余物资的小地摊，从黄油、奶粉、口香糖、信封、白纸，直到专供美国兵用的简装本的古典小说和侦探故事都有。这种简装本六十四开、软封皮、不厚不薄，在车上、床上，特别是上课时偷着看都很方便。霍桑、海明威、辛克莱、斯坦贝克，我都是通过这些简装缩写本读到的。当时，傅东华翻译的美国小说《飘》刚刚出版，真称得上风靡一时。同学们都在谈论书中的人物，我和母亲也时常为书中人物发生争论。我当然是有文化、有理想、有教养的文弱书生卫希里的崇拜者，母亲的英雄却是那位看透了上流社会、能挣会赚的投机商人白瑞德。

应该说，整个高中时代，我都沉浸在西方文化的海洋中。每个星期六一定参加唱片音乐会，听著名的音乐史家萧家驹先生介绍西洋古典音乐，然后系统地欣赏从巴赫、贝多芬、舒伯特、德沃夏克、柴可夫斯基到德彪西、肖斯塔科维奇的乐曲。我当时对萧先生特别崇拜，他的言谈举止对我都十分有吸引力。后来听说他和我堂哥一起被关进了国民党监牢。肃反时又听说他被监禁，原因只是他既然没有被国民党枪杀，那就肯定是叛徒。关了好几年，出狱不久就与世长辞。那时，除了参加唱片音乐会，每个星期天晚上，我还一定参加圣公会的英文礼拜，听上海圣约翰大学神学院毕业的汤牧师用英文布道。起先只是想练练英语听力，后来是真正对基督教的一套仪式发生了兴趣。特别是那些非常动人的赞美诗，似乎真沟通了一种超自然力量和人的灵魂。我不但参加礼拜，而且也参加了查经班、唱诗班，并认识了年轻的女牧师密斯宾。这是我认识的第一个美国人。我们一起用英文读《圣经》，唱赞美诗。我最爱听她讲《圣经》故事和人生哲理。她的广博知识、平等待人，特别是她舍弃平安富裕的生活，来到这陌生环境的献身精神都使我深深地感动，并看到了另一种人生。

在这一时期，我的业余时间几乎全部用来看外国小说，包括英国 D.H. 劳伦斯的《查泰莱夫人的情人》，法国安德烈·纪德的《田园交响乐》和《伪币制造者》，俄罗斯陀思妥耶夫斯基的《被侮辱与被损害的》《卡拉马佐夫兄弟们》，等等，真是无所不看！我也喜欢写散文、念古诗，国文课上总是得到老师最热情的夸奖。我就是这样无可挽回地走上我的文学之路。

六、我心中的山水

我生在美丽的山城贵阳。在这崇山峻岭之中，我的第一个记忆就是从我家楼上玻璃窗可以看见的苍蓝色的螺蛳山。从小我就知道这螺蛳山名称的由来，这是一个美丽而凄凉的故事。在我家那棵古老的银杏树下乘凉的时候，人们反复讲过这个故事。

从前，在平坦的盆地上有一家七姊妹，都是聪明美丽的姑娘。住在深山里的蛇公子仰慕她们的聪明美丽，就打发蜜蜂来做媒求婚。蜜蜂飞到这一家，对七个姑娘唱道："嗡嗡嗡，嗡嗡嗡，蛇家请我做媒公！牛驮胭脂马驮粉，金银绫罗十二捆，问你张家大姐肯不肯？"大姐不肯，说爬山太苦。蜜蜂挨个儿往下问，二姐说山泉太凉，三姐说森林太黑，四姐说山石太陡峭，五姐说离家太远，六姐说蛇太可怕，她们一起把蜜蜂轰出门。但小七妹和她们不同，她自幼爱山，爱水，爱森林，爱峭石，爱山间的野花，爱林中的小动物……她高高兴兴地答应了蛇公子的求婚，和蜜蜂一起走进了深山。她来到密林深处辉煌壮丽的蛇公子的宫殿。蛇公子每天晚上变成英俊少年和小七妹在一起，他们生活得非常幸福。

日子久了，小七妹想念自己的亲人，希望和姐姐们一起分享自己的快乐。她请蜜蜂带队，给姐姐们送去了很多礼物，又请六位姐姐到深山的宫殿里来做客。姐姐们从未见过如此美丽的宫殿、如此富裕的生活。她们都非常后悔没有听蜜蜂的话，对小七妹十分嫉妒，并认为这一切本应属于她们自己。于是，她们想出一条毒计。她们一起到蛇公子面前，说他受了小七妹的欺骗。她们的妹妹原来就最恨山，最恨水，最恨树，最恨花草虫蛇，特别认为蛇是最阴毒的动物！这次，她邀请六个姐姐进山，目的就是要合力害死蛇公子，独占他的宫殿和财产。唯有她们六个姊妹与小七妹不同，她们六姊妹最爱山，最爱水，最爱树，最爱花草虫蛇，她们认为蛇是最美好的动物，她们决不肯将蛇杀害，因此，不顾手足情深，决定将小七妹的这个阴谋揭露出来。蛇公子一听大怒，立即将小七妹赶出家门。小七妹伤心极了！她不能理解这个世界为什么竟能如此颠倒黑白，亲姐姐为什么如此狠心，自己的丈夫为什么能如此轻信无情？她哭了又哭，从这个山头漂泊到另一个山头。有一天，她将头埋在手臂里痛哭，山神可怜她，就把她变成了一座美丽的山。我从玻璃窗看见的螺蛳山就是她高耸如螺的发髻，她的泪一滴一滴流在山石上，变成了盈盈的清泉，她的足边总是开满鲜花。山神又怕她感到寒冷，常常用白色的雾霭，轻纱一般围绕在她胸前。因此，我们看到的螺蛳山常常是一种特别的青黛色，比周围的青山更加苍蓝，围绕着山腰的雾霭也显得更加洁白。记得从小母亲就教给我一首诗，其中有两句是："天女似怜山骨瘦，为缝雾縠作春衫。"

这个故事和这首诗在我的记忆中总是连接在一起，诗和故事都很美，然而，事实却是另一回事。由于贵阳地处盆地，从沼泽、山洼升起的湿雾很难越过高山，向外消散。这种湿雾对健康有害，被当地人称为"瘴气"。长期以来，这块"疫瘴之地"都是人烟稀少，成为政府流放要犯的场所。后来在这里定居的汉族人越来越多，将原住这里的苗族同胞驱赶到更远、更深、更陡峭的深山老林。这些苗民为了纪念他们在被驱赶过程中死伤的同胞和曾经带领他们战斗的苗王，每年四月春暖花开时节，都要回到贵阳市中心，唱歌、跳舞，抒发心中的情思。这一民俗一直延续到今天，在我心中留下了深刻的印象。这些来自深山的苗族人总是激起我深深的好奇和遐想。他们生活在封闭的群山之中，依然保存着很多原来的习惯和风物。苗族妇女至今仍然梳着高高的螺髻，穿着自织的有精致花边的褶粗蓝布衣裙。苗族妇女的百褶十分宽大，皱褶很多，一直垂到足踝，走起路来，裙边随步态摆动，十分动人。一到春天，苗族妇女就会将山里刚出芽的野菜，如蕺菜（当地人称为“折耳根”，即鱼腥草）的幼芽，还有气味很刺激的小野蒜（当地人称为“苦蒜”）背到城里来卖；随着秋天的到来，她们又会背来满背篓的“红子”（一种艳红的野果）、翠绿色的刺梨（现在已被开发为富含维生素的营养食品），还有用棕榈叶穿起来的、深红色的山楂果，一串串挂在胸前。她们走街串巷，叫卖这些从深山里采摘来的、大自然赐予的珍宝。卖了钱，就换盐和五颜六色的丝线。她们多半是一大早进城，黄昏时分便不见踪影。有的城里人对她们很歧视，传说她们都有一种被称为“放蛊”的邪术。这种巫术是将蜈蚣、毒蛇、蝎子、红蜘蛛等七种剧毒的动物关在一个土罐里，让它们互相吞食，最后剩下一个最毒者。这个最毒者被用毒咒炼成粉，带在苗族妇女身边，这就是“蛊”。如果有人触犯她们，她们就会念着特殊的咒语，将毒粉弹在那人身上。这个人回家就一定得病。这当然只是传说，包含着对他种民族的轻慢，但苗族妇女也靠这个传说保护了自己。例如我就曾亲眼见过一群轻薄少年跟在一个苗族姑娘身后恶意地问：“喂，你们为什么穿裙子？裙子里面穿着裤子吗？”姑娘把手伸向衣袋，他们就全被吓跑了。他们相信姑娘衣袋里一定有“蛊”。

我对这些深山里来的人从来就怀着敬畏，觉得她们又神秘，又美丽，总是在心里把她们和那个在深山里漂泊的、被陷害的小七妹联系在一起。我就是在这样既神秘又美丽，充满着原始想象的氛围中长大。

第 二 章

贰

四院沙滩

一、北上求学

我在国立第十四中的许多朋友，抗战胜利后，都纷纷回到“下江”，有的在北京，有的在南京，有的在上海。高中三年级时，我已下定决心，一定要离开这群山封闭的高原之城。我一个人搭便车到重庆参加了高考。这是一辆运货的大卡车，我坐在许多木箱之间颠簸，穿行在云雾和峭壁之间。久已闻名的什么七十二拐、吊尸岩等名目吓得我一路心惊胆战！好不容易来到了重庆沙坪坝原中央大学旧址，西南地区的考场就设在这里。大学生们早已放假回家。我们白天顶着三十八九度的高温考试，晚上躺在空荡荡的宿舍里喂早已饿扁了的臭虫。那时是各大学分别招生，我用了二十天参加了三所大学的入学考试。回贵阳后，得知我的中学已决定保送我免试进入北京师范大学，不久，北京大学、中央大学、中央政治大学的录取通知书也陆续寄到。我当然是欢天喜地，家里却掀起了一场风波！父亲坚决反对我北上，理由是北京眼看就要被共产党围城，兵荒马乱，一个十七岁的女孩子出去乱闯，无异于跳进火坑！他坚持要我必须待在家里，要上学就上家门口的贵州大学。经过多次争吵、恳求，直到以死相威胁，父亲终于同意我离开山城，但只能到南京去上中央大学。他认为共产党顶多能占领长江以北，中国的局面最多就是南北分治，在南京可以召之即回。我的意愿却是立即奔赴北京。母亲支持了我，我想这一方面是由于她的个性使她愿意支持我出去独闯天下；另一方面，她也希望我能在北方找回她失踪多年的姐姐。二十年前，她曾卖尽家产，供姐姐北上念书，当时有约，五年后，姐姐工作，再援引两个妹妹出去念书。谁知一去二十年，音信杳无，也不知是死是活！我们对父亲只说是去南京，母亲却给了我十个银圆，默许我到武汉后改道北京。

我当时只是一心一意要北上参加革命。其实，我并不知革命为何物，我只是痛恨那些官府衙门。记得我还是一个初中学生时，父亲就让我每年去官府替他交房捐地税。因为他自己最怕做这件事。我当时什么都不懂，常常迷失在那些数不清的办公桌和根本弄不懂的复杂程序中，被那些高高在上的官儿们呼来喝去，以致失魂落魄。父亲还常安慰我，说就像去动物园，狮子老虎对你乱吼，你总不能也报之以乱吼吧！对于每年必行的这种“逛动物园”，我真是又怕又恨，从小对官僚深恶痛绝。加之，抗战胜利后，我的一个表哥从西南联大回来，带来他的一帮同学，他们对我们一群中学生非常有吸引力。我们听他们讲闻一多如何痛斥反动政权，如何与李公仆一起被暗杀，哀悼的场面是如何悲壮，学生运动如何红火。我们听得目瞪口呆，只觉得自己过去原来即便不是个白痴也是个傻瓜！简直是白活了。其实，现在想来，他们也难免有夸张之处，例如我的表哥说他曾扛着一条炸断的人腿，到处跑着去找寻腿的主人！这显然不太可能，但当时我们却什么都深信不疑，并坚定地认为国民党统治暗无天日，不打垮国民党，是无天理，而投奔共产党闹革命，则是多么正义、多么英勇！又浪漫，又新奇，又神秘。

当时贵阳尚无铁路，必须到柳州才能坐上火车。我一个人，提

1948 年，我（前排右二）与从西南联大回来的表哥及同学们在一起

了一只小皮箱上路，第一天就住在“世界第一大厕所”金城江。抗战时期由于经过这里逃难的人太多，鲜有厕所，只好人人随地大小便，到处臭气熏天。抗战结束后两年，情况也并没好转。我找了一家便宜旅馆，最深的印象是斑斑点点、又脏又黑的蚊帐和发臭的枕头，以及左隔壁男人们赌钱的呼吆喝六和右隔壁男人们震耳欲聋的鼾声。我心里倒也坦然，好像也没有想到害怕，只是一心梦想着我所向往的光明。

我终于来到武汉，找到北京大学北上学生接待站。领队是武汉大学物理系一年级学生，他也是为了革命，自愿转到北大历史系一年级再做新生。我们从武汉坐江船到上海，转乘海船到天津。一路上，领队教我们大唱解放区歌曲。当然不是大家一起学，而是通过个别传授的方式。也许由于我学歌比较快，他总是喜欢先教我，我们再分别去教别人。三天内，他会唱的几首歌，大家也都会唱了。最爱唱的当然是“山那边呀好地方，一片稻麦黄又黄……年年不会闹饥荒”以及“你是灯塔，照亮着黎明前的海洋……”当北大学生打着大旗，到前门车站来接我们时，我们竟在大卡车上，高唱起这些在内地绝对违禁的歌曲来！我感动极了，眼看着古老的城楼，红墙碧瓦，唱着有可能导致被抓去杀头的禁歌，觉得是来到了一个在梦中见过多次的自由的城!

二、1948 年的北大中文系

1948 年夏天，我从遥远的山城来到全国最高学府北京大学，又来到北京大学顶尖的系——中文系，心里真是美滋滋的。当时全国正处于解放战争的高潮，然而相对于 1947 年轰轰烈烈的北京学生运动来说，却是一个相对平稳的时期。震撼全国的“反饥饿、反内战、反迫害”运动刚刚过去，许多黑名单上有名的学生领袖都已“潜入”解放区；新的“迎接解放”的大运动还尚未启动，因此九月初入学的新同学都有一段轻松的时间去领略这历史悠久、传统绵长的学府风光。

虽然，我的大学生活，精确说来，只有五个月，但这却是我一生中少有的一段美好时光。我投考所有大学，报的都是英文系，可是，鬼使神差，北京大学却把我录取在中文系。据说是因为沈从文先生颇喜欢我那篇入学考试的作文。谁知道这一好意竟给我带来了二十年噩运，此是后话。

我深感这里学术气氛十分浓厚，老师们都是博学高雅，气度非凡。我们大学一年级的课程有：沈从文先生的大一国文（兼写作）；废名先生的现代文学作品分析；唐兰先生的说文解字；齐良骥先生的西洋哲学概论；还有化学实验和大一英文。我觉得自己真是沉没于一个从未经历过的全新的知识天地。大学的教学和中学完全不同，我真是非常喜欢听这些课，我总是十分认真地读参考书和完成作业，特别喜欢步行半小时，到沙滩校本部大实验室去做化学实验。1949 年 1 月以后，学校就再也不曾像这样正式上课了。现在回想起来，说不定正是这五个月时光注定了我一辈子喜欢学校生活，热爱现代文学，崇尚学术生涯。

我最喜欢的课是沈从文先生的大一国文和废名先生的现代文学作品分析。沈先生用作范本的都是他自己喜欢的散文和短篇小说，从来不用别人选定的大一国文教材。他要求我们每两周就要交一

1948 年，在北京大学图书馆门前

篇作文，长短不拘，题目则有时是“一朵小花”，有时是“一阵微雨”，有时是“一片浮云”。我们这个班大约27人，沈先生从来都是一字一句地改我们的文章，从来没有听说他有什么代笔的助教、秘书之类。那时，最让人盼望的是两三周一次的发作文课，我们大家都是以十分激动的心情等待着这一个小时的来临。在这一个小时里，先生总是拈出几段他认为写得不错的文章，念给我们听，并给我们分析为什么说这几段文章写得好。得到先生的夸奖，真像过节一样，好多天都难以忘怀。

废名先生讲课的风格全然不同，他不大在意我们是在听还是不在听，也不管我们听得懂还是听不懂。他常常兀自沉浸在自己的遐想中。上他的课，我总喜欢坐在第一排，盯着他那“古奇”的面容，想起他的“邮筒”诗，想起他的“有身外之海”，还常常想起周作人说的他像一只“螳螂”，于是，自己也失落在遐想之中。现在回想起来，这种类型的讲课和听课确实少有，它超乎于知识的授受，也超乎于一般人说的道德的“熏陶”，而是一种说不清、道不明的“感应”和“共鸣”。1949年后，这样的课当然难以存在，听废名先生的课的人越来越少，他曾讲得十分精彩的“李义山诗的妇女观”终于因为只有三个学生选修而被迫停开了。

唐兰先生的说文解字课最难懂，这不仅是因为他讲课的内容对我来说全然陌生，而且是因为他的地道的无锡方言对我这个来自“黔之驴”之乡的山里人来说实在是太难于跟踪了。上他的课，我总是坐在最后一排，不是打瞌睡，就是看别的书，前面总有几个高大的男生把我挡得严严实实。我满以为个子矮胖的唐兰先生不会发现，其实不然。两年后，我们一起去江西参加土地改革，我们偶然一起走在田间小路上，我寒暄说：“唐先生，你记得我吗？我选过你的说文解字课。”在那阶级斗争烽烟遍野的氛围里，说文解字显得多么遥远，多么不合时宜啊！唐先生笑笑说：“你不就是那个在最后一排打瞌睡的小家伙吗？”我们两人相对一笑，从相互的眼睛里，看到那一段恍若隔世的往事！没有想到过了几天，忽然来了一纸命令，急调唐兰先生立刻返回北京，接受审查。那时，城市里反贪污、“打老虎”的运动正是如火如荼，有消息传来，说唐先生倒卖文物字画，是北大数得上的特大“老虎”！后来，土地改革胜利结束，我们作完总结，“打道回府”，听说唐兰先生还在接受审查，问题很严重。过不久，又听说唐兰先生其实没有什么问题，无非是“事出有因，查无实据”。又过了一些时候，听说唐兰先生已经离开了人世。

如今，很多年已经过去，继唐兰先生之后，废名先生也在“文化大革命”中凄凉故去，倒是沈从文先生活到了好时候，然而，不幸的是 1949 年以后，先生截然弃绝了教室和文坛，我是不是他的最后一届学生也已无从考察了。

三、四院生活

当时，北大文法学院一年级学生都集中在国会街四院，一年后才迁入沙滩校本部。院址就是北洋军阀曹锟的官邸。官邸紧靠城墙根，范围极大，能容纳二百余人学习和生活。大礼堂正是当年曹锟贿选的地方。我们白天正规上课，晚上参加各种革命活动。我参加了一个学生自己组织的以读艾思奇的《大众哲学》为中心内容的读书会。我的最基本的马克思主义观念就是在这里获得的。当时，我认为矛盾斗争、普遍联系、质量互变、否定之否定、经济基础决定上层建筑等都是绝对真理，并很以自己会用这些高深莫测的词句而傲视他人。读书会每周聚会两次，大家都非常严肃认真地进行准备和讨论。我还参加了两周一次的俄语夜校，由一个不知道从哪儿来的白俄授课。后来，在那些只能学俄语、不能学英语的日子，当大家都被俄语的复杂语法和奇怪发音弄得焦头烂额时，我却独能轻而易举地考高分，就是此时打下了基础。

我喜欢念书，但更惦记着革命。1948 年秋天，正值学生运动处于低谷，“反饥饿、反内战、反迫害”的高潮已经过去，国民党正在搜捕革命学生，一些学生运动的头面人物正在向解放区撤退，学生运动

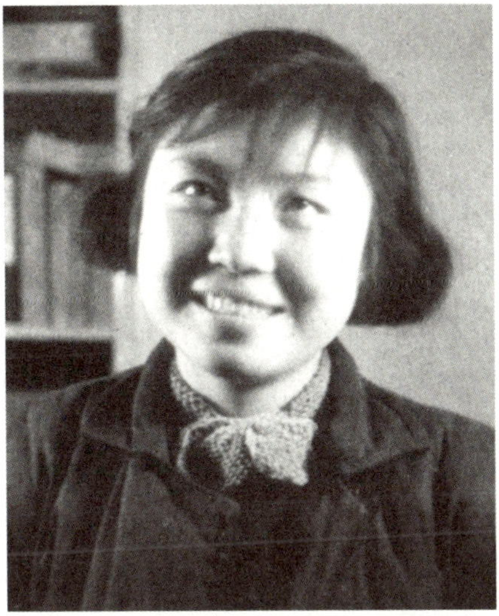

1949 年，加入中国共产党后的我

群龙无首，1949 年 1 月以前，我们都还能安安静静地念书，只搞过一次“要生存，要活命”的小规模请愿。我跟着大家，拿着小旗，从四院步行到沙滩校本部去向胡适校长请愿。那时，校本部设在一个被称为“松公府”的四合院中。我们在“孑民堂”前，秩序很好地排好队，胡适校长穿着一件黑色的大棉长袍，站在台阶上接见了我们。他很和气，面带忧伤。我已忘记他讲了什么，只记得他无可奈何的神情。这次请愿的结果是：凡没有公费的学生都有了公费，凡申请冬衣的人都得到了一件黑色棉大衣。这件棉大衣我一直穿到大学毕业。

1 月解放军围城，我们开始十分忙碌起来。随着物价高涨，学生自治会办起了“面粉银行”，同学都将手中不多的钱买成面粉存在银行里，以防长期围城没有饭吃。记得我当时早已身无分文，母亲非常担心，也不知道她通过什么门路，在贵阳找到一个卖肉老板，他在北京也有分店。母亲在贵阳付给这位老板六十斤猪肉的钱，他的分店就付给我同样斤数猪肉的钱。这可真救了我的急，使得在“面粉银行”中，也有一袋属于我的面粉。我们又组织起来巡逻护校，分头去劝说老师们相信共产党，不要去台湾。我的劝说对象就是沈从文先生。我和一位男同学去到他家，我最深刻的印象就是他的妻子非常美丽，家庭气氛柔和而温馨，他平静而不置可否地倾听了我们的劝说。我当时的确是满腔热情，对未来充满信心，但对于已有了三十年代经验的他来说，大概一定会觉得幼稚而空洞吧！后来，胡适派来的飞机就停在东单广场上，他和许多名教授一样，留了下来。也许是出于对这一片土地的热爱，也许是和大家一样对他那宁静的小家的眷恋，也许是出于对未来估计得过于乐观，总之他留了下来，后历尽苦难。

这时，我又参加了北大剧艺社和民舞社，全身心地投入了我从未接触过的革命文艺。我一夜一夜不睡觉，通宵达旦地看《静静的顿河》《钢铁是怎样炼成的》、高尔基的《母亲》，还有马雅可夫斯基的诗。我们剧艺社排演了苏联独幕剧《第四十一》。我担任的职务是后台提词。那位苏联红军女战士在革命与爱情之间痛苦挣扎，最后不得不亲手开枪打死她最心爱的蓝眼睛——敌军军官；每次排练至此，我都会被感动得热泪盈眶。民舞社每周活动二次，由校本部派来一位老同学教我们学跳新疆舞。记得我最喜欢的舞蹈是一曲俩人对舞，伴唱的新疆民歌也非常好听。歌词大概是这样：

男：温柔美丽的姑娘，我的都是你的，你不答应我要求，我将每天哭泣。

女：你的话儿甜似蜜，恐怕未必是真的，你说你每天要哭泣，眼泪一定是假的。

男：你是那黄色的赛布德（一种花），低头轻轻地摘下你，把你往我头上戴，看你飞到哪里去！

女：赛布德花儿是黄的，怕你不敢去摘它，黄色的花儿头上戴，手上的鲜血用啥擦？

男：头上的天空是蓝的，喀什噶尔河水是清的，你不答应我要求，我向那喀什噶尔跳下去！

女：你的话儿真勇敢，只怕未必是真的，你从那喀什噶尔跳下去，我便决心答应你！

这些美丽的歌舞和隐约可闻的围城隆隆炮声，与周围紧张的战斗气氛是多么的不协调！但它们在我心中却非常自然地融为一体。我白天如痴如醉地唱歌跳舞，晚上到楼顶去站岗护校或校对革命宣传品。那时北大的印刷厂就在四院附近，深夜，革命工人加班印秘密文件和传单，我们就负责校对，有时在印刷厂，有时在月光下。我印象最深的是校对一本小册子，封面用周作人的《秉烛夜谈》作伪装掩护，扉页上醒目地写着："大江流日夜，中国人民的血日夜在流！"这是一个被国民党通缉的北大学生到解放区后的所见所闻，称得上文情并茂，感人至深。

1949 年 1 月 29 日，中国人民解放军辉煌地进入北京城，我的生活也翻开了全新的一页。

"新社会"给我的第一印象就是延安文工团带来的革命文艺。谈情说爱的新疆歌舞顿时销声匿迹，代之而来的是响彻云霄的西北秧歌锣鼓和震耳欲聋的雄壮腰鼓。文工团派人到我们学校来辅导，并组织了小分队。我们大体学会之后，就到大街上去演出。有时腰上系一块红绸扭秧歌，有时背着系红绳的腰鼓，把鼓点敲得震天价响。市民们有的报以微笑和掌声，有的则透着敌意和冷漠。我们却个个得意非凡，都自以为是宣告旧社会垮台、新社会来临的天使和英雄。

延安文工团来四院演出《白毛女》的那天，曾经是军阀曹锟贿

1949 年 1 月 29 日，中国人民解放军进入北京城，我的生活也翻开了全新的一页

选的圆柱礼堂（当时称“圆楼”）里外三层，被挤得水泄不通。我们真是从心眼儿里相信“旧社会把人变成鬼，新社会把鬼变成人”。用自己的劳动养活全人类、却被压在社会最底层的善良农民如今“翻身做了主人”，还有什么比这更伟大、更神圣呢？

就在这几乎“万众一心”的时候，四院却发生了一件不能不载入校史的大事，这就是“护校运动”。共产党进城后，需要很多地方来安置各种机构，因此决定要北大让出四院，学生全部并入校本部校址。这引起了一小部分学生的坚决反对。他们认为四院是北大校产，不能随便放弃，政府不能任意征用学校的财产和土地。他们四处呼吁，又贴墙报，又开辩论会，还威胁说要组织游行，眼看就要酿成一个事件！共产党决定“加强领导”，通过自己的地下组织予以坚决回击。总之是说他们挑衅闹事，有意制造事端，反对新政权，又把他们平常生活中的各种不检点，用墙报贴了出来。这些人一下子就“臭”了。于是我们大获全胜，浩浩荡荡进入了校本部所在地——沙滩。四院则成了新华社的大本营，一直到今天。

四、快乐的沙滩

我们中文系1948级，原有27名学生。还在四院时，就有很多同学在参观解放军某部后参加了解放军，“护校运动”后，又有一些人参加了“南下工作团”。迁入校本部时，我们班实际只剩了五个同学。好在学校“面目一新”，课程完全不同了。中国革命史和政治经济学都是一两百人的大班上课，俄语和文学理论课则将中文系的三十几个同学编成了一个班。过去的课程都没有了，听说废名先生在被通知停开他最得意的“李义山诗的妇女观”一课时，还流了眼泪。新派来的系主任杨晦先生是著名的左派文艺理论家，但我们对他一无所知，只知道他的妻子比他年轻二十岁，是西北某大学的校花。他讲的文学理论，我们都听不懂，晚上，他还将我们组织起来学习《共产党宣言》，一周三次，风雨无阻。

我俄语学得不错，政治课发言又总是热血澎湃，满怀“青春激情”，于是很快当上了政治课小组长。记得一个难忘的夜晚，已是十一点多钟，我突然被叫醒，由一个不认识的男生带到红楼门口，一辆闪亮的小轿车正停在那里。我们四个人钻进车厢，车就飞驰而去。我们被带进一个陈设豪华的小客厅。我从未坐过小轿车，更从未见过这样的堂皇富丽，又不知道为什么来到这里，心里真是又好奇，又慌乱，又兴奋！等了一会儿，又高又大的彭真市长走了进来。原来是市长同志亲自过问政治课教学情况，让我们最基层的小组长直接来汇报。我对彭真市长的印象很好，觉得他亲切、坦直、真诚。他大概对我的印象也不错，我大学毕业时，曾有消息说要调我去做彭真的秘书，并把档案也调走了，但不知什么原因没有去成，档案也从此遗失。如果去成了，我就会完全变成另一个人，我可能不会当二十年“右派”，也可能在“文化大革命”中成为彭真的“黑爪牙”而遭受更大的不幸。

然而谁又能预知未来？反正 1948 年到 1950 年，我的生活算得上称心如意。我开始给《北平解放报》和《人民日报》写稿，无非是报道学校生活中的一些新鲜时尚的事；有时也写一点书评，多半是评论一些我正在大量阅读的苏联小说。记得有一篇评的是长篇小说《库页岛的早晨》，标题是“生命应该燃烧起火焰，而不只是冒烟！”这倒是说明了我在很长一段时间里所持的人生观。也就是说，与其凑凑合合地活着，不如轰轰烈烈干一场就去死。

1950 年暑假，发生了一件我完全意想不到的事。有一天，我突然被通知立即到王府井大街拐角处的中国青年联合会报到，只带几件换洗衣服和洗漱用具。和我一起报到的，有来自全国各地的二十余名学生（也有几个并非学生）。我们就这样仓促地组成了参加第二届世界学生代表大会的中国学生代表团！团长是青年团中央的一位大官，秘书长却是我们大家都很崇敬的地下学生运动领导人柯在铄，他曾被国民党全国通缉，却传奇式地逃到了解放区，他后来也当了大官，八十年代成了香港特别行政区基本法起草委员会的重要成员。代表团人才倒也齐全，有来自音乐、美术、戏剧等专业院校的学生，也有来自工厂和部队的代表，还有内蒙

1951 年，大学时代的我

古和西藏的学生干部。其中也出了一些名人，如大音乐家吴祖强、著名的西藏地方官宦爵才郎；十六岁的新疆小姑娘法吉玛，她后来成了新疆电影制片厂的名演员，后来又在“文化大革命”中莫名其妙地死于非命。

我们从满洲里出国门，将近十来天，火车一直穿行在莽莽苍苍的西伯利亚原始森林之中。贝加尔湖无边无际地延伸开去，我教大家唱我最爱唱的《流放者之歌》：“贝加尔湖是我们的母亲，她温暖着流浪汉的心，为争取自由挨苦难，我流浪在贝加尔湖滨。”又唱高尔基作词的《囚徒之歌》：“太阳出来又落山，监狱永远是黑暗，监守的狱卒不分昼和夜，站在我的窗前！高兴监视你就监视，我决逃不出牢监，我虽然生来喜欢自由，斩不断千斤铁链。”我心里活跃着从小说中看到的各种各样为自由在西伯利亚耗尽年华的不幸的人们——十二月党人和他们的妻子，陀思妥耶夫斯基和托尔斯泰笔下的被流放的人群。我满心欢喜，深深庆幸那些苦难的日子已经成为过去，仿佛辉煌灿烂的世界就在眼前，真想展开双臂去拥抱自由美好的明天！至于斯大林屠刀下的新鬼和不计其数的新的被流放的政治犯，我当时确实是一无所知。

作为社会主义大家庭的新的一员，我们在沿路车站都受到了极其热烈的欢迎。到处是红旗飘扬，鲜花环绕。人们欢呼着，高唱国际歌，双方都感动得热泪盈眶！我们先在莫斯科、列宁格勒、基辅等地参观，然后去布拉格开会。记得刚到莫斯科的那个晚上，尽管团长三令五申，必须集体行动，我和柯在铢还是忍不住在夜里十一点，偷偷来到红场列宁墓，一抒我们类似朝圣的崇拜之情。俄罗斯的艺术文化给我留下了极其深刻的印象，特别是那些非常美丽的教堂的圆顶，但我们却不被准许走近教堂，只能远远地欣赏。我们也去过图书馆、画廊、工厂、集体农庄，“苏联的今天就是我们的明天”，我对此深信不疑。

虽说我们到布拉格是为了参加世界学生代表大会，但我对大会似乎一无所知。只记得大会发言千篇一律，也不需要我们讲话。我乐于坐在座位上东张西望，观察我周围的一切；再就是拼命高呼“Viva！ Stalin！”（斯大林万岁）高唱会歌，不断地吃夹肉面包、喝咖啡。当时苏联老大哥的地位至高无上，记得我们经常要听他们的指示。我因懂一点俄语，有时就被邀请参加这种中午或深夜的小会。老大哥们都非常严肃，常是昂首挺胸，板着脸。我对此倒也没有什么抵触，似乎他们就应该是那副样子，我们对他们敬重也是理所当然。

在国外的一个月很快就过去了。回国前两天，我突然被秘书长召见。他问我是否愿意留在全国学联驻外办事处工作，待遇相当优

1950年，我（前排右二）在布拉格世界学生代表大会上

厚，还有机会到莫斯科大学留学。我对此一口回绝，自己也说不清是什么原因。我虽然积极参加各种革命工作，但内心深处却总是对政治怀着一种恐惧和疏离之情。这种内心深处的东西，平常我自己也不察觉，但在关键时刻却常常决定着我的命运。

下文是我当时回国后写的回忆文章。

不能忘怀的友情

我们中国学生代表团在今年八月参加了世界学生第二次代表大会，现在已回到了亲爱的祖国。在国外的六十八天中，国际青年朋友们对我们深厚的国际主义的友情，使我们每一个人永远不能忘怀。

最隆重的礼节

大会开完后，我们访问了捷克的主要城市，还在莫斯科和列宁格勒参观了十九天，篮球队还到过罗马尼亚。每到一个地方，总是有热烈的问候、拥抱和无数鲜花在等待我们。篮球队到罗马尼亚库鲁茨城时，从火车站到停汽车处特别铺了几十米长的红地毯让我们从上面走过去，这是最尊敬最隆重的礼节。在捷克巴杜比齐城，欢迎的行列排成了长长的仪仗队：先是一辆无顶警车开路，三个警察站在车上拿着让路牌（按交通规则是见此牌立即让路），后面是三辆摩托车，车上站着三个壮健的女青年盟员，高擎苏、中、捷三国国旗，然后是两辆专程来欢迎我们的轿车，载着市工会主席、市党委、市盟委书记和我们代表团的领队，后面是我们乘坐的最新式大汽车，最后是一大群欢笑着的捷克青年。就是这样一直把我们送到工厂，举行了欢迎会。那里特地搭了可容纳几十人的临时主席台，当中高悬毛主席画像，上面一边是

1950 年，我（左一）在莫斯科列宁博物馆参观

捷克共产党党徽，一边是写着“八一”两字的大红星（当时我国国徽尚未公布）。工作着的群众都停工集合欢迎我们。

狂热的欢迎

在捷克奥特拉瓦城，自从下了飞机，我们就没有走过一步，一直是被捷克青年朋友们扛在肩上，从飞机到汽车，从汽车到旅馆，走到哪里，哪里就是一大群人，我们三人乘一辆小汽车，先游行一周才到旅馆。游城时，一辆宣传车在前面大声广播着：“中国代表来了，快来欢迎！”于是市民们从窗口探出头来；商店里的人都挤在路边，向我们招手，点头微笑。

到捷克第三大城布鲁诺时，正值庆祝工业与社会主义建设成就大联欢的前夕，千千万万人从各地来此看放烟火。我们的汽车刚开进广场，就立刻被包围。我们根本无法下车。过去的经验告诉我们：一下车就有写不完的签名册，说不完的“你好”，然后被举起来，被拥抱得透不过气，然后就是迷失了方向，也不知道自己被抬到了什么地方，要费很大工夫才能归队；因此我们全留在车上。但群众坚持要求我们对大家讲话。他们找来了扩音器，我们就在汽车上兴奋地向他们捷克人民表示热烈的敬意，为他们唱新中国歌曲。直到放完了烟火，群众逐渐散去，我们才下车；但仍是要几个人紧紧地拉在一起，深恐又被群众“个别包围”。

我们在布拉格看足球赛因特殊事故去迟了，球赛一直等我们到场才开始，我们刚进去，扩音器就高呼着“中国代表们来了！”于是四周爆发了暴风雨般的鼓掌，全场起立，“毛泽东万岁！”的欢呼声震天动地。

我们的排球队在捷克西部一个城市比赛后，到一个百货商店去买纪念品，店里的扩音器就广播：“同志们，中国代表到了我们的商店，我们欢迎！”问我们要买什么，招待我们的人就一定要送什么，我们只好什么也不买。在捷克的二十二天，我们一直沉浸在这样紧张热烈的情绪中。

中苏两国人民的深厚友谊

我们还荣幸地在伟大的世界和平民主堡垒苏联的首都莫斯科和英雄城列宁格勒参观了十九天。我们深刻地体会出苏联人民对中国人民深挚、热诚、兄弟般的友情，对我们全心全意的体贴与关心。我们一进苏联国境，就有苏联青年反法西斯委员会专派的同志在等着我们。从与中国接境的奥德堡把我们一直护送到与捷克接境的却普，我们开完大会返国时，又从却普把我们一直护送到莫斯科，从莫斯科护送回奥德堡。在各大城市的车站都有热烈的欢迎。记得我们的火车到乌克兰首都基辅时，已是深夜，下着雨，欢迎的人还是那么拥挤，他们纷纷把身上带着的一切纪念品送给我们，包括徽章、钢笔、胸针、肩章、卢布……我们和那些被淋得湿透的苏联同志们紧紧拥抱着，深深地为他们的深情所感动。

一到莫斯科，苏联列宁共产主义青年团中央书记米哈依洛夫同志，就亲自在团中央礼堂接待我们，对我们说：“以前我们到中国去，现在你们到这里来，我们就像一家人一样，好得很，希望你们就像在家里一样！”他一次又一次地问我们要看什么，要听什么，缺少什么，又问起他在中国时认得的同志，又问我们之间有生病的没有。在莫斯科，我们住在列宁同志曾经住过的国家大旅馆和莫斯科最大的莫斯科大旅馆，吃着极考究的饭菜。我们被招待参观最好的工厂、农庄，最有名的学校、幼稚园和名胜古迹，每天晚上请我们去观剧、看电影。我们更十分荣幸地进谒列宁墓，参观了斯大林同志工作所在的克里姆林宫。有一次我们参观了一个肉类联合工厂，我们走过工作间，工人们都鼓掌欢迎，又特别在休息室“红角”开了群众欢迎会，一个女工致欢迎词，她说：“我们都知道你们伟大的领袖，我们向我们所敬爱的毛泽东致敬！我们知道你们都是英勇的、为和平斗争的青年，我们向你们致敬！我们深信你们会把你们的国家建设得伟大富强！我们将永远一起为和平而斗争！”她简短有力的字句鼓舞了每一个人。最后，她们殷勤地请我们吃自己工厂出品的各种各样的香肠。

临走前夕，苏联青年团和苏联青年反法西斯委员会特为我们开了欢送宴会，苏联青年团中央书记之一兼苏联青年反法西斯委员会主席古却马索夫同志重复地问我们是否要看的都已经看到了。他请我们转致苏联青年对中国青年最热烈的敬礼，转致苏联青年对中国人民最热烈的祝贺。欢送会充满了亲切、真挚、最诚恳的信任和关怀。

不能忘怀的一夜

离开莫斯科的晚上，苏联青年反法西斯委员会副主席裴斯良克同志和东方学院院长，亲到车站欢送我们，还有许多苏联青年和少先队员。他们除了送我们一束束的鲜花外，还特别送了种着花的小花盆，为的是使我们在漫长的西伯利亚旅途中，桌上仍能摆着莫斯科的鲜花。朝鲜代表和越南代表都来了，他们不断向我们招手。天下着大雨，他们在雨中一直站了半小时，喉咙唱哑了，天气变得非常冷。他们都穿了不多的衣服却站着不肯回去，我们一起喊：“多士维丹尼亚！当摩依！”（再见，回家吧！）一连喊了十多遍，他们仍坚持不走。最后，我们只好钻进车厢，关上门，表示请他们回去的决心；他们才慢慢散去，还频频在玻璃窗外向我们招手……这是珍贵的友情——这是使我们永不能忘怀的友情！这样珍贵的友情使我们结成无敌的同盟！

回国感想

我们在国外受尽了优待、尊敬和荣耀，这是毛主席的荣耀！这是全中国人民和全中国学生的荣耀！我们回到北京，站在宽阔的人民广场上，仰视雄伟的天安门和天安门上面悬挂着的，我们在国外时制定的金光闪闪的新国徽，仰视宏大的毛主席像，我们想着：“是你，毛主席，领导我们中国人民打走了美帝国主义和它的走狗蒋介石，我们才能有今天，才能和国际朋友们一起欢呼迎接光明的前程！但是正像你所说，美帝国主义反动派是不会甘心的，他们正在阴谋侵略我们，毛主席，我们坚决向你宣誓：你什么时候号召我们起来保卫祖国，我们将贡献我们的一切来响应你的号召！”

五、阶级斗争第一课

从布拉格回来，立即投身于轰轰烈烈的抗美援朝。当时大家都认为美国攻打朝鲜，目的就是要占领全中国。“唇亡齿寒”的论证使人不能不信服。真的，我们为什么不把敌人拒于国门之外？抗日战争的苦难记忆犹新，如果要打仗就到别人家里去打吧，这正是最好的动员。我写了一首题为“只要你号召”的不长不短的诗，大大煽动起大家的爱国热情。这首诗用大字报形式，张贴在沙滩民主墙上，吸引了许许多多的年轻人。他们又传抄、又朗诵，一时热火朝天。这首诗得了全国抗美援朝文艺奖，又得到了北京、南京、广东等好几个地方的一等奖。我心里当然总有一点儿暗自得意，以为自己为国家立了一功。

学校已经完全停课，参军、参干运动热火朝天。所谓参军就是参加人民志愿军，不久就要开赴朝鲜打仗；所谓参干就是参加到军事干部学校，接受更高级军事训练。当时百分之九十的学生都报了名，由领导挑选。但真正去成的不到一百人，我也因“工作需要”，被留了下来。当时的“工作需要”，首先是上街宣传、唱歌，进行街头讲演，向市民宣传抗美援朝，说明唇亡齿寒的道理。同时在全体师生员工中开展反对“崇美”“恐美”“媚美”三大运动。所有与美国有关的一切，都遭到怀疑、审查和批判：凡牵涉教会学校、外国医院和留美归国的，都是可疑的“崇美”典型；凡对抗美援朝的正义性和最后胜利持保留态度的，都是“恐美”的批判对象；凡说美国任何好话的，都被戴上了“媚美”的帽子。学校顿时分成了“批人的”和“挨批的”两大类。我当时还是无一把柄，有如一张白纸，自然是属于前者。但那些日日夜夜的“批斗会”总使我胆战心惊。特别是有一次在民主广场召开的全校斗争大会，被斗者站在高台上，大家高呼口号，控诉、批判，当揭露到美帝协和医院用中国人做病理实验时，群众简直义愤填膺，“血债要用血来还”的喊声惊天动地。站在台上，被当作美帝走狗的替罪羊吓得面无人色，站立不稳。其实，有好些说法我不能同意，认为至少也应分清责任，但为了爱国，必须反帝，我也只能跟着大家一阵乱喊“打倒”之类，内心却在战栗，第一次深感屈从的痛苦！但是，中国人民究竟站起来了，积弱多病的祖国，竟然敢于面对强者，向头号帝国主义挑战，就凭这一点，屈从又算什么？

六、土改：第一次灵魂的搏斗

1950 年冬天，全校绝大部分师生都奔赴了“土改第一线”。我们全班二十余人（包括中法大学、辅仁大学撤销后合并过来的学生和插班生），与全校文科师生一起组成了江西土改工作第十二团，负责江西吉安地区的土改工作。第十二团由一个县里派来的宣传部长统筹指挥，由北大党委统战部长程贤策担任副团长。当时，正值全国大反和平土改，中心精神是如果只将土地分给农民，还远不足以使他们在精神上得到解放，必须把地主打翻在地，踏上一万只脚，让他们永世不得翻身！我们这些二十来岁的年轻人对中国农村懂得什么呢？更糟糕的是，越是从农村来的人越不敢多说自己对农村的看法，唯恐别人说他和地主划不清界限。

我负责的这个村，有一千多人，是一个富村，又是镇公所所在地。当时，按“土地法”规定，土改前三年拥有一定数量土地，而又租给别人，或请雇工耕种的，都是地主或富农；数量较少的，则是“小土地出租者”。按这个标准，我们村很容易就划出了八个地主。我最想不通的是其中之一，他是一个在上海干了一辈子的老裁缝。此人一生省吃俭用，终生未婚；有一点钱就送回家乡买地，还做了一些修路搭桥的好事，预期有一个稳定的晚年。不想土改前三年恰恰凑够了当地主的“数”。我曾打过两次报告，说明裁缝也是劳动人民，是否可免划地主？最令我目瞪口呆的是，有一天，忽然“上面”下来一道命令，说是本地农民觉悟太差，不敢起来斗争地主，为了进一步发动农民，八个地主一律就地枪决。我首先想到的就是那个七十多岁的老裁缝！我连夜走了十几里地去找领导，希冀能救老裁缝一命。结果是我狠狠地挨了领导一顿训斥，说我是小资产阶级知识分子的劣根性、人道主义、人性论，差点就成了“阶级异己分子”。不久后，又停了我的工作组长职务。

将近半年的土改工作终于结束了。我们在万安县城用两个星期总结工作。几乎所有的人都做了“阶级立场不稳”“资产阶级人道主义”“经不起尖锐斗争的考验”的检查。我的内心很感矛盾，抗美援朝，我以爱国之名，谅解了一切不公正，求得了内心的平安；土地改革使我懂得了必须把人划分为“阶级”，只要一旦被划为“阶级敌人”，那就不是人，就不能用对待人的态度去对待他，就可以对他实行非人待遇，为所欲为，用当时的话来说，就是：“踏上一万只脚，叫他永世不得翻身！”我试着以“阶级斗争”之名，企图说服自己去原谅种种非人的暴行。但我亲眼见到所谓阶级划分完全是人为的，既非道德标准，又不是价值标准。如那个老裁缝，前一天他还是德高望重、乐善好施的乡绅，第二天他就是罪该万死的罪人！原因就全在那莫名其妙的土地之“数”（不劳动而占有土地的数量标准）！我极力不去想这些我无法化解的事，然而，我却无法不感到一种灵魂的扭曲，一种把自己的一半从另一半撕裂的苦楚。

1951 年 8 月，在土改工作组，前排右三为我，右七为朱家玉

第三章

叁 历史的错位

一、留校工作

1952年毕业，留校工作，是幸运还是不幸？不管怎样，我当时可是为能留在北大工作而兴高采烈！我担任了北大中文系首任系秘书，协助系主任工作。第一个任务就是贯彻“院系调整”的中央决定。许多著名教授都被派去“支边”了，如著名小说《玉君》的作者杨振声教授，还有废名教授、萧雷南教授等。中文系“支边”的重点是内蒙古和吉林。让这些年过半百的老先生去到遥远陌生的、艰苦的边地，实在不是一件容易的事！但并没有听到任何反抗的声音，只记得听“思想汇报”时，有人反映教授发牢骚说，真想到哪里去隐居，但现在土地国有，哪里有地方去归隐田园？寺庙地产也已没收，当和尚也没处去了！

“院系调整”使北大许多院系被肢解，砍掉了多年经营的医学院、农学院和工学院！卓有成绩的清华文科，包括外语系也被打散，合并到其他有关大学，这不能不说是世界教育史上的大败笔，大大伤了中国教育发展的“元气”，这绝不是五十年后的“院系大合并”所能弥补的！现在看来，遣散也罢，合并也罢，都只能说明教育决策的无知和轻率。

“院系调整”后，北大的标志性建筑，沙滩的红楼、孑民堂和民主广场，不管有多少历史意义，也被从北大剥夺。1952 年夏，北京大学全部从沙滩迁到了燕京大学旧址。燕京大学和辅仁大学则从历史上被一笔勾销。

此后，北京大学成了最敏感的政治风标，一切冲突都首先在这里尖端放电。总之是阶级斗争不断：批判《武训传》，批判俞平伯，批判胡适，镇压反革命，镇压“胡风集团”，接着又是肃清反革命……记得 1955 年夏，我头脑里那根“阶级斗争的弦”实在绷得太紧，眼看就要崩溃了。我不顾一切，在未请准假的情况下，私自回到贵阳老家，再见花溪的绿水青山。我好像又重新为人，不再只是一个“政治动物”。父母非常看重我的“衣锦荣归”，总希望带我到亲戚朋友家里去炫耀一番。可是我身心疲惫，我太厌倦了！只好拂父母一片美意，成天徜徉于山水之间，纵情沉迷于儿时的回忆。

逍遥十天之后，一回校就受到了批判，罪名是在阶级斗争的关键时刻，临阵脱逃。从此，领导不再让我去做什么重要的政治工作，我则十分乐于有时间再来念书。恰好 1956 年是全民振奋、向科学进军的一年。我竭尽全力教好我的第一次高班课：大学四年级的中国现代文学史。

大学毕业后，我就选定现代文学作我的研究方向，我喜欢这门风云变幻、富于活力和挑战性的学科。我的老师曾劝告过我，不如去念古典文学，研究那些死人写的东西。“至少他对你的分析不会跳起来说：不对，我不是那样想的！ 现代文学可难了，如果你想公平、正直地评述，那么，活着的作者，或作者的家人、朋友就会站起来为他辩护，说东道西。”我没有听他的话，我还是选择现代文学作为我毕生的事业。

1956 年，是我在教学研究方面都大有收获的一年，我研究鲁迅、茅盾、郭沫若、曹禺，极力想办法突破当时盛行的“思想内容加人物性格”的分析方法和不切实际地追索“思想意义、教育意义和认识意义”的研究模式。我的长文《现代中国小说发展的一个轮廓》在当时发行量最大的文艺杂志《文艺学习》上连载多期。我自以为终于走上了正轨，开始了自己深爱的学术生涯。当时，在刘少奇和周恩来的关注下，学校当局提倡读书，我还被授予了“向科学进军”模范、“读书标兵”之类的称号。这年春天，毛泽东提出了“百家争鸣、百花齐放”的方针，知识分子更是为此激动不已。

二、我成了“极右派”

1952 年，我是中文系最年轻的助教，是新中国成立后共产党培养起来的第一代“新型知识分子”。我也以此自豪，决心做出一番事业。到了 1957 年，中文系陆续留下的青年教师已近二十名，我所在的文学教研室也已有整十名。当时人文科学杂志很少，许多杂志又只发表学已有成的老先生的文章，年轻人的文章很少有机会发表。我们几个人一合计，决定在中文系办一个中型学术刊物，专门发表年轻人的文章。我们开了两次会，商定了两期刊物准备用的文章，并拟定了文章标题；大家都非常激动，以为就要有自己的刊物了。后来又在刊物名称上讨论了很久，有的说叫“八仙过海”，取其并无指导思想，只重“各显其能”之意；有的说叫“当代英雄”，当时俄国作家莱蒙托夫创造的那个才气横溢，却不被社会所赏识的“当代英雄”毕巧林在大学年轻人中风靡一时。会后，大家分头向教授们募捐，筹集经费。这时，已是 1957 年 5 月初。我的老师王瑶先生是一个绝顶聪明而又善观形势的人，他警告我们立即停办。我们还莫名其妙，以为先生不免小题大做，对新社会太不信任。

然而，历史自有它的轨迹，这一场“千古大手笔”的“阴谋”

王瑶先生

伤透了中国知识分子的心，使他们的幻想从此绝灭。我们参加办刊物的八个人无一幸免，全部成了“右派”。因为，图谋办“同人刊物”本身就是“想摆脱党的领导”，就是反党！况且我们设计的刊物选题中还有两篇大逆不道的东西：一篇是《对延安文艺座谈会上讲话的再探讨》，拟对文艺为政治服务，思想性第一、艺术性第二等问题提出一些自己的看法。按“反右”的逻辑，这当然是反党，反毛泽东思想。另一篇是小说，标题是“司令员的堕落”。作者是人民日报派来进修的，当时是中文系进修教师党支部的书记。他十六岁就给一位将军当勤务员。这位将军后来因罪判刑。伺候了将军半辈子的勤务员，很想写出这一步步堕落的过程，以资他人借鉴。但按反右逻辑，这就是诬蔑我党我军，“狼子野心，何其毒也！”

就这样，1949 年后文学教研室留下的十名新人，九个成了“右派”。“右派”者，敌人也，非人也！一句话，只配享受非人的待遇。尤其是我，不知怎么，一来二去竟成了“右派”头目，被戴上“极右派”的帽子，开除公职，开除党籍，每月十六元生活费，下乡监督劳动！

在北京远郊门头沟的崇山峻岭之中，我们从山里把石头背下来，修水库、垒猪圈。我尽全力工作，竟在劳动中感到一种焕发，除了专注于如何不要滑倒，不要让石头从肩上滚下来，大脑可以什么也不想。累得半死，回住处倒头一睡，千头万绪，化为一梦。我越来越和体力劳动亲近，对脑力劳动逐渐产生了一种憎恶和厌倦，尤其是和农民在一起的时候！这几年，正值全国范围内无边无际的大饥饿，我们每天吃的东西只有杏树叶、榆树叶，加上一点玉米渣和玉米芯磨成的粉。后来，许多人得了浮肿病，我却很健康。我想，这一方面是因为别人不大会享受那种劳动的舒心和单纯，成天愁眉苦脸；另一方面大概也是得益于我是一个女“右派”。那时，男“右派”很多，他们只能群居在一间又阴又黑的农民存放工具的冷房里；而女“右派”只有我一人，既然不能男女杂居，就只好恩准我去和老百姓同住。他们替我挑了一家最可靠的老贫农翻身户，老大爷大半辈子给地主赶牲口，五十多岁，分了地主的房地、浮财，才有可能娶一个老大娘过日子。老两口都十分善良，竟把我当亲女儿般看待，我也深深爱上了这两个受苦的人。老大爷给生产队放羊，每天在深山里转悠，山上到处都有核桃树，树上常有松鼠成群。老人常在松鼠的巢穴中，掏出几个核桃，有时也捡回几粒漏收的花生、半截白薯、一根玉米。隔不几天，我们就可以在一起享受一次这些难得的珍品。老大娘还养了三只鸡，除了应卖的销售定额，总还有剩余让我们一个月来上一两次鸡蛋宴，一人吃三个鸡蛋！

由于我不“认罪”，我不知道有什么罪，因此我迟迟不能摘掉“右派”帽子，也不准假回家探亲，虽然我非常非常想念我的刚满周岁的小儿子！直到 1961 年初，“大跃进”的劲头已过，饥饿逐渐

1960年，下乡劳改中与同住的老大娘、老大爷合影

缓解，水库被证明根本蓄不了水，猪回到了各家各户，集体猪圈也白修了，农村一下子轻松下来。我也被分配了较轻松的工作，赶着四只小猪满山遍野寻食，领导者意在创造一个奇迹：不买粮食也能把猪养肥。从此，我每天日出而作，日没而息。一早赶着小猪，迎着太阳，往核桃树成林的深山里走去。我喜欢这种与大自然十分贴近的一个人的孤寂，然而，在这种情形下，不思考可就很难做到了。思前想后，考虑得最多的就是对知识分子的生活着实厌恶了。特别是那些为保自己而出卖他人的伎俩，那些添油加醋、居心叵测的揭发……我为自己策划着未来的生活，以为最好是找一个地方隐居，从事体力劳动，自食其力。然而，正如"院系调整"时那位教授所说的，一没有粮票，二没有户口，到哪里去隐居呢？寺庙、教堂早已破败，连当"出家人"也无处可去了。人的生活各种各样，我从来没有像现在这样深入了解过农民的生活。他们虽然贫苦，但容易满足。他们像大自然中的树，叶长叶落，最后还是返回自然，

落叶归根。我又何必一定要执着于过去的生活，或者说过去为将来设计的生活呢？转念一想，难道我真能主宰自己的生活吗？在中国，谁又能逃脱“螺丝钉”的命运？还不是把你摁到哪里就是哪里！想来想去，还是中国传统文化帮了忙：随遇而安，自得其乐。我似乎想明白了，倒也心安理得，每天赶着小猪，或引吭高歌，长啸于山林，或练英语，背单词于田野。

常有人感到奇怪，“朝为座上客，暮为阶下囚”的剧烈变化竟然没有引起我性格上的根本转变，我从不颓废，没想过自杀，从未对未来完全失去信心，也从未想过我相濡以沫的伴侣和家庭会离我而去！我想那支撑我坚守的原因就是一直滋养我的、来自中西文化的生活原则和道德追求，特别是中国文化中的随遇而安，“穷则独善其身，达则兼济天下”的教导，正是这些原则帮助我度过了那些因难于索解的迷惑而痛苦的年代。

三、一个难忘的春节

1958 年春，我作为北京大学最后一批“隐藏得极深”的“极右派”被“挖”出来，发配到门头沟东斋堂村监督劳动。那年，我第一次离开家，抛下我八个月的儿子，作为一个“人民的敌人”，和地、富、反、坏一起被管制起来，在农村过年，也就是“不准过年”！当时，别的许多“右派”都和下放干部们一起回学校度假了，只有我们五个不肯“认罪”，“抗拒改造”的“极右派”被罚留下，继续监督劳动。

除夕之夜，我本想蒙头一睡，万事皆休。但天尚未黑，生产队老队长来了，带来饺子、肉，还有米酒。他把我们叫到一起说：“大家都过年，你们也吃点，喝点，高高兴兴过年吧！”又转身对我说：“你平常爱唱，也带着他们唱唱，乐和乐和！”我们五个人，除我而外，一个是数学系讲师，一个是数学系学生，另一个是新闻专业新留校的助教，还有一个物理系小女生，当时只有十九岁。三个男生住在农民放农具的冰冷的旧北屋里，我们把炕烧得热热的，酒足饭饱之时，倒也其乐融融。没想到我们几个人竟有配合得如此完美的美妙歌喉！小女生清脆的女高音，我圆润的女低音，加上浑厚高昂的男声，歌声四处飘扬，震撼着夜空下的群山，带给我们难言的兴奋和快乐。我们唱完了所有共同会唱的歌，大家兴犹未尽，我提议教他们一首新歌，那是我在大学时经常和同学们一起演出的一曲混声合唱，歌名“祖国，歌唱你的明天”，歌词有：“祖国，向你歌唱，歌唱你的明天！明天，新的中国，她已灿烂辉煌……新的生活，新的文化，永为四万万人民所共享……没有痛苦，没有饥寒，更没有敌人来侵犯你的边疆……鲜丽的旗帜，高高飘扬……飘扬……飘扬……飘扬。”当时，只觉得一种淹没一切的幸福，从心中升起，这就是前途，这就是未来：我有伟大的祖国，她必灿烂辉煌！我属于她，是她的一部分，她是我的血肉，我的支撑，这是谁也无法剥夺的！她将支持我，指引我，穿越任何逆境，一起走向灿烂的明天！别人给我加上种种莫须有的罪名，想把我从祖国的母体剥离开来，这是无论如何也做不到的！政权毕竟只是政权，并不等于祖国。当年屈原备受楚国政权的欺辱，受尽迫害，却无人能剥夺他心中对祖国的热爱。他怀着这份热爱，投身汨罗，被祖国人民永远纪念。我们越唱越激动，都是二三十岁的年轻人，被压抑的青春一时喷发，化为满腔热情和一眶热泪！

直到今天，六十余年过去，那春节、那歌词、那旋律、那幸福至今萦回在我的脑际。每当我听到叶佩英唱的“我爱你，中国”，廖昌永唱的“我和我的祖国，一刻也不能分割”，祖国的花草树木、山川河流就好像在我心中流淌，一种强烈的幸福感从足下升起，充溢全身，真像孟子说的那样：“见于面，盎于背，施于四体，四体不言而喻。”

遗憾的是当年的幸福感竟拖上了一条讽刺尾巴。当管理“右派”的众多下放干部回来后，我们五个“极右派”中竟有一个去告密，说“极右派”们在春节期间并未认真改造，而是吃吃喝喝，有的人竟带着大家，只准唱祖国的明天，不让正视祖国的今天！告密的结果是以我为中心，开了个批判会。这是家常便饭，其实也无关痛痒。但是我在同情某些人因急于摆脱现状而无所不为的同时，对人性之恶也有了更深一层的认识。

四、“翻天右派”

1962年底，我奉命返回北京大学，恢复公职，职务是资料员。据说为了避免再向纯洁的学生“放毒”，我再也不能和他们直接接触了。我的任务是为上课的教员预备材料，注释古诗。这对我来说，倒真是因祸得福。一来我可以躲在资料室的书堆里，逃过别人的冷眼；二来我必得一字一句，对照各种版本，求得确解。这是硬功夫，大大增强了我的古汉语功底；三来这些极美的诗唤起了我儿时的回忆，给我提供了一个可以任意遨游的世界。可惜好景不长，据说经过考验，我的“毒性”已过，不到一年，又让我“重返神圣的讲台”。分配给我的课程是政治系的政论文写作。如此具有崇高政治性的课程，怎么让一个“摘帽右派”去承担？我真的受到了惊吓！后来我逐渐懂得了其中奥妙。中文系的人原来就不喜欢教写作课，因为要花很多时间改作文，对自己的研究实绩没有什么好处，不能写书，提职称就成了问题。况且政论文写作是新课，谁也不知如何开，加之一碰到政治，大家都心惊胆战，怕犯错误，于是这一光荣重任就落在了我的肩上。

我果然又出了差错。1964年夏，学生们暑假后从家乡回来，我

1969 年，一家四口：汤一介、乐黛云、汤丹、汤双

给的作文题目是就自己的耳闻目睹发一些议论。大部分文章都是歌功颂德，唯独班上的共青团书记，写的却是家乡“大跃进”和“共产风”给老百姓带来的危害，并从理论上讨论了杜绝这种危害的可能性。文章写得文情并茂，入情入理，而且与我在农村的经历全然相合。我当然给了高分，并让他在全班朗读，得到了同学们的一致好评。

不久，全国“反右倾翻案风”开始，我一下子就被揪了出来，成为煽动学生恶毒攻击“三面红旗”（“大跃进”、人民公社、总路线）的头号“典型”，我的例子还说明“右派”人还在，心不死，随时准备“翻天”！我从此再度被逐出讲台，并被“监督”起来。最使我难过的是那位团支部书记本来可以飞黄腾达的，却被开除了团籍，毕业分配大受影响，分到了一个穷山恶水的异乡（他做得很出色，二十世纪八十年代当了那里的县长）；更遗憾的是他班上的一位同学拿了这篇文章到其他系的同学中去宣读，于是有了“聚众煽动”的嫌疑，又听说他还有什么别的“背景”，不久就被抓进监牢，后来不知所终。

五、望之俨然，即之也温

——我心目中的汤用彤先生

我第一次近距离接触汤用彤先生是在 1952 年全校学生毕业典礼上。当时他是校务委员会主席，我是向主席献花、献礼的学生代表。由于我们是 1949 年后正规毕业的第一届学生，毕业典礼相当隆重，就在当年五四大游行的出发地——民主广场举行。当时全体毕业生做出一个决定，离校后，每人从第一次领的工资中，寄出五毛钱，给新校址建一个旗杆。目的是希望北大迁到燕园时，学校的第一面五星红旗是从我们的旗杆上升起！毕业典礼上，我代表大家郑重地把旗杆模型送到了汤先生手上。如今，六十余年过去，旗杆已经没有了，旗杆座上的石刻题词也已漫漶，但旗杆座却还屹立在北大西门之侧。

就在这一年，我进入了汤用彤先生的家，嫁给了他的长子汤一介，他 1951 年刚从北大哲学系毕业。我们的婚礼很特别，即便是在五十年代初期，恐怕也不多见。当时，我希望我的同学们离校前能参加我的婚礼，于是，赶在 1952 年 9 月结了婚。结婚典礼就在小石作胡同汤家。按照我们的策划，婚礼只准备了喜糖、花生、瓜子和茶水。那是一个大四合院，中间的天井能容纳数十人。晚上八

1952 年，与汤一介结婚照

点，我的同班同学、共青团团委会的战友们和党委的一些领导同志都来了，气氛热闹活跃，如我所想。这是一个“反传统”的婚礼，没有任何礼仪，连向父母行礼也免了，也没有请父母或领导讲话。汤老先生和我未来的婆母坐在北屋的走廊上，笑眯眯地看着大家嬉闹。后来，大家起哄，让我发表结婚演说。我也没有什么“新娘的羞怯”，高高兴兴地发表了一通讲话。我至今还记得大概的意思是说，我很愿意进入这个和谐的家庭，父母都非常慈祥，但是我并不是进入一个无产阶级家庭，因此还要注意划清同资产阶级的界限。那时的人真是非常革命！简直是“左派幼稚病”！两位老人非常好脾气，丝毫不动声色，还高高兴兴地鼓掌，表示认同。后来，两位老人进屋休息，接着是自由发言，朋友们尽情哄闹、玩笑。大家说什么我已不记得了，只记得汤一介的一个老朋友——闻一多先生的长公子闻立鹤，玩笑开得越来越过分，甚至劝告汤一介，晚上一定要好好学习毛主席的战略思想，说什么“敌进我退”“敌退我攻”

之类，调侃之意，不言自明。我当即火冒三丈，觉得自己受了侮辱，严厉斥责他不该用伟大领袖毛主席的话来开这样的玩笑！大家看我认真了，都觉得很尴尬……我的婚礼就此不欢而散。我和汤一介怏怏不乐地驱车前往我们的新房。为了划清界限，自食其力，我们的新房不在家里，而是在汤一介工作的北京市委党校宿舍的一间很简陋的小屋里。

第二天，汤老先生和老夫人在旧东单市场森隆大饭店请了两桌至亲好友，宣布我们结婚，毕竟汤一介是汤家长子啊。汤老先生和我的婆母要我们参加这个婚宴，但我认为这不是无产阶级家庭的做法，结婚后第一要抵制的就是这种旧风俗习惯。我和汤一介商量后，决定两个人都不去。这种行为现在看来确实很过分，一定很伤了两个老人的心。但汤老先生还是完全不动声色，连一句责备的话也没有。

毕业后我被分配到北大工作，院系调整后，汤老先生夫妇也迁入了宽敞的燕南园 58 号。校方认为没有理由给我再分配其他房子，我就和老人们住在一起了。婆婆是个温文尔雅的人，她很美丽，读过很多古典文学作品和新小说，《红楼梦》《金粉世家》都看了五六遍。她特别爱国，抗美援朝的时候，她把自己保存的金子和首饰全捐献出来，听说和其他北大教授的家属一起，整整捐了一架飞机。她从来不对我提任何要求，帮我们带孩子，分担家务事，让我们安心工作。我也不是不近情理的人，逐渐也不再提什么“界限”了。她的手臂曾经摔断过，我很照顾她。他们家箱子特别多，高高地摞在一起。她要找些什么衣服，或是要晒衣服，都是我帮她把一个个箱子搬下来。汤老先生和我婆婆都是很有涵养的人，我们相处这么多年，从来没见他俩红过脸。记得有一次早餐时，我婆婆将他平时夹馒头吃的黑芝麻粉错拿成茶叶末，他竟也毫不怀疑地吃了下去，只说了一句“今天的芝麻粉有些涩！”汤老先生说话总是慢慢地，从来不说什么重话。因此在旧北大，曾有“汤菩萨”的雅号。这是他去世多年后，学校汽车组一位老司机告诉我的，他们至今仍然怀念他的平易近人和对人的善意。

汤老先生确实是一个不大计较名位的人！像他这样一个被公认为很有学问，曾经在美国与陈寅恪、吴宓并称“哈佛三杰”的学者，在院系调整后竟不让他再管教学科研，而成为分管基建的副校长！那时，校园内很多地方都在大兴土木。在尘土飞扬的工地上，常常可以看到他缓慢的脚步和不高的身影。他自己并不觉得这有什么不好，常说事情总需要人去做，做什么都一样。

可叹这样平静的日子也并不长。阶级斗争始终连绵不断。1954 年，在人民日报组织批判胡适的那个会上，领导要他发言。他这个人是很讲道德的，不会按照领导意图，跟着别人讲胡适什么，但可能他内心很矛盾，也很不安。据当时和他坐在一起的哲

汤用彤和夫人

学系主任郑昕先生告诉我们，晚餐时，他把面前的酒杯也碰翻了。他和胡适的确有一段非同寻常的友谊。当年，他从南京中央大学去北大教书是胡适推荐的。胡适很看重他，胡适飞台湾临走时，把学校的事务就委托给担任文学院院长的他和秘书长郑天挺。人民日报组织批判胡适，对他的打击很大，心理压力也很大。当晚，回到家里，他就表情木然，嘴角也有些歪了。如果有些经验，我们应该当时就送他上医院，但我们都以为他是累了，休息一夜就会好起来。没想到第二天他竟昏睡不醒，医生说这是大面积脑溢血！立即送到协和医院。马寅初校长对他十分关照，请苏联专家会诊，又从学校派了特别护士。他就这样昏睡了一个多月。

这以后，他手不能写，腿也不能走路，只能坐在轮椅上。但他仍然手不释卷，总在看书和思考问题。我尽可能帮他找书，听他口述，然后笔录下来。这样写成的篇章，很多收集在他的《饾饤札记》中。

这段时间，有一件事对我影响至深。汤老先生在口述中，有一次提到《诗经》中的一句诗："谁生厉阶，至今为梗。"我没有读过，也不知道是哪几个字，更不知道是什么意思。他很惊讶，连说，《诗经》你都没通读过一遍吗？连《诗经》中这两句常被引用的话都不知道，还算是中文系毕业生吗？我惭愧万分，只好说我们上大学时，成天搞运动；而且我是搞现代文学的，老师没教过这个课。后来他还是耐心地给我解释，"厉阶"就是"祸端"的意思，"梗"是"灾害"的意思。这句诗出自《诗经·桑柔》，全诗的意思是哀叹周厉王昏庸暴虐，任用非人，人民痛苦，国家将亡。这件事令我感到非常耻辱，从此我就很发奋，开始背诵《诗经》。那时，我已在中文系做秘书和教师，经常要开会，我就一边为会议做记录，一边在纸页边角上默

1962 年，汤用彤给汤一介（中）、杨辛讲课

汤用彤带病坚持工作，左一为汤用彤的学术助理刘苏

写《诗经》。直到现在，我还保留着当时的笔记本，周边写满了《诗经》中的诗句。我认识到作为一个中国学者，做什么学问都要有中国文化的根基，就是从汤老的教训开始的。

1958 年我被划为“极右派”，老先生非常困惑，根本不理解为什么会这样。在他眼里，我这个年轻小孩一向那么革命，勤勤恳恳工作，还要跟资产阶级家庭划清界限，怎么会是“右派”呢？况且我被划为“右派”时，“反右”高潮早已过去。我这个“右派”是 1958 年 2 月最后追加的。原因是新来的校长说“反右”不彻底，要抓漏网“右派”。由于这个深挖细找，我们中国文学教研室 1949 年后新留校的十个青年教师，八个都成了“右派”。我当时是党支部书记，当然是领头的，就成了“极右派”。当时我正好生下第二个孩子，刚满月就上了批斗大会！几天后快速定案。在对“右派”的六个处理等级中，我属于第二类：开除公职，开除党籍，立即下乡接受监督劳动，每月生活费 16 元。

汤老先生是个儒雅之士，哪里经历过这样急风暴雨式的阶级斗争，而且这斗争竟然就翻腾到自己的家里！他一向洁身自好，最不愿意求人，也很少求过什么人！这次，为了他的长房长孙——我的刚满月的儿子，他非常违心地找了当时的学校副校长江隆基，说孩子的母亲正在喂奶，为了下一代，能不能缓期去接受监督劳动。江隆基是 1927 年入党的，曾经留学德国，是一个很正派的人。他同意让我留下来喂奶八个月。后来他被调到兰州大学当校长，“文化大革命”中受迫害上吊自杀了。我喂奶刚满八个月的那一天，下乡的通知立即下达。记得离家时，汤一介还在黄村搞“四清”，未能见到一面。趁儿子熟睡，我踽踽独行，从后门离家而去。偶回头，看见汤老先生隔着玻璃门，向我挥了挥手。

我觉得汤老先生对我这个“极左媳妇”还是有感情的。他和我婆婆谈到我时，曾说，她这个人心眼直，长相也有福气！1962年回到家里，每天给汤老先生拿药送水就成了我的第一要务。这个阶段有件事，我终生难忘。那是1963年的五一节，天安门广场举办了盛大的游园联欢活动，集体舞跳得非常热闹。这是个复苏的年代，“大跃进”的负面影响逐渐成为过去，农村开始包产到户，“反右”斗争好像也过去了，国家比较稳定，理当要大大地庆祝一下。毛主席很高兴，请一些知识分子在五一节晚上到天安门上去观赏焰火、参加联欢。汤老先生也收到了观礼的请帖。请帖上注明，可以带夫人和子女。汤老先生就考虑，是带我们一家呢，还是带汤一介弟弟的一家？当时我们都住在一起，带谁去都是可以的。汤老先生是一个非常细心的人，他当时可能会想，如果带了弟弟一家，我一定会特别难过，因为那时候我还是个“摘帽右派”。老先生深知成为“极右派”这件事是怎样深深地伤了我的心。在日常生活中，甚至微小的细节，他也尽量避免让我感到受歧视。两老对此，真是体贴入微。我想，正是出于同样的考虑，也许还有儒家的“长幼有序”吧，最后，他决定还是带我们一家去。于是，两位老人，加上我们夫妇和两个孩子，一起上了天安门。那天晚上，毛主席过来跟汤老先生握手，说他读过老先生的文章，希望他继续写下去。毛主席也跟我们和孩子们握了握手。我想，对于带我上天安门可能产生的后果，汤老先生不是完全没有预计，但他愿意冒这个风险，为了给我一点内心的安慰和平衡！回来后，果然有人写匿名信，指责汤老先生竟然把一个“右派”分子带上了天安门！带到了毛主席身边！万一她说了什么反动话，或是做了什么反动事，老先生能负得起这个责任吗？这封信，我们也知道，就是住在对面的邻居所写，其他人不可能反应如此之快！老先生沉默不语，处之泰然，好像一切早在预料之中。

不幸的是，老先生的病情又开始恶化了。1964 年孟春，他不得不又一次住进医院。那时，汤一介有胃癌嫌疑，正在严密检查，他的弟媳正在生第二个孩子，不能出门。医院还没有护工制度，“特别护士”又太贵。陪护的事，就只能由婆婆和我来承担。婆婆日夜都在医院，我晚上也去医院，替换我婆婆，让她能略事休息。记得那个春天，我在政治系上政论文写作，两周一次作文。我常常抱着一摞作文本到医院去陪老先生。他睡着了，我改作文，他睡不着，就和他聊一会儿天。他常感到胸闷，有时憋气，出很多冷汗。我很为他难过，却完全无能为力！在这种时候，任何人都只能单独面对自己的命运！就这样，终于来到了 1964 年的五一劳动节。那天，阳光普照，婆婆起床后，大约六点多钟，我就离开了医院。临别时，老先生像往常一样，对我挥了挥手，一切仿佛都很正常。然而，我刚到家就接到婆婆打来的电话。她号啕大哭，依稀能听出她反复说的是：“他走了！走了！我没有看好他！他喊了一句五一节万岁，就走了！”汤老先生就这样，平静地，看来并不特别痛苦地结束了他的一生。

过去早就听说汤老先生在北大开的课，有中国佛教史、魏晋玄学、印度哲学史，还有欧洲大陆哲学。大家都说像他这样，能够统观中、印、欧三大文化系统的学者恐怕还少有。和汤老先生告别 17 年后，我有幸来到了他从前求学过的哈佛大学，我把汤老先生在那里的有关资料找出来看了一遍，才发现他在哈佛研究院不仅研究梵文、佛教、西方哲学，还对“比较”，特别是对西方理论和东方理论的比较，有特殊的兴趣。汤老先生在美国时，原是在另一所大学念书，是吴宓写信建议他转到哈佛的。他在哈佛很受著名的比较文学家白璧德的影响，他在哈佛上的第一堂课就是比较文学课。吴宓和汤老先生原是老朋友，在清华大学时就非常要好，还在一起写过一本武侠小说。我对他这样一个貌似“古板”的先生也曾有过如此浪漫的情怀很觉惊奇！白璧德先生是比较文学系的系主任，是这个学科和这个系的主要奠基人，对中国文化特别是儒家十分看重。在他的影响下，一批中国的青年学者开始在世界文化的背景下，重新研究中国文化。汤老先生回国后，就和吴宓等一起办《学衡》杂志。现在看来，在五四新文化运动中，激进派与学衡派的分野就在于，一方要彻底抛弃旧文化，一方认为不能割断历史。学衡派明确提出了“昌明国粹、融化新知”的主张。汤老先生那时就特别强调古今中外的文化交汇，提出要了解世界的问题在哪里，自己的问题哪里；要了解人家的最好的东西是什么，也要了解自己最好的东西是什么；还要知道怎么才能适合各自的需要，向前发展。他专门写了一篇《评近人之文化研究》来阐明自己的主张。研究学衡派和汤老先生的学术理念，是我研究比较文学的一个起点。

正是从这一点出发，我认为中国的比较文学同西方的比较文学是不一样的。西方的比较文学在课堂中产生，属于学院派；中国的比较文学却产生于时代和社会的需要。无论是五四时期，还是八十年代，中国知识分子都是从自己的需要出发向西方学习的。中国比较文学就产生于这样的中西文化交流之中。事实上，五四时期向西方学习的人，都有非常深厚的中国文化底蕴，像吴宓、陈寅恪、汤老先生和后来的钱钟书、宗白华、朱光潜等，他们都懂得怎样从中国文化出发，应该向西方索取什么，而不是“跟着走”“照着走”。

汤老先生的儒家风范，他的宽容温厚始终萦回于我心中，总使我想起古人所说的“即之也温”的温润的美玉。记得在医院的一个深夜，我们聊天时，他曾对我说：“你知道‘沉潜’二字的意思吗？沉，就是要有厚重的积淀，真正沉到最底层；潜，就是要深藏

1958 年，汤一介全家，前排左起：汤用彤夫人、汤用彤、四姑；后排左起：汤一玄、汤一介、我；两个孩子为汤丹和汤双

不露，安心在不为人知的底层中发展。”他好像是在为我解释“沉潜”二字，但我知道他当然是针对我说的。我本来就习惯于什么都从心里涌出，没有深沉的考虑；又比较注意表面，缺乏深藏的潜质；当时我又正处于见不到底的“摘帽右派”的深渊之中，心里不免抑郁。“沉潜”二字正是汤老先生对我观察多年，经过深思熟虑之后，给我开出的一剂良方，也是他最期待于我的。汤老先生的音容笑貌和这两个字一起，深深铭刻在我心上，将永远伴随我，直到生命的终结。

六、透过历史的烟尘

我和朱家玉在北大四年同窗，毕业时，她被保送为新中国成立后中文系第一届研究生，按照她的志愿研究民间文学。我则被分配到中文系做助教，担任秘书工作。我们一起从沙滩红楼搬进燕园。她单身一人，住在未名湖畔的方楼——体斋。体斋离中文系办公室所在的文史楼很近，在繁忙的行政事务中，我常到她那儿去休息片刻，或从体斋二楼的大窗户观赏未名湖风景，或促膝谈心，一起吃零食。每到周末，她就会去燕南园58号大吃一顿。我婆婆很喜欢和她天南地北地海聊，每当到时候她还不出现，婆婆就会问："小豆（朱家玉的小名）怎么还没来？"

人生在世，总有一些场景铭刻于心，永远难忘。尽管时光如逝水，往事瞬间就会隐没于历史的烟尘，但有些场景就像里程碑，联系着一些人和事，标志着你成熟的某个阶段，成为你生命的一部分。

你曾注意到未名湖幽僻的拱桥边，那几块发暗的青石吗？那就是我和朱家玉绕湖散步经常流连忘返的地方。那时，我们的生活又忙碌，又高兴，无忧无虑，仿佛前方永远处处是鲜花、芳草、绿茵。我们或是坐在那些大青石上聊一会儿，或是沿着未名湖遛一圈。尤其难忘的是，我们这两个南方人偏偏不愿放弃在冰上翱翔的乐趣。白天没空，又怕别人瞧见我们摔跤的窘态，只好相约晚上十一二点开完会（那时会很多）后，去学滑冰。那些大青石就是我们一起坐着换冰鞋的地方。我们互相扶持，蹒跚地走在冰上，既无教练、又无人保护，我们常常在朦胧的夜色中摔成一团，但我们哈哈大笑，仿佛青春、活力、无边无际的快乐从心中满溢而出，弥漫了整个夜空。

我是她的入党介绍人。她是上海一位资本家的女儿，入党时很费了一番周折。记得那是1951年春天，我们正在热火朝天地学习文件，准备开赴土地改革最前线。她的父亲却一连打来了十几封电报，要她立即回上海，说是已经联系好，有人带她和她姐姐一起经香港，去美国念书，美国银行里早已存够了供她们念书的钱。她好

1956年夏，与朱家玉在未名湖畔

多天心神不宁，心里矛盾重重。我当然极力劝她不要去，美国再好，也是别人的家，而这里的一切都属于我们自己，祖国的山、祖国的水，我们自幼喜爱的一切，难道这些真的都不值得留恋吗？况且当时在我心目中，美国真是一个罪恶的渊薮，美国兵强奸了北大女学生，竟可以无罪开释；二战胜利前夕，我看到了美帝国主义者在中国大后方的霸道横行！我和朱家玉一起读马克思的书，讨论剩余价值学说，痛恨一切不义的剥削。她终于下定决心，稍嫌夸张地和父亲断绝了一切关系。后来，她的父亲由于愤怒和伤心，不久就离开了人世。在土改中，她表现极好，交了许多农民朋友，老大娘、小媳妇都非常喜欢她。土改结束，她就作为剥削阶级子女改造好的典型，被吸收入党。

农村真的为她打开了一片崭新的天地，她在土改中收集了很多民歌。每当人们埋怨汉族太受束缚，不像少数民族有那么多美丽的歌和舞，她就会大声反驳，有时还会一展她圆润的歌喉，唱一曲江南民谣："沙土地呀跑白马，一跑跑到丈人家……风吹竹帘我看见了她，鸭蛋脸儿，黑头发，红缎子鞋扎梅花，当田卖地要娶她。"她一心一意要献身于发掘中国伟大的民间文学宝藏。当时北大中文系没有指导这方面研究生的教授，她就拜北京师范大学的钟敬文教授为师。她学习非常勤奋，仅仅三年时间就做了几大箱卡片，发表了不少很有创见的论文。多少年后钟敬文教授提起她来，还是十分称赞，有一次还曾为她不幸的遭遇而老泪纵横。

她的死对于我来说，始终是一个谜。我们最后一次见面，就是在这拱桥头的大青石边。那是 1957 年 6 月，课程已经结束，我正怀着第二个孩子，她第二天即将出发去大连。她一向是工会组织的这类旅游活动的积极参加者。那天，她递给我一大包洗得干干净净的旧被里、旧被单，说是给孩子做尿布用的。她说她大概永远不会做母亲了。我知道她深深爱恋着一个人，一个爱说爱笑、老远就听到他的笑声的共产党员。可惜他早已别有所恋，她只能把这份深情埋藏在心底，并为此献出一生。这个秘密只有我一个人知道。当时，我猜她这样说，大概和往常一样，意思是除了他，再没有别人配让她成为母亲吧。我们把未来孩子的未来尿布铺在大青石上，舒舒服服地坐在一起，欣赏着波动的塔影和未名湖上夕阳的余晖。直到许多年以后，我仍不能相信这原来就是她对我、对这片她特别钟爱的湖水，对周围这花木云天的最后告别，这是永远的诀别！

她一去大连就再也没有回来。在大连，她给我写过一封信，告诉我她的游踪，还说给我买了几粒非常美丽的贝壳纽扣，还要带给我一罐美味的海螺。但是，她再也没回来，她究竟是怎么死的，谁也说不清楚。人们说，她登上从大连到天津的海船，全无半点异样。她和同行的朋友们一起吃晚饭，一起玩桥牌，直到入夜十一点

未名湖边的拱桥，我和朱家玉经常在这里聊天，也是我们最后一次见面的地方

各自安寝。然而，第二天早上却再也找不到她，她竟这样离开了这个世界，永远消失，无声无息，全无踪影！我在心中假设着各种可能，唯独不能相信她是投海自尽。她是这样爱生活，爱海，爱天上的圆月。她一定是独自去欣赏那深夜静寂中的绝对之美，于不知不觉中失足落水，走进了那死之绝地。她说不定是无意中听到了什么秘密，被恶人谋杀以灭口？说不定是什么时候突然出现的潜水艇，将她劫持而去？说不定是有什么星外来客，将她化为一道电波，与宇宙永远冥合为一？

这时，“反右”浪潮已是如火如荼，人们竟给她下了“铁案如山”的结论：顽固“右派”，叛变革命，以死对抗，自绝于人民。根据就是在几次有关民间文学的“鸣放”会上，她提出党不重视民间文学，以致有些民间艺人流离失所，有些民间作品湮没失传；她又提出五四时期北大是研究民间文学的重镇，北大主办的《歌谣周刊》成绩斐然，如今北大中文系却不重视这一学科。不久，我也被定名为“极右分子”，我的罪状之一就是给我的这位密友通风报信，向她透露了她无法逃脱的、等待着她的“右派”命运，以至于她“畏罪自杀”，因此我负有“血债”。还有人揭发她在大连时曾给我写过一封信（就是谈到美丽纽扣和美味海螺的那封）。领导“勒令”我立即交出这封信，小幸我没有保留信件的习惯，我越是忧心如焚，这封信就越是找不出来，信越是交不出来，人们就越是怀疑这里面必有见不得人的诡秘！尽管时过境迁，转瞬数十年过去，然而如今蓦然回首，我还能体味到当时那股焦灼和冷气之彻骨。

1981 年，我在美国哈佛大学进修。普林斯顿大学的一个朋友突然带来口信，说普林斯顿某公司经理急于见我一面，第二天就会有车到我的住处来接。第二天，果然一辆汽车如约开到我的住处，载上我向普林斯顿方向风驰电掣而去。汽车穿过茂密的林荫道，驶入一家幽雅的庭院，一位衣着入时的中年女性迎面走来，我惊呆了！分明就是我那早在海底长眠的女友！然而不是，这位是 1951 年遵从父命，取道香港，用资本家的钱到美国求学的女友的长姐。她泪流满面，不厌其详地向我询问有关妹妹生活的每一个细节。我能说什么呢？承认我劝她妹妹留下来劝错了吗？诉说生活对这位早夭的年轻共产党员的不公吗？我甚至说不清楚她究竟是如何死的，为什么而死！我只能告诉她我的女友如何爱山，爱海，爱海上的明月，爱那首咏叹“沧海月明珠有泪”的美丽的诗！如今，她自己已化为一颗明珠，浮沉于沧海月明之间，和明月沧海同归于永恒。

呜呼！姐妹二人，一念之差，选择了不同的生活道路，结局竟是如此的千差万别！天也乎？命也乎？偶然乎？必然乎？

七、死神与他擦肩而过

我们住在燕南园时，我曾担任中文系的教员党支部书记，兼管青年团教师支部的工作。燕南园离单身青年教师的住处不远，常有一些青年教师到家里来找我聊天，聪明活泼的施于力就是其中之一。施于力以其博学多才、思维敏捷、学习成绩优异而在本科毕业后就留任中文系助教。为时不过一两年，他以他的热忱助人、活泼欢快，很快就被选为工会文体委员；又以他的机智幽默、能言善辩，所到之处总是让人笑声不断而有“活宝”之称。汤双非常喜欢他，他一来就总是围着他转。那时汤双不过四五岁，他俩成了真正无话不谈的忘年交。有一次施于力问汤双：“你长大了想干什么？”汤双毫不犹豫地说：“我要做一个最会装死的演员，像你那样，想死就躺在地上，想活就翻身一骨碌爬起来。”施于力有空时，常会到我们家来聊聊天，就坐在后院的阳台上，边抽烟边闲聊。记得那时他有一个用玻璃丝编的火柴盒套，看着十分精巧。汤双对那东西一直很感兴趣，却不好意思跟人家要。终于有一天忍不住问施于力：“施叔叔，等你死了以后，能把这个玻璃丝的盒子送给我吗？”弄得大家哭笑不得。不过施于力当时好像还是同意了。但汤双却一本正经地产生了疑问："那你死后我到哪里去找你呢？我到哪里去拿你送我的火柴盒呢？"

这些和平的日子转瞬即逝，多么值得留恋！没过多久，我就和施于力一起被划成了中文系的"极右派"。我的罪名是在青年教师中鼓吹筹办青年同人刊物，"与党抗衡"；施于力的罪名则是吹嘘无政府主义，反对马克思主义。他的父亲确是十九世纪二十年代著名的无政府主义者。施于力时常宣扬无政府主义的影响曾经大于马克思主义。他常说，你们没看见吗，大作家巴金的名字就是无政府主义的祖师爷巴枯宁和克鲁泡特金的首尾二字？足见他对无政府主义的崇拜。这当然只是施于力开的玩笑，巴金并不一定是出于这个原因才叫这个笔名的。施于力太爱开玩笑，太爱出奇制胜，太爱故作惊人之语，"反右"开始不久，他就被划为"右派"，又因"拒不检讨、死不认罪"最终被定为"极右派"。我们两人都被处以到农村去和地、富、反、坏一起接受监督劳动的处分。

人们常说"因祸得福"，真是言之不虚！我来到指定的接受监督劳动地点——崇山峻岭脚下的东斋堂村。我被安排和四位下放女干部睡在一个炕上。虽然我被挤到炕席边上一条窄得不能再窄的凹凸地带，但仍然使她们感到比以前拥挤，况且深更半夜，我还常不得不窥见她们正在做的不愿别人得知的事情。例如一个月黑夜，她们背着大背篓进门的声音惊醒了我，原来她们向村民收购了一批核桃，正倒在地上，用锤子砸出核桃仁，准备春节带回家。下放干部向村民买东西是绝对禁止的，虽然我假装入睡，但她们对我还是深感不便。过了几天，我就被"勒令"搬到农民家中，进一步接受贫下中农再教育，从此开始了一年多和大娘、大爷同住一个炕上的幸福生活。

属于大爷、大娘的这三间向阳的南屋，是从地主家分来的，温暖而明亮。而施于力和其他三个“右派”学生就住在对面又冷又暗的存放农具的破屋。施于力虽被当作“敌人”，要贫下中农对他实行监督劳动，但他仍然身强力壮，爱干活，爱说笑。老乡们都很喜欢他。哪家有好吃的东西也都喊他去吃。尤其是和我同睡一炕、无儿无女的韩大爷和韩大妈更是把我们两人当作自己的亲生儿女。每月，当完成应交售的鸡蛋定额之后，大妈总会把我们叫到一块，用交售后剩下的鸡蛋让我们吃上一次八九个鸡蛋的大餐，有时还加上不知从哪里弄来的粗面粉，给一人做一个大鸡蛋饼。

初春耕地播种时节，就是施于力和我最快乐的时光。东斋堂地处山沟之中，没有平坦成片的田野，只有在大山边上开垦出来的狭长的小片土地。所谓耕地就是在已经平整好的松软土地上，用一种特殊的“篓犁”剖开土面，将谷子播种到地里。这是几千年前中国就已经使用的农业技艺。韩大爷总喜欢叫施于力和我一起到大山里去。干活时，施于力走在最前面，充当牲口的角色，拉着犁往前走（这个活儿一般用小毛驴，大牲口会踩坏土地，还转不过弯；人，当然更灵活）；韩大爷走在中间，扶着篓犁，边走边摇，将篓里的谷种均匀地撒播在同时开出的犁沟中；我走在最后面，用齿耙轻轻盖上和压紧犁沟面上的浮土。我们三人就这样走过来，走过去，踏着又松又软的泥土，倾听着山间的鸟鸣，呼吸着松树和刚抽芽的核桃树散发出来的清香，忘却了人世间的一切烦恼。韩大爷怕我们累，休息时间总是很长。这时，他坐在树荫下抽一袋烟，我躺在地头小草上，享受着温暖的阳光和大自然的静谧；施于力则跑来跑去，搜寻着松鼠藏在树洞里的核桃和遗留在地里的白薯头，好像有用不完的精力。偶有所获，他就快乐地呼唤，即使是一个核桃，也是三人分而食之。

转瞬到了收获核桃的季节。核桃是山村的主要出产，上山打核桃更是一年的重要农活。施于力年轻，身手矫健，又善于爬树，自然成了收核桃的主力。这天，是个大晴天，我们生产小队来到很偏远的一座山坡，大家都很高兴，用长竿晃悠着地上够不着的核桃，欢声笑语，一片喧哗。施于力兴高采烈地爬上一棵枝叶茂密的大核桃树，用竿子拨弄更高枝叶上的核桃，但树梢太高了，仍然够不着。他又登上一根更细更高的树干，树干直摇晃，仿佛承受不了他的重量。老队长在下面疾呼："下来！快下来！"话声未落，咔嚓一声，施于力已从踩断的树梢上摔了下来！可怜的施于力，脸色苍白，四肢瘫软，人事不知。众人七手八脚，好不容易将他抬出山外，放倒在那间阴冷屋子的炕上。老队长说要是到山外的区卫生院，百余里山路太颠簸，恐怕病人受不了，就专门派了一个人去卫生院，想请一个医生来。等到快半夜，派去的人回来说，卫生院领导一听是个"右派"，就说大夫已下班，不能为一个"右派"去大夫家找人加班，况且东斋堂在山里，不通车，夜里无法走，明天再说。第二天等了一天，仍然不见大夫的踪影。好些老乡给施于力送来鸡蛋、芝麻等食品，但施于力还是不吃不喝，昏睡不醒。一直到傍晚，看来等大夫是没有希望了。老队长说最严重的是一天一夜不曾小便，再拖下去，只怕会中毒，太危险！他决定走六七个小时的山路，到更深的深山里去请一位高人。这是他的一个老朋友，七十余岁了，据说医术十分高明，有家传奇技，治愈过无数跌打损伤的病人。夜深了，我一直守候在施于力身边。他呼吸微弱，肚子从薄薄的衣服中鼓起。我多么希望他能哪怕是苏醒一分钟，喝一口水，有一点小便！我唯恐错失这样的机会，一分钟也不敢闭眼，心里想着无论如何应该将他送进医院！

天刚蒙蒙亮，老队长从深山里回来，领着一个白胡子飘逸、鹤发童颜的老者。他们把施于力翻过身来，脱去上衣，在他的脊柱两旁用很长的针扎了四针，用一根短针再扎了四针，然后用一根短针在他的腰部插进皮肤，斜着往外挑，环腰挑了几十针，挑出一些灰白色二三厘米长，类似短线头的东西。我看得目瞪口呆！这是什么？是人的神经吗？是寄生虫吗？是什么分泌物吗？不到一小时，这些莫名之物在我拿着的小碗中就装了小半碗。这时，施于力发出了一声长长的叹息，睁开了眼睛，大量小便湿透了被褥和炕席！我立即用我的被褥替他换上，清洗干净，在炕上烘干。接着，施于力吃了一小碗小米粥，一小碗鸡蛋羹。第三天，施于力完全复原，又开始了和过去一样的生活。对于多年深受科学精神熏陶的我来说，如果不是亲眼目睹，我是绝对不会相信施于力被治愈的奇迹！老队长告诉我，这叫“挑白痧”，是民间绝艺，眼下已经没有几个人会操作了。

不管怎样，施于力总算捡回了一条性命！所谓“大难不死，必有后福”。1961 年末，北大在斋堂公社创建的干部下放点和“右派”劳动监督站全部撤离，许多“右派”被遣送回原籍或到更边远的农场劳动。施于力和我却幸运地被允许返回北大，恢复公职。据我所知，周围被监督劳动的北大“极右派”，好像只有他和我得到这样的“荣宠”。有人说这是因为领导征求意见时，贫下中农为我们两人说尽了好话。回到北大后，我们这样的人当然不能再直接面对学生，以免向他们“放毒”，因此被分配到中文系资料室。我的工作是为上课教师的文言文教材作详细注释；施于力则被分配做一些油印资料等打杂的事。我们毫无怨言，以为可以心安理得地过一段平静的日子。然而，事与愿违，当一切都已安定下来，施于力突然接到一纸调令，说是为了支援边疆教育事业，他必须立即返回故乡——云南，到个旧第一中学报到。至于我，由于议论“三面红旗”，被认为是“右派翻天”，又遭遇了新的不幸。

施于力就这样走了，没有留下一个字，一句话。他是一个狂傲之人，不屑于去求人，去“运动关系”，甚至连调动的原因他都没有去打听。后来，就再也没有听到他的消息。最后，听说他这个“极右派”，由于“死不认罪”，在“文化大革命”中暴毙于红卫兵的乱棍之下。

愿他的灵魂安息！

第 四 章

肆

噩梦中的噩梦

一、燕南园的噩梦

“文化大革命”一开始，我们家原来的户主汤用彤老先生是数一数二的资产阶级反动学术权威（我真是从心里庆幸他已于1964年离开这个世界），我是“翻天右派”，我丈夫是“走资派黑帮”，我们转瞬之间就被“打翻在地，踏上一万只脚”，不但家被查抄，每天还要在烈日之下劳改挨斗。住在紧邻的冯友兰先生一天被揪斗无数次，围到57号冯家门外呼喊口号并实行揪斗的红卫兵有时达数百人之多。任何一个战斗队、任何一个红卫兵都有权将大师喝住，下令低头、弯腰、挂黑牌，接受批斗，燕南园一时阴风惨惨，面目全非。冯友兰先生后来回忆说：“他们把我置于两条高凳上‘批斗’，群情激昂，但我却在心中默念‘菩提本无树，明镜亦非台。本来无一物，何处惹尘埃？’”看来中国文化传统，特别是老庄、佛道思想确实帮助一些中国知识分子渡过了难关。

燕南园58号的“风水”不好，后门开向学生生活区，前门直通学校各行政部门。过去就有人走捷径，从这里穿行。到了“文化大革命”，这里就更是大道通衢！“革委会”又决定将我们家和隔壁的冯友兰先生家开放为“反动学术权威生活展览区”，这两个宅院从早到晚更是人潮汹涌。有些红卫兵年纪小，太累，就躺在地板上甜甜睡去。老太太担心他们着凉，还用棉被给他们盖上。

最初，我们对“文化大革命”充满了期待，我们真的从心里为这次“革命”欢欣鼓舞。我似乎预见到中国即将有天翻地覆的大变化了。当时还广泛宣传巴黎公社原则，这就意味着党和国家领导人的工资不得超过技术工人的最高工资，意味着全民选举、人民平等。我们都想，如果国家真能这样，在这新生命出现的阵痛中，个人受点苦，甚至付出生命，又算得了什么？

特别是“史无前例”“无处不在”的两派斗争危害更深！北大的两派武斗层层升级，井冈山派为了守卫自己的大本营，在28楼楼顶装上了强弩，将自行车内胎架在铁架上，用大石头和砖块往下砸；新北大公社也不示弱，在他们大本营的顶楼上也装置了同样的设施，那时，几乎每天都有人被砸得头破血流，甚至一个小孩路过时被无辜砸死！接着，两派斗士各自装配了大刀长矛，互相捉拿对方人员，关进大本营逼供，拳打脚踢，无所不用其极！打死人的事也不是没有。我的两个孩子一开始就卷入了两派斗争，都是“坚强的井冈山战士”。他们到处乱跑，“誓死”支持两派中的一派，帮他们分发传单、宣传品、报纸等。九岁的汤双有时爬上高树，去摘新北大公社的高音宣传喇叭，十三岁的汤丹则经常在广场上和新北大公社战士展开大辩论。她参加了井冈山的一个战斗队，当一位井冈山兵团战士（地质地理系学生）被拷打致死时，她和她的伙伴们彻夜制作花圈、写挽联，开秘密追悼会；当井冈山大本营被新北大公社封锁围困时，她和伙伴们一起通过秘密隧道给兵团战士送馒头。在这样的环境下，我担心孩子们的安全，常常彻夜难眠！

二、母亲的胆识

不得已之中，我想了一个办法：把孩子送到外婆家去。

母亲十五岁失去父母，独自支撑着并不富裕的家业。她竭尽家资，让比她年长四岁的姐姐去北京求学，希冀学成后再支援自己和妹妹深造。殊不知几年后，姐姐大学毕业，一去无音讯，再也联系不上。母亲只好嫁给比她大十岁的父亲，条件是支持她离开封闭的山城，到“下江”求学。父亲果然实践了自己的诺言，在我两三岁时，带母亲到杭州艺术专科学校正式入学，让母亲如愿以偿。

后来，就凭这一点艺专的基础，她多年在一个女子中学担任美术和劳作教师，教女孩子们画画、编织、刺绣、做泥塑。父亲多次逼她放弃，说不需她赚钱，只需她管孩子，做家务。但母亲始终坚持，她屡屡教导我要有独立的人格、独立的追求、独立的事业，尤其是女人，必须独立，才能有尊严。1948 年上大学时，母亲支持了我，她对我有足够的信心。如果不是母亲的胆识，我整个的生命故事将全部改写。

解放了，中学劳作课全部取消，母亲失业。她本可在家歇息，但却立即开始寻求适应新社会的独立之路。当时大学、中学一律开

刚到北京的爸爸、妈妈和妹妹

设俄语课程，最紧缺的就是俄语教师。年近半百的母亲竟然下定决心学习俄语，从字母学起！她报名参加了贵州广播电台举办的俄语教学班，苦学两年，通过了各个层次的考试，终于拿到了俄语初级教师的文凭。此后她多年在贵州农学院教大一俄语，由于她的勤奋和钻研，一直得到学生好评。

就这样，十年如一日，父母都到了退休年龄。那时，我在北大，弟弟在清华，妹妹在北京铁道科学院。母亲以极大的毅力，处理了老家的各种事务，迁居到北京，在北大与清华之间的成府旧居民区买了一个小小的四合院。地方虽小，母亲却着意经营，在院子里种了一棵梨树、一棵桃树、一架葡萄，还有遍地的太阳花。我们常带着孩子回家，从来没有看见母亲这样高兴！可惜这样的快乐日子不过短短两三年！

北大、清华的“文化大革命”把母亲吓得目瞪口呆！几乎天天有批斗“黑帮”的游行队伍从家门前过，不懂事的、在街道上游荡的孩子们不断向他们扔石子吐口水；著名学术权威翦伯赞被驱逐到成府小街的一间破民房内，孩子们不时往他们在路边煮饭的煤球炉

母亲购置的成府小院

子里浇水，让他们吃不成饭！武斗之声处处不绝于耳！母亲完全不能理解这一切，但谁又能给她解释呢？她能想到的只是给我们做一点好吃的菜，我每天劳动后可顺路带回我自己的家。

母亲非常支持我的决定，她将孩子们关进成府的小四合院，不许出来。可惜只住了两天，第三天，街道“革委会”就找上了门，指责母亲留住“黑帮子女”而不报告。母亲气极声辩，但哪里有理可说？！最后街道“革委会”撂下话：如果要留住，就必须给两个孩子挂上“黑帮崽子”的牌子！母亲尽管有胆有识，却从未经历过这样残酷无理的场面！顿时气得脸色煞白，说不出话！她当然不会让两个钟爱的外孙忍受这样的屈辱！弟弟让我当夜就在大雨中把孩子接走。

第二天，母亲头痛剧烈发作，送到海淀医院。医院一片混乱。医生都或在挨斗，或在打扫厕所，当权管事的是“革命派医护人员”！他们给母亲抽脊髓化验，但母亲的病是一般性脑血管瘤，抽脊髓必然引起大出血，这是常识！母亲顿时昏迷，再也没有醒过

1962 年，全家福

来！我和弟弟在母亲的病房外守了一夜。半夜时分，弟弟号啕大哭，我紧握他的手，无话可说。我知道他的悲痛不只是为母亲，也是为这不可理解的社会、不可知的未来和一切美好的梦的破灭！

黎明，我和弟弟将母亲送入八宝山平民火化场。那里的景象触目惊心！许多尸体横七竖八地摆放着等待火化，男女老少都有，好些是满身血迹，大约都是被打死的“牛鬼蛇神”，还有不少十七八岁的孩子，他们是“黑帮崽子”或两派打仗牺牲的无辜生命！这些尸体本应在黎明前处理完毕，但时间不够，只好堆放在那里。

我和弟弟好不容易逃出了这个人间地狱。我们抱着母亲的骨灰盒回家，将它安置在小四合院的正房，放上母亲的照片，没有鲜花，没有悼唁！奋斗终生、有胆有识的母亲就此长眠，享年五十六岁。

三、姐弟情深

1955年，弟弟从当时文化教育还很落后的边远的贵阳，一举考上了清华大学无线电系，妈妈说不尽心中的欢喜。

记得弟弟第一次来北京，他坚决不要我去车站接他。我在家里兴高采烈地等着，他却久久没有露面。我按捺不住心中的焦灼，就骑车到清华园找他，通过招生办，得知他分配住在明斋，但却遍寻不得。待我垂头丧气地回到燕南园，却见他扛着一整只云南火腿走在燕南园的斜坡上，那是妈妈给我婆婆的礼物。

弟弟学习十分出色，未及毕业就被调出在本系参加教学工作。我们两人都很忙，平常交往时间并不算多，但在关键时刻他给我的助力，确是永世难忘。1958年2月，“反右”运动已近结束，北大被认为严重“右倾”，“反右”不彻底，展开了“深挖细找”运动。我因1957年初曾和文学教研室的年轻朋友们策划过一本从未出版的文艺同人刊物，被作为重点深挖出来。参加的八个成员都是新中国成立后新毕业的年轻教师，也都全被划成“右派”。我更因为当时担任党支部书记，是带头人，是主谋而被定罪为“极右派”！说真话，当时我并不太担心我自己的生活和前途，使我深感锥心之痛的是如何向远在贵阳的母亲解释，如何向她说明我怎么会从一个共产党员“堕落”为一个“极右派”而让她不致太痛苦。弟弟毅然承担起这个难以承担的重负，在贵阳尚未直通铁路的情况下，跋涉数千里，专门回了趟贵阳。弟弟不仅不因我成了众矢之的而和我疏远，相反地，他倒成了燕南园58号的常客。我心里知道，他是为了使我能尽量得到宽慰，当别人都歧视我时，他并不歧视，他总是劝我把世事看成一个万花筒，总会随时变换，不必太认真。

母亲去世后，弟弟开始了他的苦日子。一方面要照看心情阴郁、脾气暴躁的父亲，一方面要独立支撑那个家。母亲买的四合院本来就是一处农民旧屋，过了几年就漏洞百出，一会儿房顶漏雨，一会儿院墙倒塌，院里没有自来水，每天还要到五十米开外的水井去担水。那时，一根木头、一袋水泥都很难买到，甚至不知道应该到哪里去买。又没有劳动力，没有运输工具，自己又从未干过这样的活。记得一次我正碰见他推着自行车，车两边各绑着四根修房顶的长檩木，满头大汗，沉重地低头蹒跚在小街土路上。我没有和他打招呼，只觉得泪往心里流。我的弟弟，一向被视为才智过人的清华大学高才生，就这样让他最有创造力的青春年华在此无声消逝。

身体的折磨不说，心灵的创伤就更是难以忍受了！以下是弟弟给我写的一封信中的一段：

> 我亲手剪断了爸爸一直用的收音机的短波线圈，那是我亲手装的一部有短波的接收机，是爸爸感知外部世界的唯一通道。用它在广袤的太空中发现并抓住那细若游丝虚无缥缈的一缕信息，实在不是一件容易的事（更不是快乐的事）！但对爸爸来说，这却是他不可须臾离开的东西。我清楚地知

道，“偷听敌台”导致的三反罪名（反党、反社会主义、反毛泽东思想）会有什么后果。一台有短波的，自己架设的接收机，会意味着什么。何况又是在一个独门独院，缺乏十目所视、十手所指的地方！我只能决定必须亲手把它拆掉，而且越快越好，以防生变。可是和爸妈商量时爸爸颇为不舍，而妈妈对于这样剥夺年迈的爸爸唯一的快乐又非常不忍，这使我十分痛苦。我最后决定必须做一个忍人，只有把感情亲情都先放到一边。于是毅然操起钳子往短波线圈剪了下去！我分明看见年老的爸爸无助的眼神，耳边是妈妈近乎乞求的劝阻，这一剪真似剪在我的心上，至今还在流血！每忆及此，心中都非常纠结，只好尽量不去触及它。

今天我们都已活到超过父亲当年的年龄，由于技术进步，他当年从广袤的太空中难以抓住的那细若游丝虚无缥缈的一缕信息已经变成了无处不在的网络，时代毕竟是进步了，但是进步对人类来说是好还是坏，学术界争论不休，我们只愿所曾经历的一切成为永远不再重来的梦魇！

四、姑奶奶被逐出燕南园

汤老先生唯一的同辈亲人，他挚爱的亲姐姐汤碧兰来到燕南园已快五年了。她比汤老先生只大一岁，从小和弟弟一同念私塾，一同长大，姐弟感情甚笃。后来她婚姻不如意，生活窘迫。看得出来，汤老先生非常高兴能在燕南园给她安排一个平静的晚年。姑奶奶对生活别无所求，诚心诚意帮着我婆婆照看老先生的生活，照看他吃药、进餐，等等。富余时间就和婆婆一起看小说，古今小说她都喜欢，但不看外国小说，说是外国人名字太长，记不住。我的任务是帮两位老人从图书馆输送回来精神粮食，常常供不应求。“文化大革命”开始，姑奶奶眼看着发生的一切，沉默不语，眼神十分悲哀，大概她心里也在想，幸亏老先生走得早，躲过了这一场不可思议的浩劫！

一天深夜，突然一阵呐喊，细听之下，是“横扫一切牛鬼蛇神”，“揪出隐藏的地富反坏右！”这种事情几乎天天都在发生，也就不以为怪，我正想翻身再睡，忽然敲门声大作，一群“革命群众”蜂拥进入 58 号，高喊：“把你们家非法私藏的地主婆揪出来示众！”姑奶奶镇静地站到院子里，一言不发。“革命群众”七嘴八舌，高喊要她坦白交代剥削罪行，交代如何压迫贫下中农，彻底低头认罪……喊了二十多分钟，虽说群情激奋，但究竟是最高学府北大的子民，谁也不愿先动手打一个七十多岁、手无寸铁的老太婆！大家批斗一阵，大概觉得没有意思，终于呼啸而去，只在我们住宅的门上和姑奶奶的房间门上各贴上一张大白纸，上面写着："勒令地主婆三天内滚出燕南园！"

让姑奶奶上哪儿去呢？她在北京举目无亲，即使"有亲"，在"革命高潮"中也没有人敢收留一个"地主婆"！她在老家九江也已没有什么亲人。她有一个女儿，女儿婚后境遇不好，久不联系了。还有一个姨太太生的儿子，过去老先生很想培养这个年轻人，以为将来也可能是姑奶奶的一个依靠，常寄钱给他。据说姑奶奶来北京前，这些钱都被这个儿子用掉了。后来，我们也不知道是什么原因，这个年轻人据说一直被关在监狱里，直到"文化大革命"前夕才放出来！

那天，一个凄风苦雨的早晨，我一个人送姑奶奶去前门火车站。车站到处都是来北京串联的红卫兵小将，秩序大乱，地上横七竖八躺满了人，小儿哭叫声，咳嗽声，叫骂声响成一片。我好不容易帮姑奶奶挤上一个车厢，座位都被返回的红卫兵占满了，七十多岁的姑奶奶只好蜷缩在角落里，坐在自己的一个小衣包上。告别时，我们两人都泪流满面，心知自此一别，后会无期！

后来，我们到江西鲤鱼洲五七干校劳动锻炼时，还几次到九江寻访姑奶奶的下落，但始终不得要领。很久以后，听说姑奶奶被她的女儿和儿子安置在一间闲置的空屋中，生活也还过得去，但是后来女儿得了重病，儿子不知去向。可怜的姑奶奶被人遗忘，冻饿相煎，终于离开了人世。

五、一次荒诞的批斗

我从燕南园小斜坡下来，从文史楼经过地质楼去中关园。远远看到路边一群红卫兵在围斗一个什么人，这在“文化大革命”中是常见的风景，并不以为奇。正想离开，忽然听到红卫兵高喊：“打倒反动权威乐森璕！”“乐森璕不投降就叫他灭亡！”乐森璕是我的伯父，他是古生物学家、地质学家，中国科学院第一批学部委员（院士）。1924 年毕业于北京大学，三十年代在德国马堡大学师从著名古生物学家魏德肯教授。回国后，创建并领导了贵州省的地质矿产勘测与研究。1953 年，他在四川江油发现了三亿年前生长在我国远古时期的特殊古鱼类化石，经专家鉴定，命名为“乐氏江油鱼”，并被列为当年地质考古界重大发现，载入《中华人民共和国大事记》。1964 年他的专著《珊瑚化石》出版，被认为代表了当时国内外研究的最新水平。同年，他担任了北京大学地质地理系主任。我这位伯父一向自命为纯粹科学家，不问政治。此时，他们以什么借口围斗他呢？

走近一看，一个红卫兵正指着我伯父说：“叫你背毛主席语录，你一条也背不出，教授怎么当的？！算了，你就背一下伟大领袖毛主席的教育革命路线吧！这总该会吧！”伯父从来远离政治，没有任何“反动”关系，历史清白如水。造反派确实没有抓到他任何把柄，对他还算客气。伯父磨蹭了半天，终于嗫嚅出一句：“我记得是劳动与生产相结合吧！”他的话引起红卫兵一阵哄然大笑。那位问话者指着他的鼻子说，“亏你还是个大教授，连伟大领袖毛主席的教育革命路线都背不出！你要好好接受革命群众的再教育，好好竖起耳朵听着，伟大领袖毛主席的教育革命路线是：教育与生产劳动相结合。记住了吗？先连着背十遍，明天我们再来考你！”快到吃饭时间了，革命群众一哄而散。伯父踽踽独行，口中喃喃自语，也许还在背毛主席的教育革命路线吧！他孤单地走向回家的路，我远远地跟着他，心里感慨万千。那个昂首阔步、气宇轩昂，震动了世界古生物学界的中国科学家，那个心怀祖国，跋涉于贵州千山万水之间的探索者早已不复存在，还是毛主席说得对，只有通过群众批斗，才能打掉这些反动权威的气焰！

其实，对伯父打击最大的还不是这些零零碎碎的折磨，而是我的伯妈的去世。很不幸，“文化大革命”一开始，伯父家里能干的保姆就成了全北大保姆革命造反派的总头目。她的第一个革命行动就是把“剥削压迫”工人的女主人揪出来批斗，“算剥削账”。伯妈文化水平不高，平常只读张恨水的《啼笑因缘》和《金粉世家》之类，从来不问世事，哪里见过批斗会这样的阵仗！本来就有高血压，三斗两斗，很快就离开了人世。这帮革命造反保姆很是厉害，她们遍历校内八大园，找那些教授夫人算剥削账。燕南园 57 号冯友兰先生的夫人任载坤因为是北大妇女会主席也成了他们的重点斗争对象，我婆婆曾担任过妇女会副会长，也曾被揪出来陪斗过几次，幸亏她人缘好，大家也没有太难为她。

伯妈去世后，伯父非常孤单。他曾要我替他办过一件事：他在医院认识了一个信奉基督教的心地善良的单身护士长，两人情投意合，差不多已到了谈婚论嫁的地步，但三个女儿不同意，说此人来路不明，又信教，谁知道会不会里通外国？

后来伯父托我趁去上海开会之便看看他的这个老朋友。我深知此行任务重大，甚至可能影响到伯父整个后半生！一到上海就按伯父给的地址找到了乌鲁木齐路。这显然是一座虽然破烂不堪却曾经华丽过的楼房，上下二十多间，被政府分给了二十多家互不相识的住户。护士长住在一间又冷又湿又小的偏房里。她略带歉意地说自己是这座房屋唯一的继承人，但却无力管理和修缮。她那教会学校式的明净优雅的姿态和谈吐与周围的肮脏杂乱形成了鲜明的对照。提起伯父，她大方而诚实，甚至直率地说，伯父希望她这次就和我一起回北京。这可超出了我原来的任务，不知伯父是否真做了这样的决定。我只好世故地应答说，等北京那边布置好了，再回来接她。她天真地相信我说的一切，兴高采烈地将我送了好远！

原来我离开北京后，伯父和护士长通电话有了新的考量，决定让护士长和我一起立即来京，也许就“快刀斩乱麻，把事情办了！”遗憾的是伯父竟无法联系上我！我终于没有为伯父办好这件事。后来听说三个堂姐妹坚决反对，伯父家为了这件事闹得天翻地覆，伯父得了一场重病，一直没有痊愈。他在医院里度过了孤独寂寞的最后岁月，只有保姆徐阿姨始终守候在他身边。就这样，伯父结束了他成就辉煌却也不无遗憾的一生。

六、空前绝后的草棚大学

1969 年刚过元旦，林彪公布了他的第一号令：为了备战，施行全民疏散。北京大学已经三年没有招生，在校学生（红卫兵一代）几乎全部被发配到军垦农场和边远山区。现在绝大部分教员也被命令在一周内全家一起搬迁到江西南昌远郊的鲤鱼洲。这样，除了极少数领导信任的心腹，学校就完全空了。

北大二千余名教职员工一齐奔赴江西南昌百里开外的鲤鱼洲，走毛主席号召的光辉“五七”道路，建起了北大鲤鱼洲分校。鲤鱼洲是在鄱阳湖畔围湖造田而成的一大片沼泽地。由于钉螺丛生，血吸虫横行，农民早已遗弃了这片土地。我们到达时，只见一片荒凉，先遣部队匆忙搭建的可以容纳二百多人的几座孤零零的大草棚突兀地屹立在荒原中心。为了一日三餐，尽管我们只吃酱油汤加糙米饭，后勤人员还是不得不划着小木船到鄱阳湖彼岸去采购粮食。就在我们到来的前几天，两艘小船遇到风浪，五位员工不幸牺牲。

我们首先再送瘟神，发扬人海战术，打响了消灭钉螺的歼灭战；毛主席有诗云：“华佗无奈小虫何！”我们毕竟比华佗高明，战胜了血吸虫，在鲤鱼洲安营扎寨。当最后离开鲤鱼洲时，我们北

1969 年 1 月，去江西鲤鱼洲之前与汤一介、汤双在天安门前合影

大分校仅有百余人患上血吸虫病（据说邻近的清华分校患此病者竟达八百余人）。我们又以“敢叫日月换新天”的气概，用自己的双手建造起一排排砖房和茅草房，开垦出百余亩水稻田（这湖底土地肥沃，水分充足），创设了自己的砖瓦场（虽然我们只能用双脚在满是冰碴儿的水中代替牲口搅拌黄泥），我们有了自己的汽船码头、抽水机、食堂、菜地，还养了很多猪和鸡！当我们吃到自己亲手种出的新大米和碧绿的新鲜蔬菜时，心中之乐真是无与伦比！但快乐之中也有阴影：鄱阳湖比鲤鱼洲高出数十米，人们在下面仰望湖面上的点点白帆，就像白天鹅在蓝天上航行。谁都心知肚明，万一围湖大堤，哪怕是裂一个小缝儿，几千员工的命运就是“人或为鱼鳖”了！因此，防汛时，在大雨滂沱中，人人都是整夜瞪直双眼，

紧盯着大堤的每一寸。

我和汤一介带着十一岁的儿子，在这个因血吸虫肆虐而被农民遗弃的土地上生活了近三年。我们虽然分住在不同的连队，但两周一次的假期总可以一家人一起沿着湖滨散步，那就是我们最美好的时光。后来，多谢领导照顾，几个连队还联合开辟了一间“家属房”，拉家带口的“五七战士”可以排队轮换，到这间特殊的“家属房”中住一个星期。我们一家三口就曾在这样的“家属房”中住过一个多星期。像是久别重逢，三个人重新团聚在一起，说不出有多么快乐啦！生活就这样过下去，如果没有什么急行军、紧急集合、“深挖细找阶级敌人”之类的干扰，日子过得倒也还平静，比起以往阶级斗争的急风暴雨，总算松了一口气。既然前途渺茫，连猜测也难，人们倒也不再多想，我又做起归隐田园的好梦，幻想有一间自己的茅草屋，房前种豆，房后种瓜；前院养鸡，后院养鸭，自得其乐。

可惜好梦不长，一年刚过去，按照毛主席的不断革命论，新的革命任务下达了！夏天伊始，总管全国教育科研的实权人物，8341部队负责北大、清华两校的军宣队头领——迟群同志突然驾临鲤鱼洲，召集全体教职员工训话，宣布成立北京大学鲤鱼洲草棚大学：先办文、史、哲三系，学生从江南各省工农兵青年中推荐选拔；他们不仅要上大学，还要管理大学和改造大学（简称上、管、改）。迟群强调这样的草棚大学，一无高楼大厦，二无“不实用”的图书文献，三无固定教学计划（一切因人、因时而异），它的灵魂是知识分子与工农兵相结合。这是一种“新型大学”，与无产阶级“文化大革命”一样，同属“史无前例”！迟群宣布草棚大学暑假后立即开办（干革命就要雷厉风行）！三系各有七八名教师被指定为“五同教员”（五同者，与学生同吃、同住、同劳动、同改造思想、

1971 年，在南昌为工农兵大学生购买书籍

同教育革命之谓)。我和老伴汤一介都有幸名列其中，我们受命立即脱产筹备。我们在会上都表示热烈拥护，私下却不免内心忐忑。我们不知道应该教什么，也不知道应该怎样如领导所要求的，接受工农兵学员的“再教育”。

开学那天，我和女医生乔静被指定和军宣队、工宣队几位年轻领导一起，半夜出发，到南昌近郊的滁差（距南昌和鲤鱼洲各五十余里)，去迎接工农兵学员。清晨六点多钟，我们和百余名工农兵学员在滁差胜利会师。队伍略事休息，便重新整队，迈着雄健的步伐，高唱着“我们走在大路上”，向鲤鱼洲进发。真没想到沿途各村镇竟都敲锣打鼓，摆出桌案，递茶送水，鞭炮齐鸣，欢送自己的亲人上大学！到了鲤鱼洲，全体北大人夹道欢迎，红旗招展，把世界教育史上的第一批工农兵学员迎进了草棚大学。

我们深感任务之艰巨，每个人都战战兢兢，唯恐误人子弟，对不起养育我们的老百姓！我们呕心沥血，好不容易设计出第一年的课程。除全体师生要天天坚持背诵“老三篇”，体会“老三篇”的精神实质外，哲学系主要讲《实践论》《矛盾论》，历史系主要讲《新民主主义论》，中文系的课程比较丰富，除讲《在延安文艺座谈会上的讲话》外，还讲鲁迅、样板戏，批判四条汉子，外加大量写作实习。另外，几乎占了一半时间的，就是劳动课了！我们满以为工农兵学员会信心百倍地赞美鲤鱼洲，因此，第一次作文题就是歌颂毛主席的教育革命路线——史无前例的草棚大学。我们期待着一批歌功颂德的杰作，甚至还计划选送其中一部分到地方报刊，宣传鲤鱼洲。然而，让我们失望的是，几乎所有作文都反映了一种迷茫。较为含蓄的，是说这里一无图书，二无教室，三无好老师（他们认为鲤鱼洲的老师都是北京挑剩的“处理品”），不像大学的样子；有的不谈教育，只是着意赞美鲤鱼洲的自然美景；还有个别家庭环境优越、有恃无恐的激进派就干脆说自己受了骗，要求到北京去上“真正的”北京大学（这时北京也招收了第一批工农兵学员）。军宣队和工宣队领导研究决定，要将教育革命进行到底，必须首先整顿思想。于是，草棚大学的第一课就是“批判资产阶级教育的样子观”！我们遵从上级指示，天天开会，做思想工作，实行军事化管理，每天六点半出操、跑步，早餐后，师生各拿一只小马扎，坐在大草棚里，如学生所说“围着圆圈儿吹牛”。我们这些资产阶级教育出来，而又尚未改造好的知识分子，当然都以自己所受的“毒害”为靶子，极力批判资产阶级教育的“样子观”。

尽管如此，我们还是和这些充满朝气的学员倾心相交，热忱相待，不久就真心爱上了这些真诚、坦直、积极向上、求知欲极强的年轻人。我们尽一切努力，让他们读到更多的书。为此，我们多次去南昌，到已停办的江西大学尘封乱放的书堆中挑了一批书，成立了一个小小的图书馆；我们时时和工农兵学员生活在一起，虚心接受他们的“再教育”，诚心希望工农兵学员真正成为“上、管、改”的主人。无奈学期过半，一切仍不得要领。

这样的“三无教学”终于难以为继。中文系领导想出了一个深得学生赞扬的好办法——到井冈山去！写革命领袖，写革命家史，收集革命民歌！出发那天清晨，三辆大卡车停在我们连队附近的大堤上。雨，淅淅沥沥地下了一夜，仍不见停。鲤鱼洲本是湖底，早有“晴天一块铜，下雨一包脓”的“美誉”。大堤本是黄泥垒起，宽度只能容两辆卡车。大堤上的路在雨水中浸泡一夜之后，泥泞难行，还没走到车边就有好几个人滑倒。工农兵学员领队曾建议是否等雨停后，过两天再走。但是“五同教员”中的一位革命造反派却站了出来，慷慨激昂地高喊：“中国人民连死都不怕，还怕下雨吗？”他率先登上了卡车，别人也就不好再说什么。

三辆卡车艰难地向前挣扎着，刚来到北大分校与清华分校交接的地界。突然眼见第一辆卡车骨碌碌翻滚着，一直滚到底下的荒草地上！所有的人全惊呆了，立刻下车，连滚带爬，向四轮朝天的卡车奔去，想去救助那些被扣在卡车底下的师生。但是，几吨重的卡车哪里翻得过来！只听得一片无助的哭喊！幸而清华大学分校的“五七战士”们闻声赶来，带着工具，终于撬起卡车的一侧，让我们有可能将里面的人一个一个拽出来！天哪，我们朝夕相处的写作组组长张教授和一位爱说爱笑、来自上海的工人学员王永干，由于被压在车轮下，大量内出血，脸色深紫，当时就离开了人世！坐在这辆车上的陈贻焮教授好久都神志不清，另外还有两个学员头部受了重伤。

我们这些“不怕下雨”的勇者终于拗不过老天，满心悲伤、灰溜溜地回到了原地。接着是每个人都要写文章悼念死者（着重歌颂他们“一不怕苦，二不怕死”的革命精神），开小型追悼会，安抚到来的死者家属。总的精神是少追究、少宣扬，尽一切可能压缩“负面影响”。死者王永干是我这个学习小组的学员，他英俊和善，是已有三年工龄的年轻工人。我被指定来接待他的母亲。王永干的母亲只有这一个儿子，为了将他抚养成人，她做了一辈子苦工！她无论如何接受不了失去儿子的现实！如今，在鲤鱼洲，她不吃不喝，哭诉了两天两夜！反复诉说她的儿子如何聪明，如何听话，如何上进，如何做梦也要上北京大学，又诅咒自己瞎了眼，鬼迷心窍，竟让他来上这样的北京大学！我们全组人真不知道如何来面对这位无缘无故突然失去优秀儿子的母亲！

一个多月就这样在痛苦和失落中过去！直到新的命令下达：“化悲痛为力量，重上井冈山！”我们重新踏上征途，却再也没有原来的意气风发！当时井冈山区还没有公路，我们全都跋涉在崎岖的山道上。最难忘怀的是年近半百的陈贻焮教授（炊事班长），背着一口大铁锅，手脚并用，奋力爬上山崖的身影，还有患有严重肠胃病的袁行霈教授，流着虚汗的苍白的脸！我当时是宣传队的一员，一直沿路编“对口词”给大家鼓劲，忘了自己的劳累。

我们终于到了井冈山，老革命根据地人民的热情关怀，温暖了我们的心。在井冈山的两个多月，收获是丰硕的。我们大家都了解了老区人民身受的苦难，切身受到了革命传统的教育。同学们不仅学会了写记叙文、小评论和调查报告，还接受了分析问题、调查研究能力的初步训练。值得一提的是，我们特别注重基础写作，记得严家炎教授严格要求“文从字顺”，强调写文章必须“丝丝入扣”，因而得了“丝丝入扣”先生的美称。最值得怀念的，是当时的师生关系。我们朝夕相处，互相敞开心扉，真诚相待，常常谈到深夜。

这样的师生情谊，后来再也难寻！如今，这些草棚大学的学员都已是五十开外的人了，我和他们中的一些人至今仍保持着联系。如草棚大学的排头兵钟容生同志，很久以来一直是广东省政府的一个局长，每当荔枝成熟时，只要有人来北京，他一定会给我捎上一大包。当年我所属的那个工农兵学员小组的组长张文定同志，多年担任北京大学出版社副总编辑，至今我们还常在一起策划出版书籍。

从井冈山回鲤鱼洲不久，传来了撤销草棚大学的消息。人们前途未卜，不知会被如何处置，引领北望，充满期待与惶惑。幸而结果是皆大欢喜——草棚大学全体师生合并到北京总校，开始了新的大学生活。一年后，整个鲤鱼洲五七干校也被撤销了。人们额手相庆，宰杀了所有的猪和鸡，据说开了三天三夜的“百鸡宴”。至于我们曾艰辛创建的农田、菜地、住房、砖瓦厂、草棚，则又重归于荒芜。

七、重返北京大学

我们的领导总是教导我们，应该扎根农村，成为未来的“鲤鱼洲人”的祖宗。我也以为这次一定是要圆了我的田园归隐梦了，然而 1972 年底的一天，一声令下，突然决定全部“鲤鱼洲居民”立即返校。我们既不知何所为而来，也不知何所见而去，不知是忧是喜。当载运我们的大卡车在沿湖大堤上缓缓而行，我心里充满了悲哀。两年来，就在这荒滩上埋葬着二十余位我的同伴的尸骨，其中，五人横渡鄱阳湖去为大家买菜，浪大船小，无一生还；两人死于路滑翻车；三人莫名其妙地自杀；另外的人或死于血吸虫病，或因缺药少医，治疗不及，死于非命。

也许是由于我在鲤鱼洲劳动得很不错，也没有情绪低落、怨天尤人，还获得了“打砖能手”“插稻先锋”等光荣称号。回校后，就让我重返“神圣的讲坛”。这回面对的已不是普通大学生，而是工农兵学员，他们绝大多数是各级干部子弟，通过各种途径被推荐来的。他们来上大学，不只为读书，而是为了“上、管、改”，即上大学、管理大学、改造大学，教师当然也是被管理和改造的对象，加之这时提倡的是以社会为课堂，学生经常去农村、工厂、报

1971 年，与汤一介、汤双从鲤鱼洲回北京

社学习，教师的责任相对也减轻了。于是，我又有了时间读自己爱读的书。

在中国现代文学史中，我最崇拜和喜爱的就是鲁迅。我始终认为他是二十世纪最了解中国的人。

1963 年从农村回来，在资料室工作，我始终放不下鲁迅。在工作之余，写了一篇《论〈伤逝〉的思想和艺术》。我一向喜欢鲁迅的短篇小说，我认为其中很多都反映着上面谈到的鲁迅早期思考的问题，特别是那些独特的“精神界之战士”的遭遇。在《狂人日记》和《药》里，鲁迅考察了作为辛亥革命前驱的第一代革命知识分子。“狂人”第一个看透了几千年吃人的历史，看到上层社会“话中全是毒，笑里全是刀”，相信“将来是容不得吃人的人的”。然而，这个最先觉悟的人却被目为“狂人”，对付他，只需“反扣上门，宛然是关了一只鸡鸭”。作了一番无益的挣扎之后，这位先觉者也就只好妥协，“赴某地候补矣”。《药》中的夏瑜和“狂人”不同，他忠于自己的信念，作为“精神界之战士”，坚持要去唤醒那些生活在黑暗的铁屋中的人们，最后献出生命。然而，这样的牺牲并没有引起什么反响，他的鲜血对于尚未觉悟、麻木愚昧的普通老百姓只是一剂不起作用的“药”。

如今又有了空闲，我最想做的事就是从头研究鲁迅，首先把我的旧稿整理出来。1956 年，我曾对鲁迅早期思想作过比较全面系统的研究，我对他 1907 年和 1908 年两年所写的《文化偏至论》《摩罗诗力说》《破恶声论》特别感兴趣。现在想来，这三篇文章对我后来的学术研究确有相当深远的影响。他的“掊物质而张灵明，任个人而排众数”的社会主张，他的“外之既不后于世界之思潮，内之仍弗失固有之血脉，取今复古，别立新宗”的学术理想，他的不满足于现实层面而超越于现世的终极精神的追求，可以说都是我后来学术生涯的起点。

更值得重视的是，鲁迅从一开始就持有一种与众不同的发展观点。在他的早期著作中，几乎谈每一个问题，都是首先回溯其历史发展。他坚信发展是绝对的，任何事物的出现都自有其根源。他说：“诚以人事连绵，深有本柢，如流水之必自原泉，卉木之茁于根茇，倏忽隐见，理之必无。故苟为寻绎其条贯本末，大都蝉联而不可离。”他认为事物之变化又都是极其复杂的，“所谓世界不直进，常曲折如螺旋，大波小波，起伏万状，进退久之而达水裔”。过程虽然复杂，方向则是永远向上的、进步的，从低级发展到高级。他相信未来，乐观地认为，“世事反复，时事迁流，终乃屹然更兴，蒸蒸以至今日”。(《文化偏至论》《科学史教篇》)

鲁迅早期思想还有一个独特之处，就是在诸多重物质、反迷信的呼声中坚定地肯定信仰和宗教的必要性。他认为人类“不安物质之生活，则必有形上之需求”。他在分析了宗教产生的种种原因之后，强调说：“中国志士谓之迷（信），而吾则谓此乃向上之民，欲离是有限相对之现世，以趣无限绝对之至上者也。人心必有所凭依，非信无以立。宗教之作，不可已矣。”鲁迅又分析中国宗教的特点，指出中国“以普崇万物为文化本根，敬天礼地，实与法式，发育张大，整然不紊。覆载（指天地）为之首，而次及于万汇。凡一切睿智义理与邦国家族之制，无不据是为始基焉”。他进一步指出这种宗教的“效果所著，大莫可名：以是而不轻旧乡，以是而不生阶级。他若虽一卉木竹石，视之均涵有神秘性灵，玄义在中，不同凡品。其所崇爱之溥博，世未见有其匹也”。鲁迅认为：“宗教由来，本向上之民所自建，纵对象有多一虚实之别，而足充人心向上之需要则同然。”没有信仰的人往往“精神窒塞，唯肤薄之功利是尚；躯壳虽存，灵觉且失……以他人有信仰为大怪”。其实，“墟社稷，毁家庙者，征之历史，正多无信仰之士人”。鲁迅甚至说，“今日之急”应是“伪士当去，迷信可存”（《破恶声论》）。鲁迅之所以偏爱宗教，是因为他认为未来的希望就在人之“内曜”和“心声”。“内曜者，破黮暗者也；心声者，离伪诈者也。人群有是，乃如雷霆发于孟春，而百卉为之萌动，曙色东作深夜逝矣。”鲁迅认为最重要的，正是宗教所培育的这种内心的光明和真诚。

鲁迅的《文化偏至论》《摩罗诗力说》和《破恶声论》都发表于 1908 年《河南》月刊。虽然当时并没有发生太大的影响，但鲁迅的真知灼见、高瞻远瞩至今仍有其现实意义。1958 年 4 月，我已经被定名为“极右派”——人民最凶恶的敌人，全国最著名的学术刊物之一《新建设》还发表了我的这篇《鲁迅早期思想研究》长文。听说责任编辑因此受到了严厉处分。我看到这篇论文，心里不知是什么滋味，只是悲哀地在心里重复：这是我第一篇精心写作的学术论文，也许，也就是最末一篇了吧。

八、儿女求学之路

数十年政治风浪，最难忘的锥心之痛，就发生在为儿女得到公平的求学机会而奋斗的那些年月！

1976 年，汤丹去黑龙江兵团已近七年，大部分兵团战士都已东零西散，有的参军，有的病退，有的因家里有困难，困退回京。那时国家政策虽已有所松动，但真想办成病退或困退仍需通过连、团两级领导的批准才行。夏天，汤丹来信说，他们副连长暑假要到北京“了解情况”，许多家长都在准备送礼，让我们也准备一下。我们当时的经济情况并不很好，按现在的话说是“月光族”，没有什么积蓄，要想备一份厚礼并非易事。幸而老汤忍痛卖掉老先生送他的《全唐文》，所得六百元还有剩余，东拼西凑，买了最好的烟和酒，在海淀的一家小旅馆找到了汤丹的副连长，对他一个劲儿地卑躬屈膝，说了几箩筐我一辈子也从未对人说过的好话！他终于答应考虑放汤丹回家！接着，汤丹的连队的确也有几个同学回家了，我和老汤满心欢喜，等着，等着！但始终没有汤丹的踪影！到了 1977 年初，社会上风传高考即将恢复，这更弄得我们像热锅上的蚂蚁。那时，高考是孩子们唯一的出路和希望！后来，我们又邮寄了一批高级烟、糖果给汤丹去打点团军务股长，这次总算找对了门路，汤丹终于在 1977 年返回了北京。

我们的两个孩子都非常喜欢读书，汤双在校时成绩总是名列前茅。汤丹在北大荒近八年也没有中断过学习。他们两人都认为参加高考，录取不是问题。我可没有那么乐观，倒不是担心他们的能力，而是老汤因为“梁效”的问题还在接受审查。当时的政治气氛虽已大为宽松，但老汤正处于风口浪尖之上，两个孩子是否能通过“政审”，我心里实在没底。

高考结束，汤丹、汤双都说考得不错，成绩肯定远在录取线以上。他们一个报了北京师范大学，一个报了北京大学，自以为胜券在握，只等那一纸录取通知书的到来。但我始终放心不下，生怕他们“政审”过不了关。高考后我即托了几个在招生办工作的朋友去打听结果究竟如何。得到的消息让人无比沮丧，由于“政审”原因，北京师范大学给汤丹的录取通知书被扣在了招生办。而北大为了“政治正确”根本就没给汤双发录取通知书。朋友们劝我不必去申诉，因为正在风头上，申诉也无用。他们劝孩子们好好准备，明年再考，也许那时政策会更为宽松。高考后，汤双很沉得住气，始终一言不发，自认为天生我才必有用，将来总有出头之日。汤丹却不一样，她已经在北大荒浪费了八年最宝贵的时光，这次高考也许就是最后的机会。她认为此事太不公平，气不打一处来，她和一些情况类似的考生一起在招生办门前请愿，结果当然是无人理睬、无功而返！我则在心里留下了沉重的负担，唯恐这次请愿在档案上留下了记录，影响她来年的高考。

汤双和他的几个朋友自初中三年级以来就得到我国著名数学家秦元勋先生的指导，学完了不少大学的数学、物理课程。1977 年，在高考结束之后，中国科学院开始招收“文革”后第一批研究生，允许以同等学力报考。秦元勋鼓励他们几个去试试，至少可以取得经验。汤双于是报了应用数学所的研究生。那天，下着大雨，我打着伞满怀希望地将汤双送进考场。结果汤双的考试成绩还真的跨过了录取分数线，应用数学所准备招收十二名研究生，他是第十一名。可惜由于政审通不过，汤双还是与成为当时国内最年轻的研究生的机会失之交臂。秦元勋是应用数学所的副所长，是个爱才之人，他到处为汤双奔走呼吁，却也无济于事。

我们一家四口心心念念，巴望着第二次高考的来临。我从暑假开始就到处托人打听今年录取的政策。得来的全是好消息，大家歌颂党的“有成分论，不唯成分论，重在政治表现”的英明指示，特别是北大党委明确宣布，在招生方面，“父母有问题，不应影响子女”，更是增强了我们的信心！但是，阅卷开始后，我仍然不放心，四处求人去看看两个孩子的卷子有没有在招生办，结果是卷子还是扣在政审办公室。招生办的朋友给我支招，让我去找北大党委，如果他们肯开一纸证明，说明孩子父亲的问题已作结论，不影响孩子录取，也许还有通融的余地。我连夜行动，到处磕头，到处碰壁，不得要领！我后来想如果当时有个魔鬼要我出卖灵魂来换取对两个孩子的公平待遇，我可能也会同意。幸好有一个好人（我至今感念他）指点我去找党委招生小组负责人，也就是北大招生办主任尹企卓同志。我找了他十几次，始终不见踪影！最后只能在吃饭时堵在他家门口。当时也顾不得礼貌，径直走到他的饭桌前，声泪俱下！他貌似和善地安抚我，说明天就到党委去帮我开证明，让我十一点钟去取。我当即信以为真，欢欢喜喜地回了家。孩子们也很高兴，和爸妈一起轻轻松松地吃了一顿饭！这是十几天来没有的事！

第二天一早，我拿着尹企卓开的密封证明，兴冲冲地到了市招生办，交给了我那个朋友，他很高兴地说，有了这个证明应该没有什么问题了吧。当天下午我又迫不及待地去打探消息。我的朋友告诉我："你拿来的那个证明不管用，上面明明写着'父母问题虽不影响子女上学，但为可能产生的政治影响，建议不要录取在北大！'"我目瞪口呆，一时说不出话来！汤双这次高考为了躲开北大的麻烦，第一志愿特意报了浙江大学。这个证明上的"建议不要录取在北大"纯属无的放矢，但却贻害无穷！我的朋友说，北大为了政治原因专门注明自己不会录取，别的学校还敢录取吗？

这回真是叫天天不应，无所措手足！但一看到孩子们委屈不解的眼神，我那贵州边民的野蛮斗志又复活了！我决不认输！我要为正义、为孩子们奋斗！其实，关心正义，关心孩子的决不只我们自己，北师大物理系的杜婵英教授（愿她安息）在"文革"中帮助过后来出任教育部副部长的高沂，她放下知识分子的清高，亲自找了高沂副部长，虽无结果，但其情可感。老汤有个多年老友孙长江，原是中央党校政策研究室的副主任，属胡耀邦智囊团中的人物，为人聪明正直，交游广泛，急公好义。他和汤双也一直很谈得来，有

1978年，与汤一介合影

点忘年交的意思。我去找他，他当即和他的一帮有大智慧的朋友们商议。他们都认为应先以汤双的录取为突破口，如果他能进大学，汤丹的“政审”则顺理成章不再会成为问题。他们建议我直接给主管科学和教育的方毅副总理写信，由孙长江通过科委副主任童大林转送。方毅同志什么也没有说，很快批示：“建议录取在中国科技大学！”汤双就这样进入了全国第一流的中国科技大学！汤双拿到录取通知时，招生工作已经结束，他的通知书上只有学校，而科、系一栏为空白，这也许是那年发出的最为特殊的一张录取通知书吧。

果然如孙长江他们预期的那样，在秋季入学结束后的大学“扩招”中，因为汤双已经被录取，北大再也没有什么理由不录取成绩超过录取线很多的汤丹。汤丹终于在1978年底拿到了北大分校的录取通知书。当汤丹到校报到时，学校都已经开学了！

儿女最终如愿以偿地走进了大学，一场噩梦总算是结束了！如果没有孙长江等人的鼎力相助，结局如何，实难预料，我现在想起来仍是心有余悸。特别是想到还有极少数因“出身不好”，或“父母有政治问题”被挡在高等教育门外，剥夺了梦想的优秀青年，心里更是为他们遗憾万端。

九、飞越黑水洋

1948 年，我同时考上了北京大学、中央大学、中央政治大学，还有提供膳宿的北京师范大学。我选择了北大，只身从偏僻遥远的山城来到烽烟滚滚的北方。其实，也不全是“只身”，一到武汉，我就找到了北大学生自治会的新生接待站。接待站负责人程贤策是武汉大学物理系的高才生，却在这一年转入了北大历史系。相熟后他告诉我，他所以转系就是因为他认为当时不是科学救国的时机，他研究历史，希望能从祖国的过去看到祖国的未来。他体格高大，满脸笑容，有条不紊地组织我们这帮二十几个人的“乌合之众”，沿长江顺流而下，到上海转乘海船，经黑水洋直达塘沽，再转北京。他是我第一个接触到的，与我过去的山村伙伴全然不同的新人。他对未来充满自信，活泼开朗，出口就是笑话，以致后来得了“牛皮”的美称。记得那天黄昏时分过黑水洋，好些人开始晕船。我和程贤策爬上甲板，靠着船舷，迎着猛烈的海风，足下是咆哮的海水，天上却挂着一轮皎洁的明月。他用雄浑的男低音教我唱许多“违禁”的解放区歌曲，特别是他迎着波涛，低声为我演唱的一曲“啊！延安，你这庄严雄伟的古城……热血在你胸中奔腾……”更是使我感到又神秘，又圣洁，真是无限向往，心醉神迷。他和我谈人生，谈理想，谈为革命献身的崇高的梦。我当时十七岁，第一次懂得了什么是人格魅力的吸引。

北京不如我想象中的壮观、美丽，从山清水秀的故乡来到这里，只觉得到处是灰土。前门火车站一出来，迎面扑来的就是高耸尘封的箭楼，不免令人感到压抑。但是一进北大，情况就完全不同了。尽管特务横行，北大仍是革命者的天下。我们在校园里可以肆无忌惮地高歌，“你是灯塔”，“兄弟们向太阳，向自由”，甚至可以公开演唱“啊！延安……”，北大剧艺社、大地合唱团、民舞社、读书会全是革命者的摇篮。那时北大文学院各系科的新生都住在城墙脚下的国会街，就是当年曹锟贿选、召开伪国会的“圆楼”所在地，当时称为北大四院，今天是新华社的办公地点。程贤策一到校就担任了北大四院的学生自治会主席，我也投入了党的地下工作。接着到来的是一连串紧张战斗的日子，我们都在工作中沉没，我和程贤策也就逐渐“相忘于江湖”。

直到三年后，我们又一起参加了农村的土地改革。那时，北大文、史、哲三系的绝大多数师生都去江西参加革命锻炼，我们和很少几个地方干部一起，组成了中南地区土改工作第十二团，一些著名学者如唐兰、废名、郑天挺等也都在这个团，参加了与贫下中农同吃、同住、同劳动的行列，程贤策则是这个团的副团长，掌管着全体北大师生的政治思想工作。

我们这些全然没有社会经验，也全然不懂得中国农村的知识分子和青年学生突然掌握了近十万农村人口的命运，甚至有了生死予夺的大权！我们当然只有绝对服从上级命令，绝对按照《土改手册》的条条框框行事。我被派为一个拥有四千多人口的大村的土改工作组组长，我当时不过十九岁，经常为担当如此重任，内心深处感到十分茫然，十分缺乏自信，有时甚至浑身发冷！当时正值大反“和平土改”，上级指示：要把地主阶级打翻在地，踏上一万只脚，农民才能翻身。我们村已经按《土改手册》划出了八个“地主”，上级还是认为不够彻底。直接领导我们的、当地的一位副县长一再指出我们这个村是原村公所所在地，本来就是恶霸村长的“黑窝”，一定要狠批狠斗。他多次批评我们这些知识分子思想太“右”，手太软，特别我又是个“女的”，更是不行。他多次指示当务之急是要彻底打倒地主威风，重新“发动群众”。由于总感到我这个“女组长”极不得力，后来终于亲自出马，突然带了几个民兵，来到我们村，宣布第二天开大会，八个地主统统就地枪决。我争辩说，《土改手册》规定只有罪大恶极的恶霸地主才判死刑，他说我们这里情况特殊，不这样，群众就发动不起来，又告诫我要站稳立场。我无话可说。第二天大会上，我亲眼看见好几个妇女在悄悄流泪，连苦大仇深的妇女主任也凑在我的耳边说：“那个人不该死！”她说的是一个在上海做了一辈子裁缝的老头，他孤寡一人，省吃俭用，攒了一点钱就在家乡置地，攒到 1949 年这一生死界限（土改以这一年占有的土地为标准划阶级），刚好比“小土地出租者”所能拥有的土地多了十余亩！这个裁缝并无劣迹，还常为家乡做些善事，正派老百姓都为他说情，但我们只能“按照规章办事”！我第一次面对面地看见枪杀，看见陈尸三日。我不断用“阶级斗争是残酷的”这类教导来鼓舞自己，但总难抑制心里说不清道不明的悲哀。好不容易支撑了一整天，晚上回到我所住的村公所，不禁瘫倒在楼梯脚大哭一场。那时村公所只住着我和废名教授两个人，他住楼下，我住楼上。不知道什么时候，他来到我身边，把手放在我头上，什么也没有说。我抬起头，发现他也是热泪盈眶！

不久，工作团开全团“庆功会”，总结工作。我怀着满腔痛苦和疑虑去找程贤策。他已完全不是黑水洋上低唱“啊！延安……”的程贤策了。他显得心情很沉重，眼睛也已失去了昔日的光辉。但他仍然满怀信心地开导我，他说我们不能凭道德标准，特别是旧道德标准来对人对事。土改的依据是剥削量，剥削量够数，我们就有义务为被剥削者讨还血债。至于量多一点或少一点，那只是偶然，不可能改变事情的实质。恩格斯教导我们“认识必然就是自由”，有剥削，就有惩罚，这是必然，认识到这一点，你就不会有任何歉疚而得到心灵的自由。这番话对我影响至深，后来凡遇到什么难于承受的负面现象，我都努力将其解释为“偶然”，听毛主席的话则是顺从“必然”。程贤策又通过他自己的亲身经历告诉我他最近才认识到：由于我们的小资产阶级出身，我们应该对自己的任何第一反应都严格自省，因为那是受了多年封建家庭教育和资产阶级思想侵蚀的结果，尤其是人道主义、人性论，这也许是我们参加革命的动机之一，但现在已成为马克思主义阶级学说的对立面，这正是我们“和党一条心”的最大障碍。因此，摆在我们眼前最重要的任务就是彻底批判人道主义、人性论。他的一席话说得我心服口服，不知道是出于我对他从来就有的信任和崇拜，还是真的从理论上、感情上都“想通了”。总之，我觉得丢掉了多日压迫我的、沉重的精神包袱，于是，在庆功总结大会上，我还结合自己的亲身体验和思想转变作了批判人道主义、人性论的典型发言。

虽然同在一个学校，而且他后来还担任了我所在中文系的党总支书记，但我再单独面对他，已是十年之后的事了。这十年发生了多大的变化啊！1958 年，我已是人民最凶恶的敌人——“极右派”，被发配到京西丛山中一个僻远的小村落去和地、富、反、坏一起接受监督劳动。和我们在一起的还有到农村接受贫下中农再教育，并充当我们的监督者的下放干部。1961 年，几乎全国都沉落在普遍的饥饿中，许多人都因饥饿而得了浮肿。程贤策代表党总支到我们的小村落慰问下放干部。那时，横亘在我们之间的已是“敌我界限”！白天，在工地，他连看也没有看我一眼。夜晚，是一个月明之夜，我独自挑着水桶到井台打水。我当时一个人单独住在一个老贫农家。老大爷、老大娘待我如亲生女儿，我也把他们视同自己的父母。白天收工带一篮猪草，晚上回家挑满水缸，已成了我的生活习惯。我把很长很长的井绳钩上水桶放进很深很深的水井，突然看见程贤策向我走来。他什么也没有对我讲，只有满脸的同情和忧郁。我沉默着打完两桶水，他看着前方，好像是对井绳说：“也难得有这样的机会，可以这样深入长期地和老百姓生活在一起。”过一会儿，他又说“党会理解一切”。迎着月光，我看见他湿润的眼睛。我挑起水桶扭头就走，唯恐他看见我夺眶而出的热泪！我真想冲他大声喊出我心中的疑惑：“究竟发生了什么事？这一切究竟是为什么？这饥饿、这不平，难道就是我们青春年少时所立志追求的结果吗？”但我什么也没有说，我知道他回答不出，任何人也回答不出我心中的疑问。

时日飞逝，五年又成为过去。我万万没有料到我和程贤策的最后一次相见竟是这样一种场面！1966年“文化大革命”风起云涌，几乎北大的所有党政领导人都被定名为“走资本主义道路的当权派”，被揪上了“斗鬼台”。身为中文系党总支书记的程贤策当然也不能例外。记得那是六月中旬酷热的一天，全体中文系师生都被召集到办公楼大礼堂，这个大礼堂少说也能容纳八百人，那天却被挤得水泄不通，因为有许多外系的革命群众来“取经”。我们这些被监管对象牛鬼蛇神，专门被强制来看“杀鸡”的“猴儿”——有幸被勒令规规矩矩地坐在前三排，亲身观看，接受教育。忽然，一声呼啸，程贤策被一群红卫兵拥上主席台。他身前身后都糊满了大字报，大字报上又画满红叉，泼上黑墨水，他被勒令站在一条很窄的高凳（就是用来支铺板铺床的那种）上，面对革命群众，接受批判。我坐在第二排，清楚地看到他苍白的脸，不知是泪珠还是汗水一滴一滴地流下来。批判很简短，走资派、地主阶级的孝子贤孙、文艺黑线的急先锋、招降纳叛的黑手、结党营私的叛徒等罪名都在预料之中，但“深藏党内的历史反革命”却使我骤然一惊，接着又有人批判说他是国民党青年军打入共产党的特务。我这才想起来，他曾和我们说起过他十六七岁时，为了抗日，曾去缅甸参加过抗日青年军，这并不是什么秘密，他曾不止一次地和许多人聊天，当众夸耀他游泳的技术多么棒，如何多次横渡缅甸的伊洛瓦底江！这能是“深藏”的“特务”吗？我正在百思不得其解，又一声呼啸，程贤策被簇拥下台，一顶和他的身高差不多的纸糊白帽子被扣在他的头上，顿时又被泼上红墨水、黑墨水，墨水掺和着汗水流了一脸！革命群众高喊革命口号，推推搡搡，押着程贤策游街，我目送他慢慢远去，根本挪不动自己的脚步！

这一天的革命行动终于告一段落，我们都被放回了家。我家里还有幼小的孩子，急急忙忙回家买菜做饭，头脑里是一片空白！我去小杂货铺买酱油时，突然发现程贤策正在那里买一瓶名牌烈酒。他已换了一身干净衣服，头发和脸也已洗过。他脸色铁青，目不斜视，从我身边走过，我不知道他是真的没有看见我，还是视而不见，还是根本不想打招呼。总之，他就是这样从我身边走过，最后一次！我当时默默在心里为他祝福：“喝吧，如果酒能令你暂时忘却这不可理解的、屈辱的世界！”

我们那时生活非常艰难，每天都被勒令在烈日之下趴在地上拔草十来个小时，同时接受全国各地来串联的革命小将的批斗（包括推来搡去和各种千奇百怪的勒令）。就在这样的情景下，全国最优秀的翻译家之一，曾为周总理翻译的吴兴华教授中暑死了；著名的历史学家、北大图书馆馆长向达教授被勒令收集革命小将们扔得满校园的西瓜皮，晕倒在地，未能得到及时救治，也死了。在这重重噩耗中，我的心已经麻木冻僵，似乎已经不再会悲哀。后来，我被告知我心中的那个欢快、明朗、爱理想、爱未来的程贤策就在我买酱油遇见他的第二天，一手拿着那瓶烈酒，一手拿着一瓶敌敌畏，边走边喝，走向香山的密林深处，直到生命的终结。当"大喇叭"在全校园尖声高喊"大叛徒、大特务程贤策自绝于党，自绝于人民，罪该万死，死有余辜"时，我已经没有眼泪，也没有悲哀，只是在心里发愁：程贤策的尸体差不多两天后才被发现，在这酷热的盛夏，在这人人要划清界限，唯恐沾身惹祸的日子里，程贤策的妻子怎样才能把他的尸体从那幽深的密林送到火葬场啊？！

1948 年，我和程贤策一起来到北京大学，这里有我们的青春，我们的梦，我们的回忆，也有无数我们对生活、对苍天的疑问。这一切，连同那一曲迎风高歌的"啊！延安……"都将化为烟尘，随风飘散，再无踪影，只有那黑水洋上翻滚的波涛和那无垠星空中一轮皎洁的明月将永远存留在我心底。

第 五 章

伍

自由飞翔

一、开辟一个新的学术空间

我不是一个相信命运的人，但人的一生确实充满了偶然。二十世纪七十年代中期，由于改革开放政策，北京大学招收了一些留学生，开始时是朝鲜和非洲学生，后来，欧美学生逐渐多起来。当时，大家都不大愿意给留学生上课。第一，谁都没有这样的经验，和外国人相处，会有很多麻烦，如果他们提些怪问题，怎么办？弄不好，就会被扣上“里通外国”之类的罪名；第二，外国人完全没有接触过中国文学，怎么讲都行，体现不出什么学术水平，今后升级、提职称之类，也占不了什么分量；第三，教学内容也很难安排，按老的一套讲，学生不会爱听，讲点新东西，又怕出错误。因此，大家都不太愿意去。我因为没有什么讨价还价的余地，只好让干什么，就干什么，于是，开始去教一个留学生班的现代文学。我的这个班有二十余人，主要是欧美学生，也有从澳大利亚和日本来的。

没有想到对这个留学生班的三年教学却全然改变了我后半生的生活。为了给外国学生讲课，我不能不突破当时教中国现代文学的僵死模式，否则就不会有人听我讲课。我大概是北京大学第一个在“文化大革命”后敢于讲徐志摩、艾青、李金发等“资产阶级”作家的教师。反正我的学生不会去打“小报告”，也不会苛求我有什么“正确的政治观点”，我可以比较自由地讲述我对这些作家的看法。为了让我的学生较深地理解他们的作品，我不得不进一步去研究西方文学对中国现代文学的影响以及它在中国传播的情形。这一在学术界多年未曾被研究的问题引起了我极大的兴趣。我开始系统研究二十世纪以来，西方文学在中国如何被借鉴和吸收，又如何被误解和发生变形。

除了鲁迅之外，我开始研究茅盾。我认为他是最早介绍西方文艺思想，并极力将其运用于中国文艺理论与实践的前驱。为了教学需要，我首先研究了茅盾对于中国现代作家作品的看法，发现他的批评标准多出自西方文艺思潮。1979 年，我把他的许多散见各处的作家作品评论集纳为一本《茅盾论中国现代作家作品》，于 1980 年 1 月在北京大学出版社出版。那时，北京大学出版社还刚刚成立，这是我编写的第一本书。在研究茅盾引进西方文艺思想的过程中，我发现：如果说鲁迅早期关注的焦点在于如何使中国现代化，而又避免西方现代化的弱点，那么，茅盾早期最重视的，是如何以中国的实际需要为准则，批判地吸收外来的有益的东西。从一开始他就强调，对西方思想应“尽管挑了些合用的来用，把不合用的丢了，甚至忘却也不妨”。早在 1921 年，他就详细地介绍了泰纳的批评方法，认为泰纳根据“作家所属人种，作家所处时代的社会现象、政治现象及个人环境，和作家所处时代及所居社会内的主要思潮”这样的“三段方式”来进行文学批评，原是“正当而且精密的”，特别是对于校正中国文艺批评中“痴人说梦式的全然主观的批评论和谨奉古代典型而不敢动这二点而言”，更是有益的方法。但是，他同时也指出这样的批评方法没有注意到作家的主观条件，用他自己的话来说，就是“竟完全忽略了作家个性的重要与天才的直觉力……忘记了有时候，大作家亦能影响时代”。因此，茅盾在讲了

“人种”“时代”“环境”三要素之后，又加了第四个因素——作家的人格。对于自然主义也是如此。茅盾很早就提倡自然主义，认为敢于揭露黑暗，“不在丑恶的东西上面加套子”这一自然主义的真精神“终该被敬视”，同时，他又写了《曹拉主义的危险性》，提出“我们要自然主义来，并不一定就是处处照它”。二十世纪初，作为知识界重要代表人物之一的茅盾，他对西方文化的看法，他对西方文本的解读和改写，都仍有深入研讨的价值。我在 1980 年写成的那篇《茅盾早期思想研究》后来发表于《中国现代文学研究丛刊》。

1904 年，王国维最初将尼采介绍到中国。他认为尼采学说的核心是“破坏旧文化而创造新文化”，为“弛其负担”（指旧传统之负担），而“图一切价值之颠覆”，并“肆其叛逆而不惮”。他赞扬尼采“以极强烈之意志而辅以极伟大之智力”，其“高掌远跖于精神界，固秦皇汉武之所北面而成吉思汗、拿破仑之所望而却步者也”。稍后，鲁迅在他写于日本的几篇文章中又多次称道尼采是“个人主义之至雄杰者”，是“思虑、学术、志行”都“博大渊邃，勇猛坚贞，纵忤时人不惧”的“才士”。1915 年，陈独秀在《新青年》发刊词中，第一条就引用了尼采关于奴隶道德和贵族道德的论述；1918 年，他在《人生真义》一文中又再次强调尼采“尊重个人意志，发挥个人天才”的主张。五四运动后，尼采的思想在中国就更广泛地传播开来。五四游行示威发生的当月，傅斯年就在《新潮》杂志上号召，“我们需提着灯笼沿街寻超人，拿着棍子沿街打魔鬼”，赞扬尼采是一个“极端破坏偶像家”。同年 9 月，田汉在《少年中国》上详细介绍了尼采的早期著作《悲剧的诞生》，紧接着，茅盾在《解放与改造》杂志上发表了尼采名著《查拉图斯特拉如是说》中最富于批判性的两章《新偶像》和《市场之蝇》的译稿，并在序言中盛赞“尼采是大文豪，他的笔是锋快的，骇人的话是常见的”。

1920年初，他又写了全面介绍尼采思想的长篇专著《尼采的学说》在《学生杂志》第七卷分四期连载。同年8月，《民铎杂志》出版了“尼采专号”，全面介绍尼采，驳斥了尼采是欧战罪魁的说法。9月，《新潮》第二卷第五期发表了鲁迅翻译的《查拉图斯特拉如是说》序言，并附有鲁迅对序言各节的解释。这时，郭沫若也很醉心于尼采，他曾因上海一家外国书店竟然没有尼采的《瞧！这个人》而大骂这家书店是“破纸篓”！1923年，他翻译了《查拉图斯特拉如是说》第一部全部和第二部一部分，在《创造周报》分三十九期连载，后因故中断。不久，郭沫若偶然到一个偏僻小镇参加一个小学教师的婚礼，新娘第一句话就是：“我喜欢尼采的《查拉图斯特拉如是说》，为什么不把它译完呢？”可见影响之广。

鲁迅、尼采、茅盾

鲁迅与尼采思想上的联系是显而易见的，二十世纪三十年代就有人尊鲁迅为“中国的尼采”，也有人将鲁迅的特点概括为“托尼学说，魏晋文章”，托尼即托尔斯泰与尼采之谓。鲁迅认为十九世纪末叶，西方思想发生了很大变动，变动的原因首先是观念的变化，是当时的“大士哲人”要“矫十九世纪文明之通弊”，“于是涥焉兴作，会为大潮，以反动破坏充其精神，以获新生为其希望，专向旧有之文明而加之掊击扫荡焉”。在这些“大士哲人”中，最杰出的就是“深思遐瞩，见近世文明之伪与偏”的尼采。鲁迅在文章中引用了尼采在《查拉图斯特拉如是说》中的话：“反而观乎今之世，文明之邦国矣，斑斓之社会矣，特其为社会矣，无确固之崇信，无作始之性质，邦国如是，岂能淹留？”“无确固之崇信”就是只重物质而无精神上坚定的信仰，“无作始之性质”就是不少人随波逐流，无独创精神。尼采的这段话正是鲁迅把十九世纪文明的通弊概括为“物质”和“众数”的由来。

针对这些通弊，鲁迅认为当前要务就是要“张灵明”而“任个人”。“张灵明”就是强调发扬人们内在的主观精神和坚强的意志力，能够“勇猛奋斗”、“虽屡踣屡僵，终得现其理想”，而“尼采，易卜生诸人皆据其所信，反抗时俗，示主观之极致”，最高理想则在尼采所希求的“意力绝世，几近神明之超人”，和易卜生所塑造的“多力善斗，即忤万众不慑之强者”。“任个人”就是反对服从多数和无视个人特点。鲁迅追溯了十九世纪以来个性主义发展源流。从力主个人主义的斯蒂纳、叔本华、契开迦尔到易卜生，最后还是归结到尼采：“若夫尼采，斯个人主义之至雄杰者矣。”鲁迅在写了这些话的十余年后，到了五四时期，他仍然认为尼采是“偶像破坏的大人物”，他不单是破坏，而且是扫除，是大呼猛进，将碍手碍脚的旧轨道不论整条或碎片一扫而空，而“旧象越催破，人类便越进步”。但这时鲁迅已感到尼采的超人“太觉渺茫”，虽然他仍确信“将来总有尤为高尚，尤近圆满的人类出现”，但也不必等候那“炬火”，而应该“能做事的做事，能发声的发声，有一分热，发一分光，就令萤火一般，也可以在黑暗里发一点光”。五四以后，鲁迅仍然在许多著作中提到尼采。例如1929年，把尼采、歌德、马克思并列为伟大人物，1930年因尼采的著作只有半部中文译本而深感遗憾，1933年，在鲁迅的《由聋而哑》中，他又用尼采创造的、与超人对立的“末人”这个概念来说明阻断青年与外界的接触，“用秕谷来养青年，是绝不会壮大的，将来的成就且要更渺小，那模样可看尼采所描写的末人”，他大声指责企图进行思想统治的人正是“要掩住青年的耳朵，使之由聋而哑，枯涸渺小，成为末人”。直到1934年，鲁迅才和尼采有了明显的决裂。在《拿来主义》中，他说“尼采就自诩过他是太阳，光照无穷，只是给予，不想取得。然而尼采究竟不是太阳，他发了疯”。

茅盾接触尼采较鲁迅晚一些。1917年，茅盾在他的第一篇论文《学生与社会》中以尼采思想为武器，反对旧道德、提倡新道德时，还只有二十一岁。他认为尼采“最大也是最好的见识”，就是“把哲学上一切学说，社会上一切信条，一切人生观、道德观重新称量过，重新把它们的价值估定……扫荡一切古来传习的信条，把向来所认为绝对真理的根本动摇”。但是，茅盾并不同意尼采关于道德趋势的断语。他认为宣扬强者崇高伟大、理应压迫弱者是不对的。相反，弱者应该自强不息，成为强者。茅盾深感“民族气质的衰颓已到极点”，期望尼采的超人学说将有助于改造颓靡的国民性。因此，他特别赞赏尼采所说的“不应该屈膝在环境之前，改变自己物质构造去适应环境，以求生存”。在寄生虫的社会里，绝不应该以“适者生存”为原则，去做一个又肥、又圆滑的寄生虫，而是要彻底改变，力求超越。唯其如此，人才能摆脱猪和狗一样的只是求生的生活。茅盾认为尼采所说“人类生活最强的意志是向权力，不是求生”，这“实在有些意思”，但对茅盾来说，这绝不是崇拜强权，茅盾说：“唯其人类有这向权力的意志，所以不愿做奴隶来苟活，要不怕强权去奋斗。”这显然和尼采的原意已有很大不同。

尼采在中国的影响始终不断。二十世纪四十年代初期，陈铨、林同济、雷海宗等人创办了《战国策》半月刊，又在重庆《大公报》开辟了《战国》周刊。他们多方面宣传尼采，把他的学说应用到政治、社会、道德、文艺等各个方面。其中，著述最多的是陈铨。他的专著《从叔本华到尼采》曾被称为“中国唯一阐明意志哲学的书”。这本书不仅介绍了尼采思想的发展过程，而且讨论了“尼采的政治思想”“尼采的道德观”“尼采的无神论”“尼采心目中的女性”等专题。陈铨的第二本专著《文学批评的新动向》则力图以尼采思想来解决文艺问题。全书以德国狂飙运动为“异邦的借镜”，以意志哲学为“伟大的将来”，分析了“民族运动与文学运动”“盛世文学与末世文学”“中国文学对于世界的贡献”“尼采与《红楼梦》”“叔本华与《红楼梦》”等很有意思的问题。他的结论是：“人类的自我已经发现了，世界已经转变了；天才、意志、力量是一切问题的中心……我们再不要任何外在的规律来束缚我们自己，我们要根据内在的活动去打开宇宙人生的新局面。”

事实就是事实

1981 年，我总结以上情况而写成的《尼采与中国现代文学》在《北京大学学报》发表，引起了相当强烈的反响。在教条主义者看来，尼采从来就是一个帝国主义走狗、反马克思主义者、极端个人主义分子，怎么能将鲁迅、郭沫若、茅盾等进步作家的名字和这样一个恶人联系在一起呢？然而，事实就是事实。客观地说，这篇文章不仅引起了很多人研究尼采的兴趣，而且也开拓了西方文学与中国文学关系研究的新的空间。

与研究尼采同时，我又编译了一本《国外鲁迅研究论集》。由于和留学生接触，我看到了许多国外研究鲁迅的论文，我的英语也很有长进。二十年的封闭和禁锢，我们几乎和国外学术界完全隔绝，在这些论文中我真像发现了一个新天地。首先我感到这些论文有某些共同特色，是在广阔的背景上进行广阔的比较。例如谈到鲁迅的思想变化时，把鲁迅和一些表面看来似乎无关联的西方知识分子如布莱希特、萨特等人进行了比较，指出他们都甘愿牺牲舒适的环境去换取不确定的未来；他们都不相信未来的“黄金世界”会完美无缺；也不想从他们正在从事的事业索取报偿；他们理性的抉择都曾被后来的批评家们误认为一时冲动或由于“绝望”，甚至是受了“现代符咒——革命”的“蛊惑”！这样的比较说明了鲁迅的道路并非孤立现象，而是二十世纪前半叶某些知识分子的共同特色。其次，有些文章注意从历史发展中对鲁迅的思想和艺术进行纵的考察，他们认为鲁迅跨越了新旧两个时代，他既不完全代表新，也不完全代表旧。他对未来，既不像胡适那样乐观，也不像周作人那样悲观。他同时受着三味书屋、诗云子曰的“大传统”和百草园、无常、女吊等“小传统”的影响；他恨旧中国，同时，深爱着她那久远文化的许多方面；唯有鲁迅最生动地代表着新与旧的冲突及其他超越历史的更深刻的矛盾。鲁迅把希望寄托于暴君的铲除，同时又感到暴君的臣民比暴君更暴虐，他把矛头指向被压迫者，同时又触目于几乎所有的人都在设法寻求比自己更弱小的牺牲品来加以压迫。最后，这些论文对鲁迅作品的艺术技巧进行了精微的分析，诸如鲁迅作品的意象和象征、时间的框架、叙述的角度、视点的转移、作者与叙述者的距离、讽刺和写实的模式，以及性格反语，描述性反语等都得到了讨论。

这部包括美国、日本、苏联、加拿大、荷兰、捷克、澳大利亚7个国家，20篇文章，并附有《近二十年国外鲁迅研究论著要目》（270篇）的《国外鲁迅研究论集》，1981年由北京大学出版社出版，显然对国内鲁迅研究起了开阔视野，促进发展的作用。

我的这些工作，特别是那篇《尼采与中国现代文学》，很得到我的留学生班上的一位美国同学的赞赏。她的名字叫薇娜，是第一批正式来中国留学的美国学者，当时已是很有成就的年轻历史学家。她对尼采懂得很多，并借给我许多有关尼采的书，我们在一起谈了很多，成为很亲密的朋友。她回国后，在美国维思大学教书，这所大学就在波士顿附近。我想一定是由于她的提及，哈佛大学的哈佛燕京学社的负责人才会在 1981 年 5 月到北京大学来和我见面。对于这次见面我丝毫没有准备，谈话的内容主要是有关尼采。我的英语从未经过正规训练，只有一点中学的基础，看看小说还可以，谈深奥的学术问题，根本就“没门儿”。没想到，哈佛燕京基金会竟给我提供了到哈佛大学进修访问一年的机会。从此，我的生活又有了一个新的转折。

二、哈佛印象

1981 年 8 月的一个傍晚，我终于到达了纽约肯尼迪机场。我带了两大箱东西，从内衣、内裤、信封、笔墨、肥皂、手纸，直到干面条。人们说，在美国一切都贵，把美元换算成人民币，对我来说，这些东西的价格全都是天文数字。但机场却不像我曾被告知的那样恐怖。没有戴红帽子的黑人来强推我的行李，勒索要钱；海关官员挺友善，并没有提什么让人发窘的问题；检查行李的人也不曾把箱子翻一个底朝天。最高兴的是，出门一眼就看见了来接我的年轻朋友薇娜，并不曾像我在梦中多次被吓醒时那样，迷失在随时都有可能进行奸淫掳掠的陌生人群之中。

纽约给我的第一个印象是新奇。薇娜的车停在几十层的高楼上，我们得乘电梯上去，再把汽车开下来。沿路看不到一个人影，只有五颜六色、高速奔驰的汽车。在路边的小餐馆里，我吃了我的第一个汉堡包。这个普通的餐馆也同样使我惊奇，这里没有想象中的灯火辉煌，也没有一般美国电影里酒吧中震耳欲聋的摇滚音乐，更没有中国餐馆中的人声嘈杂。一个个小小的枣红色玻璃灯罩在每一张餐桌上掩护着一支支小小的蜡烛，发出柔和的光；就餐的人不少，餐厅里却静得出奇；不知道从哪里传来了幽幽的古典提琴曲。我的心充满了宁静。这和我预期的第一个纽约之夜是多么不同啊！唯一使我纳闷的是，从纽约到康涅狄格州的中途城总共几小时路程，我们却不得不停了九次车，丢下“买路钱”才得过关。我问薇娜，何以不一次交掉，何以不买一张通行证，一路开过去呢？薇娜也说不出所以然。

我在薇娜家里住了三天，她的生活十分自由自在。这对我身心方面的调节太重要了，我对此至今仍然感激。当时薇娜尚未结婚，她独自占据了一幢小白楼的第二层。她的书房堆满了书、杂志报纸，凌乱不堪，稿纸、软盘、香烟头遍地都是。她就这样每天扒开一小片空间，夜以继日地在电脑前写作。她吃得也很简单，早上把香蕉、牛奶往搅拌机里一倒，黏黏糊糊，配上一片面包；中午一律是蔬菜香肠三明治；晚上才做一点熟菜。她不舍得花时间。相比而言，中国人用在吃饭上的时间实在太多了！我们生活的节奏太慢，许多时间白白地溜走了。和薇娜在一起，会有一种时间紧迫感，只想抓紧时间、赶快工作。

第二天是中秋节，薇娜、薇娜的男朋友杰生、杰生的小儿子加维和我一起在宽阔的绿草地上看月亮，我请他们吃北京带来的月饼。六岁的加维非常懂事，他显然不喜欢这种过甜的异国食品，但只是客气地说等一会再吃。他一直在努力教我识别美国五分、十分、二十五分的镍币，但却解释不清何以五分镍币反而比十分镍币的个儿大，并因此很着急。加维的父母已离婚，他每个周末都要到波士顿去看母亲，这时父母各驾车走一半路程，在一个约定的中点把孩子像货物一样交给对方。我为加维很难过。在后来的日子里，如果说美国有什么令我震惊，那就是离婚！我的好朋友几乎全都有离婚的经验。我认为这种离婚对女人特别不公平。美国和中国不同，根本无法找到便宜的劳动力充当保姆，老一代人又决不愿插手第三代的抚育工作，母亲往往只好抛弃职业和学习，以保证父亲的功成名就。十五年后，父亲多半有了巩固的地位，母亲却再难返回社会，找到自己的职业。于是，夫妻之间出现了落差。丈夫说，是的，我们曾有过甜蜜的过去，你给了我儿子，但你却不能再给我青春。他身边环绕着崇拜名人的年轻女人，重新组织家庭，真是易如反掌！我不能指责这样的男人，他们中间有很多是我敬重的朋友。确实如他们所说，人生转瞬即逝，既然婚姻索然寡味，为什么要为它牺牲掉自己的后半生？然而，女人终究太倒霉了！她们一般不大可能找一个比她们年龄小很多的人做丈夫，十几年拉扯大的孩子，一上大学，就要搬出去住，唯恐母亲干扰了自己的生活。于是很多中年妇女出现了所谓“空巢综合征”。记得作家王蒙来哈佛大学访问时，我曾和他谈过这个问题，他哈哈大笑，说中国绝无“空巢综合征”，有的只是“满巢爆炸症”！房小人多，大家都忙得团团转！确实中国知识妇女较少抛弃职业，男人也做较多家务，一般来说，他们没有很多时间去浪漫地找回青春。我绝不是说中国知识分子的婚姻生活都很美满，只是道德、舆论、生活条件、法律，都使离婚不那么容易，中国人也较能忍耐，得过且过，不到万不得已，也就懒得离婚。这对某些急于离婚的妇女也许造成了很多不幸，但也保障了更多妇女不至于无家可归。

三、在美国，先看说明书

也许是受了薇娜的感染，我一心想赶快到哈佛大学安顿下来，开始我的研究工作。在哈佛大学最惊心动魄的一幕，就是迷失在大图书馆的地下室。到哈佛大学的第一天，办完一切手续，已是下午四点多，我迫不及待地一头钻进久已向往的哈佛大学图书馆，乘电梯一直下到最底层，心想一层一层逛上去，大概总能看到一个图书馆的全貌。这最底层已是地下室的第三层，全靠纵横交错的路灯照亮。需要看哪一格，再开那一格的灯。这最下一层收藏的，全是旧报纸。我一路看过去，想找找看有没有中国的旧报。据说，国内找不到的许多旧报纸都能在此发现，而我最感兴趣的是二十世纪二十年代大革命前后的旧报纸。我越走越深，终于完全迷失在密密麻麻的书架之中，再也找不到归路，电梯似乎已从地球上消失！我乱转了一个多小时，还是一无所成。我开始害怕起来，不会有人知道我在这里，学校还没有开学，宿舍里本来就空空荡荡，谁会来救我呢？万一到了下班时间，灭了灯，一个人待在这万丈深渊的漆黑中，怎么办（我以为和中国一样，下班后要关掉电源）？我转来转去，肚子饿得要命，中饭本来就没有好好吃。忽然看见一部电话，我似乎看到了大救星一样直奔过去，但是，身边一个电话号码也没有，况且人生地不熟，办公室早已下班，我又能给谁打电话？如果说有什么文化惊吓，我可真感到了惊吓！我靠墙坐在地上，又累又饿，黔驴技穷，一筹莫展，差点要哭出来！也不知就这样坐了多久，忽然听到脚步声，我连忙站起来。来的是一个年轻人，和蔼可亲。他大约见我一脸惊惶，就主动问我遇到了什么困难。我觉得很难为情，嗫嚅说，我迷失了出去的路。他一定觉得很好笑，告诉我转一个弯就是电梯，又教我地上的红线、黄线、绿线是什么意思，沿着这些路线走，绝对不会错，又告诉我图书馆门口有多少种说明书，应该事先读一下。我得到了一个教训，在美国无论做什么，都必须先看说明书。

我始终怀念在哈佛大学的那些日子，特别是那里的学生宿舍。每个宿舍都是一个很大的庭院。我居住的洛威尔之家（Lowel House）就是四面宿舍，中间围着一块很大的绿草坪，有二百多学

哈佛大学图书馆

生居住，其中有本科生、研究生，也有个别年轻教员。研究生就在宿舍的小教室里给本科生开辅导课，并从各方面指导他们，成为他们的榜样。宿舍总负责人极力营造一种家庭气氛。每周四下午四点都有家庭茶会，夫人自己烘焙的小饼干香气四溢。一只毛茸茸的大狗懒洋洋地躺在客厅里，宿舍里的任何人都可以去吃几片饼干、喝一杯咖啡，和不时来参加茶会的教授或高级领导们聊几句。每周三晚上有极其热闹的冰激凌宴。这时，餐厅里摇滚乐震耳欲聋，几十种冰激凌随便吃。据说，有一位校友在哈佛大学读书时，家里很穷，买不起自己很爱吃的冰激凌，后来发了财，就设了一笔基金，用其利息每周请同宿舍的室友们大吃一顿冰激凌，爱吃多少吃多少！每周五晚餐有“高桌”（High Table），餐厅舞台上摆起一溜大长桌，铺上雪白的桌布。在这个宿舍住过的教授或年轻教师围桌而坐，这时，洛威尔之家的钟楼准时响起了悠扬的钟声。饭后，教师们就会很自然地到学生中去，和他们随便聊天。这些当然都只是一种形式，但我深深领悟到所谓哈佛传统，就是在这些不断重复的仪式中代代传承。

我在哈佛大学的一年并没有很好地开展研究工作。我白天忙于听课，晚上到英语夜校学习。我主要听比较文学系的课，这门学问深深地吸引了我。曾经是这个系的主要奠基人的白璧德（Lrving Babitt）教授曾大力提倡对孔子的研究，在他的影响下，一批中国的青年学者，如吴宓、梅光迪等开始在世界文化的背景下，重新研究中国文化。当时的系主任劳德·纪延（Claudio Guillen）也认为只有当东、西两大系统的诗歌互相认识、互相观照，一般文学理论的大争端始可以全面处理。我真为这门对我来说是全新的学科着迷，我借阅了许多这方面的书，又把所有能积累的钱都买了比较文学书籍，并决定把我的后半生献给中国比较文学这一事业。

时日飞逝，一年很快就过去了。我觉得自己还刚入门。特别是 1982 年夏天，应邀在纽约参加了国际比较文学学会第十届年会之后，我更想对这门学科有一个更深入的了解。因此，尽管国内学校多次催我回国，我还是决定在美国继续我的学业。恰好加州伯克利大学给了我一个客座研究员的职位，我于是不顾一切，直奔美国西部。

四、伯克利的阳光

我在哈佛大学已被那里的温文尔雅所濡染，新英格兰地区的一切，都是那样富于传统，具有绅士风度。到了西部似乎又经历了一次灵魂的大解放。记得参加哈佛大学比较文学系纪延教授的讨论课时，每到四十分钟，秘书一定准时端上一杯咖啡，并照例要说："教授，请喝咖啡。"于是课间休息。食堂每到周五必有"高桌"，届时钟声敲响，一些德高望重的教授坐在主席台的长餐桌上和学生共进午餐，饭后再与更多学生随便聊天！在伯克利大学情况却完全不同。记得上第一课，忽听得背后呼哧作响，回头一看，坐着一只大狗！这里学生带狗上课好像习以为常。教授上课，有时就跨坐在桌子边，学生爱发问就发问，师生之间无拘无束，常开玩笑，更没有什么女秘书来送咖啡。学校里热闹得很，全不像哈佛大学那样安静。广场上，有讲演的，有玩杂耍的，有跳霹雳舞的，有穿黄袈裟剃光头、高呼"克利希纳"蹦蹦跳跳的，还有一位女诗人每天总在一定的时候出现，穿一身黑衣，沿路吹肥皂泡。校门口到处都是卖食物的小摊，各国食品都有，简直是个国际市场。这里的人们似乎都不喜欢在食堂吃饭，大家都愿意把饭端到温暖的阳光下，坐在石阶上来吃，我和他们谈起哈佛大学的“高桌”，他们全都嗤之以鼻，仿佛我是一个傻瓜。其实，比较起来，我更喜欢伯克利，我觉得这里更适合我的本性。

在伯克利，我觉得自在多了。人们都很随便，几乎看不见什么西装笔挺、装模作样的打扮。我的学术顾问是著名的跨比较文学系和东亚系的西里尔·白之教授。他对老舍和徐志摩的研究，特别是对他们与外国文学的关系的研究给了我很大的启发。他对元、明戏剧传奇的研究也提供了全新的学术视野。我很喜欢参加白之教授的中国现代文学讨论班。印象最深的是有一次讨论赵树理的小说《小二黑结婚》。同学们各抒己见，谈各自对书中人物的看法。一位美国学生说，她最喜欢的是三仙姑，最恨的是那个村干部。这使我很吃惊，过去公认的看法都认为三仙姑是一个四十多岁、守寡多年，还要涂脂抹粉、招惹男人的坏女人；村干部则是主持正义，训斥了三仙姑。但这位美国同学也有她的道理：她认为三仙姑是一个无辜受害者。她也是人，而且热爱生活，她有权利追求自己喜欢的生活方式，但却受到社会歧视和欺压；村干部则是多管闲事，连别人脸上的粉搽厚一点也要过问，正是中国传统的“父母官”的模式。我深感这种看法的不同正说明了文化和社会价值观念的不同。这种不同不仅无害，而且提供了理解和欣赏作品的多种角度。正是这种不同的解读才使作品生命得以扩展和延续。这个讨论班给我提供了很多这类例子，使我在后来的教学中论及接受主义的原理时有了更丰富的内容。

在白之教授的协助下，我在伯克利写成了一本《中国小说中的知识分子》，这是我得到伯克利大学奖助金所承担的义务。后来，这本书作为伯克利大学东亚研究丛书之一用英文出版。我对白之教授怀着很深的友情，特别感动的是他对他的妻子是如此的一往情深！他们青梅竹马，年幼时就在英国的农村相识，经过几十年颠沛流离，爱情却始终如一。当然也许已不是那种年轻人的激情，但从他们的眼睛里，可以清楚地看到那种理解、信任、温存和爱。前几年，听说白之夫人得了重病，白之教授已辞去职务，和夫人一起隐居在伯克利山中。记得当时白之教授带我在伯克利爬山时，我曾问起他对老年和死亡的看法，他很豁达，隐居正是他的计划中事。白之教授夫妇使我对美国知识分子的婚姻生活有了另一种看法。

通过白之教授的介绍，我见到了心仪已久的刘若愚教授。他邀请我到斯坦福大学去作一次讲座。我们一见如故，课后他请我吃饭，在座的只有我们两个。他喝了很多很多酒，我原来就觉得他是魏晋名士中人，进一步接触，更有这种感觉。由于我不会喝酒，他很嘲讽了我一番。他说，没有酒，哪有诗？他一边自斟自酌，一边很高兴地和我闲聊。酒和友情常常使人容易打开心扉。刘若愚教授告诉我他的妻子是英国人，如今已离异，还居英伦。他们的女儿已长大成人，今年考大学。他希望她上哈佛大学，但她却一心要去英国寻找母亲。沉默了很长一段时间，我也不知道该说什么。又喝了两三杯，他告诉我女儿患有白血病，脾气很怪诞。饭后，刘若愚教授邀请我去他家喝一杯咖啡。他一进门就喊女儿的名字，但没有人答应。房间很大，显得十分空旷，一只小黑猫在咖啡桌上寂寞地打瞌睡。这里的气氛和白之教授温暖的家简直太不相同了！虽然同样是美丽的洋房、宽阔的草坪。刘若愚教授在学术上卓有成就，几乎研究中国文学理论的人，都不能不参考他的《中国诗学》和《中国文学理论》。像他那样一个绝顶聪明、极富生命活力的人如何能忍受那样的孤独、寂寞，乃至空虚！数年后，我在加拿大得知他去世的噩耗，不禁潸然泪下。他还没有活到六十岁，真是英年早逝！今天，我进一步研究比较诗学时，一翻开他的书，他的音容笑貌，还总在心中缭绕。

五、卡洛琳一家

当然，在伯克利最难忘的，还是卡洛琳一家。卡洛琳不懂中文，我的英语完全不足以表达我的心灵，但我们却能完全相互理解，这不能不说是一个奇迹。卡洛琳是一个非常富于感情的人，她对我的遭遇深感同情。我也十分喜欢她那原来很和美的家。我感到自己长久以来，已很少和人有过这样深刻的内心交往。国内几十年的阶级斗争，使得人与人之间树起了很多难以突破的屏障，多少想象不到的告密、叛卖总是使人不想倾吐内心。在国外，没有这些痕迹，倒是较为容易进入彼此的心田。

我深爱卡洛琳的小女儿，她来到这个世界上只有几个月，已是非常任性，眼睛闪耀着野性而热烈的、充满生命活力的光。她和我所熟知的中国孩子极不相同。后来，我慢慢领悟到，这种差别也并不是天生的。孩子刚生下来，按照中国传统习惯，我们总要用带子把婴儿捆绑几天，母亲们说，这样孩子的身体才会笔直不弯。美国母亲却从来不捆她们的孩子，而让他们仰面朝天、手脚乱动。卡洛琳总是让她的女儿在地上乱爬，我最看不惯。孩子弄脏手怎么办？孩子捡脏东西放进嘴里怎么办？孩子把指头伸进电源插头怎么办？卡洛琳却说她宁可把地板擦干净，把电源插头封死，在高处另安插头。孩子稍大，卡洛琳开始没完没了地问小女儿每顿饭愿意吃什么，每次都有四五种花样供她自由选择，并从不喂她，很早就让她自己吃，每次吃饭都是弄得满脸、满手、满地，爱吃多少就吃多少。中国人可不是这样。记得小时候吃饭，母亲总要告诫我们：不许挑三拣四，做什么吃什么，不许剩饭。大多数美国孩子两三岁还一天到晚绑着尿布，我不无自豪地对卡洛琳说，中国小孩三四个月就不再用尿布了，父母严格训练他们按时大小便。卡洛琳却说这种训练侵害了孩子的自由发展，养成了中国人过早控制自己的、压抑的性格！尽管我们有许多分歧和争论，我仍然十分怀念那些美好的日子。我的住处就在卡洛琳家附近。我们大清早，在孩子们起床前，沿着伯克利山脊跑一段，然后，我回家念英语，她回家做早饭，打发大孩子上学。九点钟我们坐下来一起写作，小女儿就在旁边乱爬。

我没有想到我的那本回忆录会出版，我写那本书的时候，只是想留下一页真实，让后来的人们知道，曾经有这样一段历史时期，人们竟是这样生活、这样思考、这样感觉的！那时还是 1982 年，谁也不知道中国会朝着哪个方向发展，也不知道说了这些实实在在的真话会得到什么结果。卡洛琳告诉我，美国银行开办一种业务，你可以在那里租一个小信箱，把你的秘密安全地放在那里，所花的钱并不很多。卡洛琳还答应帮助我照管，也许等到我死后再把这些话说出来。于是我们每天早上坐下来写我的回忆。这本书能写出来，也真是一个奇迹。卡洛琳完全不懂中文，而我的英文也常常支离破碎，词不达意。也许我们依靠的正是内心的理解和感应。卡洛琳从不厌倦地提出各种各样问题，从我的真诚而不免散漫的回答中努力捕捉我的思绪。当时并不考虑出版，说话也就随兴之所至，没

我的第一部英文著作 *To the Storm* 的合作者卡洛琳・威克曼博士（中），右一为薇娜，1988 年摄于波士顿

有什么顾虑。没有想到中国发展这么快。两年过去了，似乎去银行租一个小信箱的计划已没有什么必要。1984 年，就在我回国前夜，我和卡洛琳决定将这本书交给美国加州大学出版社出版，书名就定为《面向风暴》。

由于我确实毫无讳饰地真诚坦露了我的心，这本书得到了许多人的同情，1985 年一出版就引起了出版界的重视。美国的纽约时报、洛杉矶时报、基督教科学箴言报，英国的伦敦电讯报，德国的法兰克福邮报，加拿大的汉米尔顿邮报等二十多家报刊都先后发表了书评，给予相当高的评价。第二年，德国著名的谢兹出版社出了德文版，书名改为《当百花应该齐放的时候》，内容没作什么改动。同年，这本书荣获美国西部最高的“湾区最佳书籍奖”，我想这主要应该归功于卡洛琳优美而流畅的文笔。最令人高兴的是，事隔八年多，这本书竟还能引起日本著名汉学家、东京大学教授丸山升先生的兴趣。在他的亲自关怀下，丸山松子夫人和原在我任教的留学生班就读、现在横滨大学教书的白水纪子小姐合作将此书译成日文，日本岩波书店已于 1995 年出版。我认为这本书的价值就在于真实。正如著名的国际友人，三十年代起在中国工作过十余年的约翰·谢维斯在为本书所写的长序中所说：“这本书之所以伟大，就在于它远不是一系列恐怖事件的记录，她的叙述真诚而敏感，在她看来，错误并不都在一面，而是由于许多个人无能为力的、错综复杂的历史的机缘所造成。作为一个坚忍不拔、蕴藏着无限勇气和力量的女人，作为一个永不屈服的母亲，在不可思议的痛苦和考验面前，她保存了她的家庭，她的孩子和她自己的未来……她的骇人的经验给了我们一个人类不屈灵魂的例证，其意义远远超越于具体的时代和地区。也许她经历的事件很难和别的地方相比，然而哪一个国家又不曾有过充满着无法容忍的暴力的历史阶段呢？”我想，正是他所说的这些原因，这本书一直被很多大学选作讲授中国现代史的补充教材，至今我还常常收到国外学生寄来和我讨论一些有关问题的远方来信。

六、我的第一本英文学术著作

我在伯克利的另一收获是写了《中国小说中的知识分子》一书。这本书企图从古到今，通过《世说新语》《浮生六记》，茅盾的《蚀》和《虹》，路翎的《财主的儿女们》和王蒙的《布礼》等六部作品来讨论中国知识分子的某些共同遭遇和特点。我认为小说写的并不是史实，但却有重要的社会史料价值，小说不仅呈现它所描写的那个世界，而且提供作者的理想、价值观念和追求。这几部作品时间跨度很大，所反映的人物和社会面貌极不相同，但仍有很多相通之处。

首先，这些作品的作者都经历过复杂的生活，对现实不满，希望通过写作对生活进行探索或发泄心中的不平。《世说新语》的作者刘义庆因为“世路艰难，不复跨马”，这才“招聚文学之士”写成这部文集；《浮生六记》是作者沈复经历了种种家庭和社会变故之后，写了对过去生活的回顾；《蚀》写于中国北伐革命失败，作者深感幻灭，而努力探索新路之际；路翎写《财主的儿女们》，反映了作者在抗日战争的民族危机中，既绝望于国民党，又怀疑共产党，在这两大权力中进行的痛苦挣扎；《布礼》则是王蒙当了二十年被压在社会最底层的“右派”之后对生活的思考。

其次，这些作品所写的知识分子主人公虽生活在不同时代，思想感情各异，但若仔细追寻，仍不难发现他们之间的某些精神联系和共同价值标准，如“以德抗位”“以情抗礼”等。以“道”自任，抗礼王侯是中国知识分子的可贵传统。《世说新语》中的许多故事都是描写知识分子如何以自己的“德”傲视王公贵族的。《浮生六记》的主人公虽不如魏晋名士那样目空一切，但他给自己和朋友规定了绝对不谈“官宦升迁，公廨时事，八股时文”，这也是一种抗拒。《蚀》的主人公们进行着各种试探，但有一点决不妥协，那就是决不与“在位者”合作。《财主的儿女们》写的青年音乐家为坚持自己的理想和道德原则，宁愿被豪强压得粉碎，也不向现实低头。《布礼》的情形有所不同，振兴民族的热望使五十年代的知识分子无条件地跟随占领导地位的共产党，但对真理的追求，却使他们成了共产党的敌人——“右派”。“情”的概念是在与“礼”的对立中产生的。《世说新语》中写了很多粉碎束缚人类本性的礼制而以真情为行为准则的故事。这些人物都以为“情之所钟，正在我辈”，并以“不崇礼制”而自豪。《浮生六记》全书写的是两位主人公爱真爱美的精神，以及他们之间的一片真情及与旧礼教发生的冲突矛盾。《蚀》写中国知识分子引入西方个性解放思潮后，在“以情抗礼”这一传统中所引起的变化和发展。《财主的儿女们》写的是主人公追求个人道德的超越，按自身的“情”和“性”行事，而招致灭亡的悲剧。《布礼》则写个人的真挚感情在强大政治压力下所发生的变态。

另外，这几部作品都反映了一些外来文化传入中国的情形。外来文化的传入，常常是以知识分子为媒介的。对中国来说，大规模吸收外来文化有三次高潮：第一次是魏晋时佛教的传入；第二次是五四前后欧美文化的影响；第三次是通过俄国和日本（主要是俄国），对马克思主义的大规模引进。在《世说新语》中有许多关于名僧与名士往来的故事，从这些故事中可以看到佛教是在中国政治、经济、文化都相当发达的情况下传入中国的。当时的名僧，有许多是出自世家大族的知识分子。开始时，他们往往以佛教依附于中国的传统文化，然后按中国社会的需要和中国传统文化的精神加以选择、修正，促成新的发展，建设了不同于印度佛教的中国佛教。《蚀》相当成功地描写了五四时期一些知识分子迷失于中西、古今之间的情景。当时，中国社会存在着严重危机，欧美文化与其强大的经济、政治、军事力量俱来，而中国思想界虽已有不少先驱，但仍然缺少适合时代需要的自己的强大思想体系。因此，当时的知识分子多处于一种难于主动选择的被动状态。或认为西方文化一切都好，或出于担忧自身文化的毁灭而拒斥新思想的传入。这种情形在《财主的儿女们》中得到了进一步、更复杂的反映：它描写了不同类型的知识分子在托尔斯泰、尼采、罗曼·罗兰等人的复杂影响下的挣扎，以及他们不断企图回到传统文化，在“中庸”“自然”中寻求解脱的情景。从《布礼》中我们则可以看到马克思主义在中国取得统治地位的前因后果。任何思想发展到极端都会成为谬误，在《布礼》中，我们可以看到在一种极端的情况下，这种谬误如何对现实和理论本身都产生了损害和歪曲。

当然，除了以上谈到的精神上的相通而外，这些知识分子又都体现着不同的时代特点。《世说新语》写得最好的是那种强壮、健康、擅长音乐、惯会骑马、崇尚自然、不拘细节、充满自信、傲视王侯的知识分子，他们是和后来的传统知识分子形象——白面书生全然不同的人物。《浮生六记》的主人公属于封建末世，手无缚鸡之力、不通事务、任人欺凌，总是容忍退让，只能逃遁于大自然的弱者，但他们仍能在困苦之中领略中国文化所曾创造的微妙情趣。《蚀》所描写的知识分子是大都市和现代革命的产物，他们不再是依附于土地的地主知识分子，而成为靠知识为生、四处流动的城市人。他们面向整个世界思潮而较少受中国传统势力的影响。他们的特征正是这种不曾扎根、尚未定型的表面性和流动性。《财主的儿女们》的主人公则是深沉的个人主义者，他以个人奋斗、个性解放的原则为前导，与中国社会相撞击而产生了种种无法调和的矛盾。《布礼》所写的是在共产党领导下的新一代，他们的激情和弱点，生活和命运概括了一个特殊的历史时期。当然，所有这些知识分子并不足以代表整个知识分子阶层，但他们的不同特点鲜明地刻画出了这一阶层在不同时期的不同方面。

在中国，知识分子是一个很含混的概念。按 1979 年版《辞海》的定义，凡“有一定文化科学知识的脑力劳动者，如科技工作者、文艺工作者、教师、医生等”都可称为知识分子。西方关于知识分子的概念较为严格。我认为法国社会学家艾德加·莫林提出的有关知识分子概念的三个方面比较精确。那就是：第一，从事文化方面的职业；第二，在社会政治方面起一定作用；第三，对追求普遍原则有一种自觉。这与中国传统对“士”的看法有一定的相同之处。中国古代早有“通古今，辨然否，谓之士”的说法，意思是说通晓古今知识，并据以明辨是非的人就叫作知识分子. 这显然与莫林的第一点相通。中国知识分子一向主张“穷则独善其身，达则兼善天下”，他们总是企图用自己的政治行为或道德修养来影响社会，这和莫林的第二点类似。至于莫林的第三点，即自觉追求普遍原则，不与眼前的政治利益妥协，这在中国知识分子中，也是有传统的。孟子在谈到“士”时，总是把“德”和“位”、“道”和“势”对立起来。一般说来，“德”和“道”是知识分子的理想和原则，“位”

和“势”则是代表当前利益的政治权力。明儒吕坤明确提出：“势者，帝王之权也；理者，圣人之权。”“圣人”是知识分子的最高代表，是帝王之师。一方面是“德”“道”“理”，另一方面是“势”和“位”，这种对立正是如连·本达所强调的“知识分子理想的绝对性，禁止他和政治家难于避免的‘半真理’妥协”。卡尔·曼海姆认为，作为知识分子，就应保留一点创造性不满的火星，一点批判精神，在理想与现实之间保持某种张力。中国传统知识分子所提出的知识分子和政治家之间的距离，也正是保持理想与现实之间的某种张力。

世事纷繁，本无头绪，我想任何研究都无非是有意无意地根据某种主观的线索，尽量客观地将杂乱无章的现象串联起来。中国写知识分子的小说很多，何以就选中这几本？我也说不出什么必然的道理，也许就是由于个人主观的偏爱吧。后来，西里尔·白之教授在为这本书所写的跋中，又谈到诸葛亮和《儒林外史》的中人物，倒是提醒读者注意中国知识分子并非只有我曾写到的那种类型。

七、新的学术生涯

在自己的国家里自由地走来走去

两年，就这样在伯克利温暖的阳光下，在风和日丽中飞逝。这时我的儿子和女儿都已在美国上学，我的丈夫也正在美国访问。国内虽无大的运动，惊弓之鸟，总担心山雨再来。我和与我同时来到美国的一位好友作了一次深谈：期限已满，我们要不要回国？这可是决定着我们后半生一切的极其严峻的问题。好友劝我留下，他说现在回去，肯定是自投罗网，准会挨批。万一再来一次“文化大革命”，那后半辈子就全完了。他珍爱自由，宁可在饭馆做八小时临时工，换取另外八小时自由写作。我很犹豫，生命很短暂，如果我不得不每天用那么多时间去做毫无收益而自己又不爱做的工作，岂不是最大的浪费？这时，我最好的朋友、仍在东部教书的薇娜给了我一个最直率的劝告。她说，如果你留下，你也可以随便写写，成为一个挺有趣的老太太，儿女大学毕业后，会找到工作，你的生活会过得蛮舒服，可是，你的学术研究，完了。亲爱的薇娜，她总是在我生命最重要的转折点，给了我朝向正确方向的关键推动力。其实，我对她也是一样。由于过去婚姻的痛苦经验，薇娜根本不想再结婚，然而我知道她内心热爱自然的生活。我们多次讨论过不同文化对婚姻家庭的不同看法。我总是强调女人如果没有生过孩子，那就缺少了生命的一环。我们在这方面谈得很多，以致她后来的丈夫嘲笑我成了薇娜的“结婚教练”！后来，她带她非常出色的儿子来到中国，她总是为我们过去的那些讨论感到庆幸，甚至说，她儿子是我给她的最好礼物。

我的丈夫已迫不及待地要回国。他是一个守旧的人。他不喜欢美国食品，不喜欢美国电视，美国吸引他的唯有奶油、爆玉米花和图书馆，但他更怀念的是自己一间小屋里的四壁旧书，真是“金窝银窝，不如自己的草窝”！1984 年秋天，我们怀着“宁可挨批”的“豪情壮志”回到北京，奇怪的是学校里风平浪静，连我违抗命令“滞留国外”的事，也很少人提及，只是多次催我算账，按百分比上交我在国外的收入。

1985 年，与季羡林先生在中国比较文学学会成立大会上

1985 年，在中国比较文学学会成立大会上发言

时代真的变了。我一时还不习惯已获得的新的自由，仿佛刚从夜梦中惊醒的宿鸟，还不习惯耀眼的阳光，但很快就展翅高飞了。这时，深圳大学正在组建，早就以聪明才智和胆识闻名的深圳大学校长邀请我们夫妇和他一起去开创新的事业。他聘请我担任中文系主任，并同意我在那里建立中国第一个比较文学研究所，我的丈夫则兴办 1949 年以来的第一家国学研究所。中国知识分子竟然能够这样按自己的意愿，在自己的国家走来走去，做自己想做的事，不必看人眼色，也不曾受到刁难，几十年来，这还真是第一次。我们并没有辞去北京大学的职务，而是来往于广东和北京，南北各住半年。那时，深圳大学是一个朝气蓬勃、极富活力、美丽、全新的地方。正是有了深圳大学这个基地，1985 年夏，中国比较文学各路大军才有可能在这里聚集，召开了中国比较文学学会成立大会暨首届年会，举办了中国首届比较文学讲习班。大会由中国比较文学复兴的中流砥柱，兼通中、西、印文化的世界著名学者季羡林教授致

开幕词，他还担任了学会名誉会长，大会选举北大的杨周翰教授为第一任会长。到会代表130人来自全国60余个高等学校和出版单位。在讲习班学习的130名学员也列席了大会。这些年轻人中，很多成了后来中国比较文学的中坚。这次大会也初步奠定了中国比较文学的国际地位。国际比较文学学会会长佛克马教授（荷兰）、秘书长雪弗列尔教授（法）、美国比较文学学会会长艾德里奇教授都亲自到会祝贺；到会的还有美国其他著名教授，如杰姆逊（杜克大学）、厄尔·迈纳（普林斯顿大学）、叶维廉（加州大学），以及香港的泰特洛教授（曾任香港人学比较文学系主任）、袁鹤翔、阿巴斯（香港比较文学学会主席）、黄维梁、黄德伟等著名比较文学学者。从首任会长杨周翰教授开始，中国学者一直担任着国际比较文学学会副会长的职务。

1987年，我（前排右三）与第二届中美比较文学双边会议部分代表合影

以后五年，中国比较文学有了很大发展。正如季羡林教授在为给我的一本专著《比较文学与中国现代文学》（1987 年，北京大学出版社）写的序中所说的：“最近几年以来，我国文艺理论界对比较文学表现出浓厚的兴趣。青年学生对比较文学更是异常热爱。”1985 年，国家教育部正式批准在北京大学设立北京大学比较文学研究所，并任命我为所长。我用尽全力工作，从内心深处感到一种生命的焕发。我们编撰了深圳大学比较文学丛书 12 本，北京大学比较文学丛书 18 本，我们策划的中国文学 10 本一套丛书在法国、日本、俄罗斯、朝鲜、英国等陆续出版。我们编写的大学教材《中西比较文学教程》和我的另一本专著《比较文学原理》也已面世。截至 1989 年初，全国正式出版的有关比较文学书籍已达 360 余种，散见各种刊物的比较文学论文 3200 余篇。

我只想潜心读书和教书

回国这几年，在我眼前，真是改革开放，一片辉煌！尽管物价上涨，生活仍很清苦，但更苦的日子我也过来了，我不在乎。我一心想在学术上有所成就，尽我所能为中国培养人才。我不想参与政治，总想离得越远越好。将近四十年的经验，使我明白了一个道理：人的才智和时间都是非常有限的，时机不到，个人再忧虑、再努力，以致献身，也是枉然。尤其是像我这样一个情绪型、易冲动、不善计谋的人，更不适于搞政治。我潜心读书、教书，对于能让我得以潜心读书、教书的环境很满意，认为找到了最适于自己的生活方式。我想，政治还是让政治家去管吧，现代社会，干什么都需要专门人才，我不是那样的材料。

1984 到 1989 年的五年间，我真是夜以继日，埋头读书写作。

我已失去了太多时间，毕竟几乎二十年不曾认真读书，不是打砖，就是种地、背石头。如今，一方面是全身心沉浸于对书籍的热爱，另一方面也深感自己研究功底之不足。我在北京大学不断开设新课，如比较文学原理、二十世纪西方文艺思潮与中国现代文学、马克思主义文论在东方和西方、中西比较诗学等。这些课程都是第一次在北京大学开设，选课的学生都在一二百人左右，听众遍及中文、英语、西语各系，还有许多从外校赶来听课的学生，教室总因太小而一换再换。学生的欢迎促使我更好地准备，同时大量增进我自己的系统知识积累。

1987年、1988年，连续出版了我的两部专著：《比较文学与中国现代文学》（北京大学出版社）和《比较文学原理》（湖南文艺出版社）。第一本书大致体现了我的思想发展过程，全书分三部分：第一部分谈我对比较文学这门学科的认识；第二部分谈中外文学关系；第三部分试图在西方文艺思潮的启发下，重新解读中国小说文本。

在我看来，比较文学在中国并不是最新引进之物。且不说古代中国境内各民族文化（如荆楚文化、齐鲁文化、燕赵文化、巴蜀文化等）融合过程中，关于文学的比较、筛选和相互影响的研究，也不说魏晋以来印度思想文化与中国文学的关系，以及当时有关比较、翻译的论述，就从现代说起，中国比较文学的源头也可上溯到1904年王国维的《尼采与叔本华》，特别是鲁迅1907年的《摩罗诗力说》和《文化偏至论》。鲁迅的结论是："首在审己，亦必知人；比较既周，爰生自觉。"也就是说，必须在与世界文学的众多联系和比较中，才能找到发展中国新文学的途径。茅盾在1919年和1920年相继写成的《托尔斯泰与今日之俄罗斯》和《俄国近代文学杂谈》等文章中首先比较了"西方民族之三大代表——英、法、俄”的文学，指出：“英之文学斋皇典丽，极文学之美事矣，然而其思想不敢越普通所谓道德者一步”；“法之文学家则差善矣，其关于道德之论调已略自由，顾犹不敢以举世所斥为无理，为可笑者，形之笔墨。独俄之文学家也不然，绝不措意于此，绝不因众人之指斥而委屈其良心上之直观。”中国现代文学本身就是在比较和借鉴中发展起来的。凡此种种都可以说是中国比较文学的前驱。

比较文学作为一门学科在中国被提出来，则是二十世纪二十年代末、三十年代初的事。二十世纪四十年代，由于战争的影响，许多工作中断了，但有识之士进一步看到走向世界对于振兴民族的重要性。例如闻一多在他那篇著名的《文学的历史动向》里，详细论证了以中国的《周颂》《大雅》、印度的《梨俱吠陀》、《旧约》里最早的希伯来诗篇和希腊的《伊里亚德》《奥德赛》为代表的四种约略同时产生的文化如何各自发展，渐渐互相交流、发展变化的历程，并认为“这是人类历史发展的必然路线”。他认为上面谈到的三种文化都因勇于“予”而怯于“受”，所以没落了，只有中国是“勇于‘予’而不太怯于‘受’的，所以还是自己文化的主人”。他的结论是：“历史已给我们指示了方向——‘受’的方向。”也就是面向世界，勇于吸收的方向。四十年代显示比较文学实绩的，是朱光潜的《文艺心理学》《诗论》和钱锺书的《谈艺录》。前两本书的共同特点是寻求既能运用于西方文艺现象，又能适用于中国文艺现象的共同规律。同时应用从西方文学总结出来的理论阐发中国文学，也用从中国文学总结出来的理论阐发西方文学。钱锺书采用了更多超国别的研究方法，正如他在序中所说：“颇采二西之书，以供三隅之反。”因“东海西海，心理攸同，南学北学，道术未裂”。在《谈艺录》中，无论是阐明一种原理，或是批判一种理论，都是以大量中外学术事实来加以证明。总之，朱、钱二位一开始就是从国际角度从事文学研究的。

钱锺书的四卷本《管锥篇》于1979年出版，标志着中国比较文学发展到一个新阶段。《管锥篇》写于“文化大革命”之时。全书七百八十一节，围绕《周易正义》《毛诗正义》等古籍十种，引用八百多位外国学者的一千几百种著作，结合中外学者作家三千多人，阐发自己的读书心得，充分体现了比较文学作为一门“最广阔，最开放”，最“无法归纳进任何科学和文学研究体系中去”的“边缘学科”的特点。该书的根本出发点在于坚信“人文科学的各个对象彼此系连，交互渗透，不但跨越国界、衔接时代，而且贯串着不同的学科”。钱锺书从不企图用什么人为的“体系”，强加于不受任何“体系”约束的客观世界。他认为用很多精力去建立庞大的体系是无益的。“历史上往往整个理论系统剩下来的有价值的东西只是一些片断思想而已。”但这并不是否认可能存在的普遍性，他认为“艺之为术，理以一贯，艺之为事，分有万株”，去发现那些“隐于针锋粟颗，放而成山河大地”的普遍性才是做学问的真正乐趣。这就要打通整个文学领域，突破时间、地域、学科等界限，纵观古今，横察世界，去探索人类共同的“诗心”和“文心”。

《管锥篇》可以说是我研究比较文学的一个起点，它给了我一个方向，鼓舞我踏着前人的足迹向前走去。1981年，我在为《中国大百科全书·外国文学》所写的“比较文学”条目中是这样理解比较文学的，比较文学“研究一种民族文学对其他民族文学的影响和其他民族文学对这一民族文学的影响；同时也对比地研究并无直接联系的两种或几种民族文学在主题、题材、文体、风格、发展趋势等方面的类同和差异；它还研究文学与其他艺术形式如绘画、音乐以及其他意识形态如哲学、纯科学的相互关系和异同”。当时，对于后来讨论得很多的“阐发研究”还没有提到。

在《比较文学与中国现代文学》中，我关于中外文学关系的研究的一个重要进展就是不仅限于个别、局部的影响研究，而是着重从总体方面来考虑。任何文艺思潮，如果真是具有普遍性，就会传播到世界各地，在那里被接受并发生变形。要对这一思潮全面了解，就不能不深入研究它在各地传播和发生影响的情形。例如浪漫主义，作为十八世纪末十九世纪初的一种文艺思潮来看，它如何传入朝鲜、日本和中国，在这一传播过程中，发生了什么变化，掺进了哪些新的内容，又如何为不同文化所接受。犹如地层中的岩系，不断向外伸展，不了解这种伸展，也就不能认识整体的来龙去脉。另一方面，作为一种创作方法，浪漫主义的很多特征又都能在许多不同文化中发现其不同表现，如屈原和李白诗歌的某些因素。它们本身并不属于浪漫主义思潮，但它们必然影响浪漫主义思潮在中国的传播。我关于这一问题的进一步认识和研究是在二十世纪九十年代之后。

八、我与文化热

中国文化书院：一个新的民间学术团体

八十年代后半叶，中国掀起了规模空前的文化讨论“热”。这绝不是一种偶然现象，而是中国现代化这一历史进程本身所提出的历史课题。在世界文化语境中对中国传统文化的评价，对中国当代文化的分析和对其未来文化的策划与希求，实在是中国现代化进程不可或缺的关键环节。所谓文化热，一般认为有三种不同路向，各以中国文化书院、二十一世纪研究院和《未来丛书》，以及《文化：中国与世界》丛刊所团结的一群年轻人为代表。

1984 年，中国文化书院在北京成立，我是首批参加这一组织的积极成员。中国文化书院其实是一个兼收并蓄的多元化的学术团体，以一代学术大师梁漱溟为主席，冯友兰为名誉院长，主要由北京大学的中老年教师组成，但和北大并没有什么组织关系，从一开始就是一个非政府的民间组织。书院的宗旨是要建设“现代化的、中国式的新文化”，要在“全球意识的观照下”重新认识中国文化。他们于 1987 年举办了首届中外文化比较研究班，函授学

2014 年，与杨辛（左一）、谢龙（右一）在中国文化书院三十周年庆祝会上

员一万二千余人，遍及全国各省、市、自治区，包括西藏、新疆。四十余名中老年导师分别多次到全国十多个中心城市进行面授，并与学生共同讨论。

我曾于暑假到湖南、四川、湖北参加过三次这样的面授；有些场面令人十分感动，使我至今难忘。每次参加面授的学员，大体都有二三百人，他们大多是中小学教师、中下层干部，特别是文化馆、宣传部的干部，也有真正的农民和复员军人；他们有的从很远的山区或边远小城徒步赶来，扛着一口袋干粮，背着装着纸笔和几本书的土布书包。他们不愿花钱租一个为他们安排好的学生宿舍床位，就露天铺张草席在房檐下或凉亭里睡觉。我常常和他们聊天到深夜，从他们那学到不少东西。我发现在这些普通小知识分子的心里，传统文化的根很深。这有好也有坏，例如他们大都认为“男尊女卑”“男主外，女主内”是理所当然，否则就会“乱套”。我和他们讨论过多次，他们仍然认为我说的“男女共同主内，男女共同主外”根本不可行。记得那次在长沙岳麓书院面授，我的讲题是“弗洛伊德在西方文化发展中的意义”。在朱老夫子的学术殿堂上讲弗洛伊德，心里觉得多少有些反讽意味。课后讨论，学员几乎都认为以“超我”的“道德原则”来压抑“自我”的“利害原则”和“本我”的“快乐原则”是天经地义的事，否则就会你争我夺，天下大乱。我深有感触，真正使中国传统文化现代化，谈何容易！

中外文化比较研究班一方面讲中国文化，另一方面介绍半个世纪以来西方文化的发展现状。研究班编写出版了《中国文化概论》《西方文化概论》《印度文化概论》《日本文化概论》《比较方法论》《比较史学》《比较法学》《比较美学》《比较文学》等十六种教材；除教材外，又编辑出版了导师面授的讲演稿四集，分别为：《论中国传统文化》《中外文化比较研究》《文化与科学》《文化与未来》，由生活·读书·新知三联书店出版。除教材外，还有每周的函授周刊。

我的各次讲演中影响较大的是《从文学的汇合看文化的汇合》和《后现代主义与文化的未来》。前一篇讲演直到1993年，还由《书摘》杂志重新刊载，引起一些人的注意。我想这是因为我当时（1986年）特别强调经过长期的封闭，我们急切需要了解世界，更新自己。就拿马克思主义来讲，过去我们理解的马克思主义都是通过苏联，从俄文翻译传到中国，几经删削，其实只剩了《联共（布）党史》中总结的历史唯物主义三条、辩证唯物主义四条。至于德国马克思主义究竟是什么样子，我们确实知之甚微。我们不仅对马克思主义后来在西方的发展一无所知，就是对苏联马克思主义发展现状也知道得不多。例如当时苏联关于日丹诺夫的批判，对一般知识分子来说，也还是封锁的，而日丹诺夫三十年代对《星》和《列宁格勒》杂志的错误结论对中国文艺界的影响可以说真是具有灾难性！我认为我们如果不面向世界，特别是今天的世界，对马克思主义也是不能真正了解的。而西方文化也有一个从“西方中心论”解放出来，面向世界的问题。在这一篇讲演中，我谈到二十世纪以来，整个世界正在走向新的综合。二十世纪，人类第一次从星际空间看到地球，看到人类共居的这个蔚蓝色的小小球体；地球似乎越变越小，十五小时即可到达地球的另一端，坐在电视机旁，所知顿时可达世界各个角落。马克思把人类社会作为一个整体来研究，提出社会发展的五种经济形态；弗洛伊德把人类自身作为一个整体来研究，提出意识、潜意识，“本我”“自我”“超我”等层次；法国学者德鲁兹认为全体人类的发展都经历过“无符号”“符号化”“过分符号化”“解符号化”等阶段；加拿大社会学家麦克卢汉将人类进化分为“无传播”“手势传播”“语言传播”“印刷传播”“电讯传播”等过程。这些都是把世界看作一个整体，对之进行宏观的综合分析。在这种大趋势下，如果任何一种文学理论是真正有价值的，就不仅只适合一种民族文学，而且也适合他种文学；文化理论亦复如此。任何一种文化所创造的理论都将因他种文化的接受而更丰富，更有发展。不同文化不仅不会因这种汇合而失去自己的特点，反而会因相互参照和比较而使自身的特点更为突出。

我的另一篇讲演《后现代主义与文化的未来》，目的也在对一个中心、一个观念、一个权威的社会模式进行冲击。我详细介绍了后现代主义所总结的深度模式的消失。也就是说一切“现象”后面并不一定有一个决定它的“本质”；一切“偶然性”后面也不一定有一个产生它的“必然性”；一切“能指”（符号）不一定与其“所指”（符号所代表的意义）固定相连；一切“不确定性”也不可能只产生一种“确定性”。过去，我们常常强调“要看本质，不要只看现象”，因而原谅了很多现象的丑恶；又因为相信“认识‘必然’就是自由”而把你不得不服从的种种，认为是“必然”，明明被强制了还以为是自由。我认为这种无深度概念的思维模式无疑对人类思想是一种极大的解放。我也谈到后现代社会对于文化领域商品化的批判。他们指摘现代资本主义社会甚至连大自然和潜意识的某些方面也都成了商品！“文化商品”成批生产，形成了固定的生活模式。如果说六十年代美国的“嬉皮士”们曾抱着对生活的某种理想，反对公式化、程式化的生活；那么，七八十年代的“雅皮士”们的生活目标却是千篇一律：有一个好履历、好收入、小家庭、汽车、洋房，旅游、上饭馆……生活也成了一种“成批”生产的模式。事实上，在后工业社会，生活已经分裂成各种碎块，人们不能不服从这些碎块的存在方式和组合方式。我谈到现代主义时期，人们虽也感到荒谬、焦虑、生活的无意义、异化等，但人还是作为一个整体来感受的，到了后现代主义社会，人的生活是由他人早已精心安排好的，正如假期旅行，下一步做什么早就有了安排，连什么时候看什么戏都是早已安排好的。在这种紧张的“赶日程”中，没有过去，没有未来，只有“现在”这一瞬，而“现在”却是零乱的、分裂的、非中心化的，就像“五十部电视机同时放四部录像带”。

现代意识

我并不认为因中国尚处于前现代经济状况，后现代主义就与我们无缘。事实上，当今任何地区都不大可能封闭、孤立，不受外界干扰。如上所述，后现代思维方式已经对我们起着很大的作用。我认为中国文化的未来就决定于我们能否在古今中外的复杂冲突中，正确地以现代意识对中国文化进行新的诠释，所谓现代意识当然既包含了对西方文明的摄取，也包含对后现代思维方式的摄取。要改变中国，要发展经济，首先要改变中国人的精神，使他们从传统的精神负累和精神奴役中解放出来。要达到这一目的，西方新观念的冲击实不可少。当然这种冲击所引起的改变首先是中国的改变，是在中国传统社会中所引起的改变，决不会像鲁迅所讽刺的那样，吃了牛羊肉就变成牛羊的。我对那种鼓吹“返回传统”，以致“否定五四”的主张实不敢赞同；对当时盛行于文艺界的“寻根思潮”也有不同的看法。我对学员们说：“只有已经‘失去’，才有‘寻’的必要。被卖到非洲的黑人要寻他们非洲的‘根’，被放逐而流落异乡的人要寻他们的‘根’，因为他们要返回自己祖先的文化；而我们就生活在这世代相传的土地上，好的、坏的、优秀卓越的、肮脏污秽的，都从那传统的根上生长出来。我们既未曾失落它，也无法摆脱它，还到何处去寻呢？而所谓文化传统，也决非什么一成不变的‘根’，仿佛是什么‘传家宝’，只要拨开迷雾，就能再放毫光！事实上，传统就存在于每一代人的不同诠释中，它不是一种封闭的‘既成之物’，而是开放的、不断变化的、正在形成中的‘将成之物’，换句话说，中国文化就存在于现代人的现代意识之中，并由现代人的诠释和运用而得到发展。如果说现代意识的核心是‘全球意识’，那么，从理论上来说，现代意识本身就包含了某些西方文明，我们以现代意识来重新诠释前人逐步发展起来的传统文化本身就是一个中西文化碰撞交汇的过程。”

我也强调了中西文化交汇的过程中，难免有误读的可能，因为相互理解本身就是一个过程，绝不可能一次完成的；况且我们也不能要求西方人像中国人那样来理解中国文化，反之亦然。历史上，如伏尔泰、莱布尼兹、庞德、布莱希特等都从中国文化中得到灵感并发展出新的体系，他们对中国文化的理解也不见得就那样准确、全面、深入；为什么当我们的青年人从西方理论得到一点启发而尝试运用时，就要受到那样的求全责备呢？其实，如果能从某种文化中看到某一点，有所触动而且生发开去，即便是“误解”，又有什么关系？历史上往往正是某种意义上的“误解”促进了文化的发展，否则就只能是千篇一律的重复；况且谁又敢保证他的理解就一定是“正解”，就那样符合“原意”？“原意”是什么，又如何才能证明呢？

我不仅强调了文化的历时性变迁，也强调了其共时性的多元，中西文化都是如此。中国文化不仅有儒、释、道三家，而且还有许多民间的“小传统”。就拿对妇女的态度来说，儒家要求的三从四德模式也许被宣传得很多，但是小说戏剧中真正讨人喜欢的妇女却往往与此相反。《聊斋志异》中的婴宁、小翠，她们大胆、开放，敢说敢笑，能爬树，会踢球，爱演戏；还有穆桂英、扈三娘等“刀马旦”都是中国戏剧特有的形象；孟丽君、杜十娘更是在很多方面都胜过了男人。西方文化也是复杂多样，多层次的。十九世纪以来，千百年发展起来的西方文化同时涌入中国，本是“历时性”的过程不能不被压缩成“共时性”的“纷然杂呈”。我们既不能重复其历史过程，又不能“唯新是骛”，因为新的不一定都是好的或有用的。原则还应是拿来主义，为我所用。我认为我的这些讲演之所以受到欢迎，并不一定是因为我有什么深刻独到的见解，而是由于我说出了大家想说而又还不大好说或暂时还不大愿意说的话。

九、《学衡》的问题必须重新探讨

1989 年 4 月，我们从香港回到沸腾的北京，立即投入“五四运动和中国知识分子问题”国际学术讨论会的紧张准备工作。这是中国文化书院与香港中文大学、香港大学、二十一世纪研究院联合为纪念五四运动七十周年而举办的一次大型国际学术会议。

我向大会提交的一篇论文，题目是“重估〈学衡〉——兼论现代保守主义”。意在进一步研究数十年来，由于意识形态影响而被排斥到边缘的一些知识分子群落。我首先就注意到曾被鲁迅一语定论、七十年不得翻身的《学衡》杂志。鲁迅的名篇《估〈学衡〉》断言：“夫所谓《学衡》者，据我看来，实不过聚在‘聚宝之门’左近的几个假古董所放的毫光；虽然自称为‘衡’，而本身的称星尚且未曾钉好，更何论于他所衡的轻重的是非！”从此，《学衡》杂志几乎在各种文学史中都成了批判对象。我对此多少有些怀疑，深感证据不足，特别是在哈佛大学接触到吴宓、梅光迪、汤用彤与当年哈佛大学教授爱文、白璧德所倡导的“新人文主义”的关系之后，更是觉得《学衡》的问题必须重新探讨。《学衡》杂志创刊于 1922 年 1 月，一直正规按月出版，至 1926 年底，出到六十期。1927 年停刊一年，1928 年 1 月复刊，改为双月刊，1930 年，再度停刊一年，1931 年复刊，此后时断时续，直到 1933 年出版第七十九期终刊。十一年来，一以贯之，皆由吴宓担任总编辑，并一直在中华书局出版，这种一贯性，在五四以来的众多期刊中实属罕见。曾为《学衡》撰稿者不下百余人，大多是三四十岁的中青年知识分子：《学衡》的核心人物：吴宓、柳诒徵、胡先啸、梅光迪、汤用彤等都是当时的大学教授，绝大部分曾留学国外，知识结构、年龄、社会地位都与新文化运动其他领导人相仿。当时，新文化运动激进派认为，要拯救中国就必须彻底批判旧传统、抛弃旧文化，在新的现实需要的基础上重建新文化。与此相反，学衡派诸公认为不能割断历史，必须承认过去与现在的连续，他们的理由有三：第一，如吴宓所说："论学论事，当究其始终，明其沿革，就已知求未知，就过去以测未来。人能记忆既往而利用之，禽兽则不能。"(《论今日文学创造之正法》) 第二，他们认为人文科学与自然科学不同，不能完全以进化为依据，不一定新就比旧好，也不一定现在就胜于过去。所谓"物质科学，以积累而成，故其发达也，循直线以进，越久越强，越晚上越精妙；然人事之学，如历史、政治、文章、美术等，则或系于社会之实境，或由于个人之天才，其发达也，无一定之轨辙，故后来者不必居上，晚出者不必胜前"。(吴宓〈论新文化运动〉)。第三，他们认为历史有"变"有"常"，"常"就是经过多次考验、在经验中积累起来的真理。吴宓强调必须了解、拥有通过时间考验的一切真、善、美的东西，才能应付当前和未来的生活，这种东西是世界性的，与任一时代的精神相合。吴宓认为全世界都在进行着同样的斗争；对中国来说，一方面是"人文主义、国家传统与古人的经验、智慧"，另一方面是"民主政制、仿效西洋、创新、放纵与反叛"。他认为这一斗争的结果直接关系到中华民族的存亡，只有找出中华民族文化传统中普遍有效和万古长存的东西才能重建我们民族的自尊。

另一个有意思的现象是无论激进派还是学衡派，对现状都表示了强烈的不满而急于向西方寻求真理。后者引进西学的热情完全不亚于前者。如梅光迪所说："彼土圣哲所惨淡经营，求之数千年而始得者，吾人乃坐享其成，故今日之机缘，实吾人有史以来所罕睹。"但学衡派的引进西学与激进派有两点明显的不同。这就是梅光迪所标举的两项标准：其一是被引进的东西必有正当之价值，而此价值当取决于少数贤哲，不当以众人之好尚为依据。其二是必须实用于中国，即与中国固有文化之精神不相背驰；或为中国向所缺乏，而可截长以补短者，或能救中国之弊，而有助于革新改进者。（梅光迪《现今西洋人文主义》《评提倡新文化者》）因此，他们鄙视"顺应世界潮流""适应时势需要"等说法，认为那无非是"窥时俯仰""与世浮沉"，真正"豪杰之士"倒是"每喜逆流而行"。梅光迪认为"真正学者为一国学术思想之领袖、文化之前驱，属于少数优秀分子，非多数凡民所能为也"，而平民主义之真谛并非"降低少数学者之程度，以求合乎多数"，而是"提高多数之程度，使其同享高尚文化"，若"以多数人所不能企及之学问艺术为不足取"，而"人类之天性殊不相齐"，那么，文化就不能更新。

同是对中国现状不满，同是向西方寻求真理，激进派归依马克思主义，自由派找到杜威、罗素，保守派却以白璧德为宗师。究竟是西方的大师们造就了自己的后继者还是向西方寻求真理的中国学人本就有自己的归依，因而选择了自己的引路人，是一个很值得研究的问题。但有一点却非常清楚，那就是五四以来，中国的改革已汇入世界运动的洪流。世界争论的大潮包括白璧德与杜威的争论，科学主义与泛情主义引起的广泛怀疑，以及斯宾格勒有关"西方的没落”的预言，都不能不在中国激起强烈的反响，促使一大批中国人参加这一世界性对话的行列。从“学衡”同人来看：这一现象尤其明显。首先，他们已摆脱五四前“国粹派”把国粹看作一种“已成之物”来加以保存的封闭性状态，他们强调的是“欲以欧西文化之眼光，将吾国旧学重新估值”，因此，必须对中外历史、社会、风俗、政治、宗教诸端，以及中国传统典籍、欧美重要著作充分加以研究。（胡先骕《论批评家的责任》）吴宓更清楚地表明：“宓亲受教于白璧德师及穆尔先生，亦可云宓曾间接承继西洋之道统而吸收其中心精神。宓持此区区所得以归，故更能了解中国文化之优点与孔子之崇高中正。”（吴宓《吴宓诗集·空轩诗话》）这种以融合了西方意识的现代意识来重新解释中国的传统文化，就使传统文化不同于过去而有了新的意义。其次，由于第一次世界大战后西方社会的动荡，加以《西方的没落》《欧游心影录》等著作的影响，人们开始感到中国传统文化对世界具有了新的意义。例如柳诒徵在他那篇《中国文化西被之商榷》中，就提到由于“交通进步，渐合世界若一国”，由于西方人感到自己文化的弱点，中国人认识到除金钱、武力外，还有文化一途，中国文化的西传已经提到日程上来。当然，这并不是说“间闻三数西人称美亚洲文化，或且集团体研究，不问其持论是否深得东方精神，研究者之旨意何在，遂欣然相告，谓欧美文化迅即败坏，亚洲文化将取而代之”（汤用彤《评近人之文化研究》）。在这种交流的基础上，学衡派提出“世界将来之文化必集东西文化之精髓而杂糅之”（胡稷成《批评态度的精神改造运动》）。吴宓更是从一开始就提出：“中国文化以孔教为中枢，以佛教为辅翼；西洋之文化，以希腊、罗马之文章哲理与耶教孕育而成。今欲造成新文化……则当以以上所言之四者……首当着重研究，方为正道。”（《论新文化运动》）这与 1921 年 9 月白璧德以

"中国与西方的人文教育"为题的一次讲演完全相合。在这次讲演中，白璧德指出中国文化传统与西方文化传统，"在人文方面，尤能互为表里，形成我们可谓之'集成的智慧'的东西"。他建议在"把《论语》与亚里士多德的伦理学合并教授，而在我们的学府里，也应该有学者，最好是中国学者来教授中国历史与哲学"。他认为这是"促进东西方知识界领袖间的了解的重要手段"。他甚至提出"为了取得人文主义对功利主义和泛情主义在东西方的胜利，应该促成一个人文国际"（白璧德《中国与西方的人文教育》，转引自侯健《从文学革命到革命文学》）。在这样的国际基础上产生出来的新文化，必然不同于原来的西方文化，也不同于原来的东方文化。正如吴芳吉所说："复古固为无用，欧化亦属徒劳。不有创新，终难继起，然而创新之道，乃在复古、欧化之外。"（《再论吾人眼中的新旧文学观》）

总之，以学衡派为代表的中国现代保守主义不再闭守一隅，它属于世界。学衡派诸公从民族主义、不满现实出发，选择了温和的改良主义途径，建立起自己的保守主义体系。这个体系的特点，说它是"存旧立新"也好，说它是"推陈出新"也行，总之是没有造成断裂，也没有形成封闭。当然，它也有很多谬误，特别是与那个时期总觉有些不很相宜，与主流不很合拍；但出现于 1922 年 1 月的"'学衡'现象"，是否也可以算是对五四新文化运动的一种反思，试图正视其弱点而另觅途径呢？不可否认的是，《学衡》也是五四的产物，没有五四，就不会有《学衡》，而且它总算以自己的声音参加了世界文化运动的合奏。其实，保守主义、自由主义、激进主义往往存在于同一框架，它们之间的张力和搏击正是推动历史前进的契机。五四时期，以李大钊、陈独秀为代表的激进派，以胡适等人为代表的自由派，先以严复、林纾，后以"学衡"派为代表的保守派无非都是针对面临的问题，显示出不同的反应和不同的思考层面。这些问题又不外乎如何对待传统文化，如何接受西方文化，如何建构自己的新文化。作为一种历史现象，在我们讨论重建中国文化时，对前人走过的路，似应拨开情感和惰性之迷雾，作一番全面的回顾。我对于《学衡》史料的较为全面的阅读，引起了我的学术思想的一大转折。我逐渐较为深入地与过去支配我的、趋向于激进的泛情主义决裂，也就是与曾经禁锢我的某种意识形态决裂。这使我能更全面、更冷静地看待历史的方方面面。

第六章 陆 我的比较文学之路

一、中国比较文学源流

比较文学在中国并不是新事物。就从现代说起，中国比较文学的源头也可上溯到1904年王国维的《叔本华与尼采》和他对《红楼梦》的研究，特别是鲁迅1907年写的《摩罗诗力说》和《文化偏至论》。另外，茅盾于1919和1920年相继写成的《托尔斯泰与今日之俄罗斯》和《俄国近代文学杂谈》也对东欧和西欧的文学进行了比较研究。

比较文学作为一门现代学科在中国出现是二十年代末、三十年代初。1929年至1931年，英国剑桥大学英国文学系主任、新批评派大师瑞恰兹（Ivor Armstrong Richards）在清华大学任教，开设了“比较文学”和“比较文化”两门课。清华大学教师翟孟生（P.D.Jemeson）还根据瑞恰兹的讲稿写成《比较文学》一书，主要是对英、法、德三国文学进行了比较研究。当时清华大学研究部文学课程分为文学专题和作家分析两类；“比较文学”是前一类课程中很重要的一支。除吴宓开设的“中西诗之比较”、温德（R. winter）开设的“文艺复兴时期的文学”、陈寅恪的“中国文学中的印度故事的研究”外，还有“近代中国文学之西洋背景”“翻译术”等课程。[①] 清华大学培养了一大批学贯中西的比较文学学者，如季羡林、钱锺书、李健吾、杨业治等都是那个时期的学生。不久，傅东华和戴望舒又相继翻译了罗力耶（Frederic Loliee）的《比较文学史》（1931）和保罗·梵·第根（Paul van Tiegham）的《比较文学论》（1934），第一次在中国系统介绍了比较文学的历史、理论与方法。1934 年出版了梁宗岱的《诗与真》，作者以深厚的中国古典文学素养对西方文学进行了比较文学方法的探讨。1936 年又出版了陈铨的《中德文学研究》，全面评述了中国小说、诗歌、戏剧在德国的传播和影响。四十年代，闻一多进一步论证了以中国的《周颂》《大雅》、印度的《梨俱吠陀》、《旧约》里最早的诗篇和希腊的《伊利亚德》《奥德赛》为代表的四种约略同时产生的文化如何各自发展，渐渐相互交流、变化、融合的发展过程，并特别指出：“本土形式的花开到极盛必归于衰谢，那是一切生命的规律，而两个文化波轮由扩大而接触，而交织，以致新的异国形式必然要闯进来……新的种子从外面来到，给你一个再生的机会。”[②] 另外，朱光潜的《文艺心理学》《诗论》，钱锺书的《谈艺录》也都在四十年代为中国比较文学的发展作出了新的贡献。

1979 年，出版了钱锺书的《管锥篇》。《管锥篇》最大的贡献就在于纵观古今，横察世界，从“针锋粟颗”之间突显出互为参照的重要文学现象。继《管锥篇》之后，北京大学的四位教授相继发表了四本比较文学论著：宗白华的《美学散步》（1981）在比较美学，诗、画、戏剧等交叉学科的比较研究方面独树一帜；季羡林的《中印文化史论文集》（1982）对中印文学关系进行了独到的深入讨

① 清华大学校史编写组：《清华大学校史稿》，中华书局，1981 年版，第 167 页。

② 闻一多：《神话与诗》，古籍出版社，1957 年版，第 201–206 页。

论，为中国比较文学的影响研究树立了榜样；金克木的《比较文化论集》（1984）着重研究了《梨俱吠陀》与《诗经》的比较，并论及“符号学”“诠释学”在中国的应用；杨周翰的《攻玉集 》(1984)则以中国文学为参照系，重新解释了莎士比亚、弥尔顿、艾略特等欧洲作家的作品。南京大学范存忠的《英国文学论集》和上海社会科学院王元化的《文心雕龙创作论》也都为比较文学在中国的复兴作出了重要贡献。

二、我如何走上比较文学之路

我追随前辈，走上比较文学之路，是偶然，也是必然。七十年代中期，北京大学招收了一些留学生，我被分配去教一个留学生班的现代文学。我的这个班有二十余人，主要是欧美学生，也有从澳大利亚和日本来的。为了给外国学生讲课，我不能不突破当时教中国现代文学的一些模式，开始讲徐志摩、艾青、李金发等“资产阶级”作家。为了让我的学生较深地理解他们的作品，我不得不进一步去研究西方文学对中国现代文学的影响以及它们在中国传播的情形。这一在学术界多年未曾被研究的问题引起了我极大的兴趣。我开始系统研究二十世纪以来，西方文学在中国是如何被借鉴和吸收，又是如何被误解和发生变形的。

从对早期鲁迅和早期茅盾的研究中，我惊奇地发现他们不约而同地都受了德国思想家尼采很深的影响。再进一步研究，发现这位三十年来被视为煽动战争、蔑视平民、鼓吹超人的极端个人主义者尼采的学说竟是二十世纪初中国许多启蒙思想家推动社会改革，转变旧思想，提倡新观念的思想之源。王国维、鲁迅、茅盾、郭沫若、田汉、陈独秀、傅斯年等都曾在思想上受到尼采深刻的影响。

1981 年，我根据上述理解，写了一篇《尼采与中国现代文学》，发表于《北京大学学报》，引起了相当强烈的反响。客观地说，这篇文章不仅引起了很多人研究尼采的兴趣，而且也开拓了西方文学与中国文学关系研究的新的空间。1986 年，北京大学第一次学术评奖，这篇文章还得了一个优秀论文奖。事隔五六年，还有人记起这篇文章，我很觉高兴。后来，它又被选进好几种论文集，并被译成英文，发表在澳大利亚的《东亚研究》上。[①]

与研究尼采同时，我编译了一本《国外鲁迅研究论集》。这部包括美国、日本、苏联、加拿大、荷兰、捷克、澳大利亚 7 个国家的 20 篇文章，并附有《近二十年国外鲁迅研究论著要目》(270 篇）的著作，对国内鲁迅研究也许起了一些开阔视野、促进发展的作用；对我自己来说，则是使我初步预见到对并无直接关系的不同文化之间的文学作品进行“平行研究”的巨大可能性。我于 1987 写成的一篇论文《关于现实主义的两场论战——卢卡奇对布莱希特与胡风对周扬》就是沿着这样的思路来写的。这篇文章于 1988 年发表于《文艺报》，同年 10 月为《新华文摘》所转载。1988 年国际比较文学学会第 12 届年会（慕尼黑），我提交了这篇论文，后来被选入了大会论文集。

自 1980 年以来，北京大学的季羡林、李赋宁、杨周翰、杨业治、金克木等教授都对比较文学表示了程度不同的兴趣，加上当时杨周翰先生的博士生张隆溪和我，还有一些别的人，我们一起于 1981 年 1 月成立了中国第一个比较文学学会——北京大学比较文学研究会，由季羡林教授任会长，钱锺书先生任顾问，我则充当了马前卒，号称秘书长。学会生气勃勃，首先整理编撰了王国维以来

---

① 乐黛云:《比较文学与中国现代文学》，北京大学出版社，1987 年版，第 88-117 页。

有关比较文学的资料书目，同时策划、编写北京大学比较文学研究丛书，并出版了《北京大学比较文学研究会通讯》。

这年夏天由于一个很偶然的机会，我得到了美国哈佛大学哈佛燕京学社的帮助，去哈佛大学进修一年。我对哈佛大学比较文学系向往已久，这不仅是因为它的创办者之一白璧德教授对于东西文化的汇合曾经是那样一往情深，也不只是因为二十年代初期由哈佛归来的哈佛三杰——陈寅恪、汤用彤、吴宓所倡导的“昌明国粹、融化新知”为东西文化的汇合开辟了一个崭新的学术空间，还因为1981年正在担任哈佛东西比较文学系系主任的纪延教授多次提到：“我认为只有当世界把中国和欧美这两种伟大的文学结合起来理解和思考的时候，我们才能充分面对文学的重大的理论性问题。”他的这一思想深深地吸引了我。遗憾的是在哈佛的一年，由于我的英语不够好，我始终未能和纪延教授深入讨论我想和他讨论的问题，但我却大量阅读了比较文学的基础理论和有关资料，进一步提高了我的英语水平。

1982年和1983年，我有幸被加州大学伯克利分校邀请为客座研究员，在那里，我结识了白之教授和斯坦福大学的刘若愚教授。著名的跨比较文学系和东亚系的白之教授是我的学术顾问，他对老舍和徐志摩的研究，特别是对他们与外国文学的关系的研究都给了我很大的启发。

在伯克利的两年里，我精读了刘若愚教授所写的《中国诗学》和《中国文学理论》以及他关于李商隐诗的一些相当精辟的论述，并和他进行过多次讨论。他对中西诗学都有相当深的造诣，他的研究成果给了我多方面的启发。首先，他试图用西方当代的文学理论来阐释中国具有悠久历史的传统文论，在这一过程中确实不乏真知灼见，而且开辟了许多新的研究空间，但是，将很不相同、长期独立发展的中国文论强塞在形上理论、决定理论、表现理论、技巧理论、审美理论、实用理论等框架中，总不能不让人感到削足适履，而且削去的正是中国最具特色、最能在世界上独树一帜的东西。其次，我感到他极力要将中国文论置于世界文论的语境中进行考察，试图围绕某一问题来进行中西文论的对话，得出单从某方面研究难于得出的新的结论。事实上，这两方面正是我后来研究比较诗学的两个重要路向。

1984 年夏天回国，中国的比较文学研究已经有了新的进展：1981 年，辽宁省率先成立了全国第一个地方性比较文学研究会，并在三年内，接连开了三次学术讨论会；1983 年 6 月，在天津召开的外国文学学会年会上，举办了一次全国性的比较文学讨论会。紧接着，第一届中美比较文学双边研讨会在北京召开（1983 年 8 月），大会由钱锺书先生致开幕词，刘若愚、厄尔·迈纳、西里尔·白之和王佐良、杨周翰、许国璋、周珏良、杨宪益等世界著名教授都参加了大会。看来，成立全国比较文学学会的时机已经成熟，1985 年 10 月，由 35 所高等学校和科研机构共同发起的中国比较文学学会在深圳大学正式成立，大会选举季羡林教授担任名誉会长，杨周翰教授担任会长。从此，中国比较文学走上了向“显学”发展的坦途。

三、最重要的是要拿出实绩

有了全国性的组织以后，我深感下一步最重要的是要拿出实绩。我当时理解的实绩一是学科建设，二是培养人才。在湖南文艺出版社的支持下，我们组织编写了一套比较文学丛书，丛书分三辑，每辑四册，包括比较文学理论、国外中国文学研究、中外文学关系三方面的内容。后来又出了“北京大学比较文学丛书”十余本、“中国文学在国外丛书”六本、“中外比较文化丛书”九本。我在北京大学和深圳大学相继开设了比较文学原理、20 世纪西方文艺思潮与中国现代文学、马克思主义文论在东方和西方、中西比较诗学等课程。这些课程都是第一次开设，选课的学生很多，学生的欢迎促使我更好地准备，同时大量增进了我自己的系统知识的积累。

出版《比较文学与中国现代文学》《比较文学原理》

1987 年、1988 年，我连续出版了两部专著：《比较文学与中国现代文学》（北京大学出版社）和《比较文学原理》（湖南文艺出版社)。第一本书大致体现了我的思想发展过程，全书分三部分：第一部分谈我对比较文学这门学科的认识；第二部分谈中外文学关系；第三部分是试图在西方文艺思潮的启发下，重新解读中国文学，也就是所谓阐发研究。我关于中外文学关系的研究如果有所创新，那就是着重探讨了文艺思潮的跨文化影响。

我在八十年代更为关注的是接受和影响的关系。我首先企图界定“影响”一词的内涵，把影响和模仿、同源、流行、借用等概念分别开来。我认为在比较文学研究中，所谓一个作家受到另一个外国作家的影响，首先是指一些外来的东西被证明曾在这位作家身上或他的作品中产生一种作用，这种作用在他自己国家的文学传统里和他自己的个人发展中，过去是找不到的，也不大可能产生。其次，这是一个有生命的移植过程，通过本文化的过滤、变形而表现在作品之中。两种不同文化体系之间大规模的文学影响常发生在当一国的美学和文学形式陈旧不堪而急需一个新的崛起或一个国家的文学传统需要激烈地改变方向和更新的时候。影响需要一定的条件，影响的种子只有播在那片准备好的土壤上才会萌芽生根。我国三次大规模的接受外来影响都说明了这一点。影响是一个非常复杂而多样的过程。它往往首先发端于一种心理的或意识形态的启发，某种外来的东西突然照亮了作者长期思考的问题而给予一种解决的新的可能。法国诗人波德莱尔说他喜欢美国作家爱伦·坡，就因为在爱伦·坡的作品中，他自己头脑里一些模糊的、未成形的构思被完美地塑造出来。T.S. 艾略特认为他受到一些其他作家的影响，往往是因为这些作家能“逗引”起他内心想说的话。庞德之所以认为中国诗“是一个宝库，今后一个世纪将从中寻找推动力，正如文艺复兴从希腊人那里找推动力”，就因为中国诗对他所痛感的“西方当代思想缺乏活力”“宗教力量日益衰退”等问题提供一种解决的新的可能；而中国诗歌的简洁、含蓄对于维多利亚时代诗歌的烦言赘语、含混不清也是一种冲击而给诗人以启发。如果说这种“启发”往往是不自觉的偶然相遇，那么影响的第二步“促进”就是有意识地寻求、理解、加强。随之而来的是一个认同和消化变形的过程。文学影响最后还要通过文学表现出来。

七十年代，德国接受理论的兴起对上述传统影响研究进行了全面刷新。事实上，接受和影响是一个问题的两面。播送者对接受者来说是“影响”，接受者对播送者来说，就是“接受”。过去的影响研究多研究播送者如何影响接受者，却很少研究播送者如何被接受。如今这一单向过程改变为双向过程，就为这一领域开辟了许多新的层面。首先，由于“接受屏幕”的不同，一部作品在本国和在外国被接受的状况也显然各异。通过某种成分被拒绝或接受或改造的复杂过程，我们不仅可以更多面地发掘出作品的潜能，而且也可以进一步了解不同文化体系的特点。其次，对外国作品的接受，往往可以作为一面镜子，反射出接受者的不同个性。另外，通过关于接受的研究，还可以考察时代的变化。一部作品在被接受的过程中常常因时代的不同而被强调不同的方面。再次，关于接受的“反射”也是一个很有意思的现象。五四以来，借助对西方文化的接受，反观本国文化而有新的启悟的现象屡见不鲜。例如诗人郭沫若说他从小熟读《诗经》，但“丝毫也没感觉受着它的美感”，只是在读了美国诗人朗费罗的诗后，“才感受到了同样的清新，同样的美妙”[①]。这样的例子是很多的，它们都说明了“接受的反射现象”对文学发展的重大作用。最后，接受理论为比较文学研究者提供了编写完全不同于过去的体例的新型文学史的可能。一种新的文学思

① 郭沫若:《我的作诗的经过》,《沫若文集》，第 11 卷，人民文学出版社，1959 版。

潮兴起后，如果它是真有价值的，就会逐渐获得世界性。如浪漫主义、现实主义、超现实主义、现代主义等无不如此。不同文化体系在接受这些思潮时，由于“接受屏幕”和“期待视野”的不同，必然有所选择，有所侧重，并在融入本体系文学时，完成新的变形。这种变形既包含着该文化系统原来的纵向发展，又包含着对他种文化系统横向的吸取和改造而形成的新的素质；文学本身就是这样发展起来的。从比较文学的角度来重写文学史，就要着重考察各种思潮、主题、文类、风格、取材，以至修辞方式、格律等文学的构成因素在不同民族文学中的继承、发展、相互影响和相互接受。新的文学史将由“创造”“传统继承”和“引进”三个部分组成，而对那些特殊的历史时刻予以关注。这种时刻，读者的文学观念往往可以穿越或排斥以往的界限，敏于接受外来影响，并改变自己的“接受屏幕”和“期待视野”。在接受理论的基础上还可以从读者角度出发，研究读者心态的历史。如果整理五四以来不同历史阶段，不同外国作家被中国读者所选择和接受的广度和深度，以及被强调的不同方面，就可以从一个侧面看出近百年中国社会心理的发展和变迁。总之，接受理论使人们进一步认识到潜在于作品的各种可能性，因而为偏于实证、路子越走越窄的传统影响研究带来了全面的活泼的生机。

《比较文学与中国现代文学》的第三部分是讨论阐发研究。所谓阐发研究，简而言之就是借助外国文学理论来重新解读中国文学。这曾是一个有争论的问题。我认为关键在于拿出实例，说明这种阐发确实对推动中国文学发展有益。中国封闭了三十年，这正是西方文学理论发展十分迅速的时期。八十年代初，西方发展了数十年，经历过各种复杂阶段的文艺思潮同时涌入中国。历时性的发展变成了共时性的并存。我这本书的这一部分以《小说世界的外延研究》（传统小说分析）、《文学是一种特殊的语言形式》（新批评派）、《决定着表达方式的深层结构》（结构主义）、《潜意识及其升华》（精神分析学）、《作品的框架与意象挖掘》（接受美学）、《事序结构和叙事结构》（叙述学）、《“推末以至本”和“探本以穷末”》（阐释学）为题，企图说明在这些思潮的启发下，可能开辟的新的学术空间。其实，大量西方文学理论的传入，绝不是随意的、偶然的，与本土语境无关的，恰恰相反，任何一种理论的传入，都经过了中国社会实际与文化情景的筛选，并实际有用于中国文学的改进，才能得以生存和发展。例如出于对数十年苏联文艺理论只强调社会环境和社会效用的逆反心理，新批评派的细读批评和结构主义叙述学就很容易被接受；有些西方新观念，中国文学传统中很少提及，如精神分析学和后来的女性主义文学批评，由于其新鲜，也较容易引起大家注意；另一方面，也有一些西方文学理论正是由于它们与中国传统文学观念容易找到契合点而引起广泛兴趣，如阐释学就很容易与中国的“述而不作”“我注六经”“六经注我”等道理相通；接受美学与中国的“作者以一致之思，读者各以其情而自得”“横看成岭侧成峰，远近高低各不同”等说法也有类似之处。另外，西方马克思主义文学批评在中国也很盛行，这是由于人们急于了解数十年来作为中国主流意识形态的马克思主义在西方的发展所致。所有这些显然都有益于中国文学的发展。

《比较文学与中国现代文学》一书并不一定有什么新的发明，但在当时却是一本有用的书。正如我的老师季羡林教授在为该书所写的序言中说的：“这一部书很有用处，很有水平，而且很及时。杜甫的诗说：‘好雨知时节，当春乃发生。’我很想把这一部书比作‘当春乃发生’的及时好雨。”我的导师王瑶先生更是指出了我的这些最初的学术成果与我个人性格的关联，他说：“每个人如果能根据自己的精神素质和知识结构、思维特点和美学爱好等因素来选择适合自己特点的研究对象、角度和方法，那就能够比较充分地发挥自己的才智，从而获得更好的成就。乐黛云同志的治学道路显然有与她个人的知识面宽广和具有开拓精神等素质有关，但它却能给人以普遍性的启发，特别是在当前各种新学科、新方法纷至沓来的时候。”

我把我这两部出版于八十年代后期的学术著作都看作“文化热”的一种结果，因为在我看来，“文化热”的核心和实质就是酝酿新的观念。一切变革和更新无不始于新的观念。新观念固然产生于内在形势的需要，同时也产生于外界的刺激，两者相因相生。要促成我国悠久文化的转型和发展新阶段，首先要有不同于过去的新的观念。文化之所以“热”，就“热”在争相酝酿新观念，这就要求人们认真了解近年来世界发生了什么，有哪些新的东西可供参考，又如何为我所用。因此，“文化热”偏重于考察世界，研究中国文化与世界文化的接轨，并不足怪。

萦绕在心中的几个问题

1989 年后，中国进入了“后新时期”，这是全然不同于十年新时期的另一种时期。九十年代的国学热强调从本土文化本身酝酿出新的观点和方法，似乎只有不受任何外来影响的、纯而又纯的本土文化才能对抗欧洲中心论。更有意思的是从西方最新传入的“东方主义”强调西方以其文化霸权强行诠释东方，强使殖民地或第三世界处于一种“失语状态”，只能用西方话语表述一切。因此，对于东方各民族来说，第一要义是颠覆西方的文化霸权。虽然这“东方主义”也是西方文化框架下的产物，也是舶来品，但某些强调国学的人们却因之而更趋向于拒斥外来的东西而强调回归本土的一切。

我生活在这样的潮流中，当然也不能不受其影响。为了进一步弄清问题，我回溯到作为古今中外大讨论关节点的五四时期，对在国学热中引起广泛重视的、被称为哈佛三杰的吴宓、陈寅恪、汤用彤等三位国学大师进行了重新解读和探讨。这些学者关于古今中外交汇的思考对我都极有启发。特别是陈寅恪提出的“李唐一族之所以崛兴，盖取塞外野蛮精悍之血，注入中原文化颓废之躯，旧染既出，新机重启，扩大恢张，遂能别创空前之世局”；汤用彤提出的“(当前）新学术之兴起，虽因于时风环境，然无新眼光、新方法，则亦只有支离片段之言论而不能有组织完备之新学”等，都十分发人深思。《学衡》杂志重要成员之一吴芳吉尖锐地指出的“复古固为无用，欧化亦属徒劳。不有创新，终难继起，然而创新之道，乃在复古、欧化之外”更是启发了我的思考。这些理论进一步加强了我对发展比较文学的信心和决心。我接连写了《论现代保守主义——重估〈学衡〉》(《中国文化》，1990 年第二期)、《文化更新的探索者——陈寅恪》(《北京大学学报》，1991 年第四期)、《“昌明国粹，融化新知”——汤用彤与《学衡》杂志》(《社会科学》，1993 年第五期）三篇文章，坚持认为在任何情况下，中国不可能再回到拒斥外来文化的封闭状态，我不赞成狭隘的民族主义，不赞成永远保留东方和西方二元对立的旧模式，也不认为中国中心可以取代欧洲中心。在全球意识迅速发展、不同民族文化必须共存的前提下，我特别关注的是世界多种多样的文化资源正在迅速流失，这种流失必将造成难以补救的危机，因为历史早已证明不同文化之间的相互激发正是文化发展的重要动力。我感到当前比较文学的根本任务就是要在全球意识的观照下维护并促进文化的多元发展，为此，比较文学自身必须经历一个巨大的变革。

1991 年春，得到《读书》杂志的支持，我们在该杂志 1991 年第二期上组织了一次相当大规模的关于“比较：必要、可能和限度”的笔谈，季羡林、贾植芳和当时的国际比较文学学会主席佛克马（Douwe Fokema）、斯洛伐克比较文学家高利克（Marian Galic）、印度比较文学教授阿米雅·杰夫（Amiya Dev），还有执教于美国的张隆溪、执教于英国的赵毅衡等都参加了笔谈。我为笔谈写的文章，标题是“转型时期的新要求”。我提出：“在相互交往的全球意识正在成为当代文化意识的核心这种形势推动下，各民族多在寻求自身文化的根源和特征，以求在世界文化对话中，讲出自己独特的话语而造福于新的文化转型时期。”我认为目前文学理论的主要趋势是“总结各民族长期积累的经验，从不同角度解决人类在文学方面共同面临的问题”；文学批评和文学史要更多研究文学性和文学形式的发展，研究不同文化体系的读者对同一作品的不同接受、诠释、误读和使之变形等。总之，一种文化向世界文化发展，又从世界文化的高度来重新诠释、评价和更新一种文化，无疑是二十一世纪文化转型时期的一个极其重要的内容。我在《中国比较文学》1990年第一期发表的《文学研究的全面更新与比较文学的发展》一文中曾谈到“全球意识与文化多元相互作用的主潮必然为文学研究带来全面刷新”，“在这样一个无可避免的文学研究转型期，比较文学无疑是一个很重要的触媒。它的巨大触媒作用就在于促进并加速地区文学以多种途径织入世界文学发展的脉络，从而使两方面都得到发展，比较文学也将在这一进程中找到自身与其他文学研究的结合点而达到新的水平”。

然而，问题的实质在于人类是否真的可以安稳进入这个“全球意识与文化多元相互作用”的新时期呢？显然事实远非如此。要真正做到各民族文化平等对话，多元发展目前还存在着许多阻碍。

最大的阻碍首先是各种中心论。反观一百年来比较文学发展的历史，从1886年英国学者波斯奈特（H.M.Posnett）第一次用“比较文学”命名他的专著到1985年中国比较文学学会成立，这一百年的历史几乎就是以欧洲为中心，歧视、压制他种文化，泯灭亚、非、拉各民族文化特色的历史。在比较文学极为兴盛的二十世纪二十年代末，著名的法国比较文学家洛里哀（Frederic Loliee）就曾在他那部名著《比较文学史》中公开作出结论：“西方之智识上、道德上及实业上的势力业已遍及全世界。东部亚细亚除少数山僻的区域外，业已无不开放。即使那极端守旧的地方也已渐渐容纳欧洲的风气……从此民族间的差别将渐被铲除，文化将继续它的进程，而地方的特色将归消灭。”[①] 现在看来，这当然迹近天方夜谭，但在前半个世纪，认同这种思想的比较文学家恐怕还不在少数，今天它也还蛰伏在许多西方学者的灵魂深处。要改变这种现象远非一朝一夕之事。意大利比较文学家——罗马大学的阿尔曼多·尼希（Armando Gnisci）教授把对西方中心思想的扬弃这一过程称为一种“苦修”(askesis)。他在《作为“非殖民化”学科的比较文学》一文中说：“如果对于摆脱了西方殖民的国家来说，比较文学学科代表一种理解、研究和实现非殖民化的方式，那么，对于我们所有欧洲学者来说，它却代表着一种思考、一种自我批评及学习的形式，或者说是从我们自身的殖民中解脱的方式。……它关系到一种自我批评以及对自己和他人的教育、改造。这是一种苦修。”[②] 可见先进的西方知识分子已经觉悟到在后殖民时代抛弃西方中心论的必要和困难。其实，也不仅是西方中心论，其他任何企图以另一种中心论来代替西方中心论的企图都是有悖于历史潮流，有害于世界文

① 闻一多:《神话与诗》，古籍出版社，1957年版，第201–206页。

② [意]阿尔曼多·尼希:《作为“非殖民化”学科的比较文学》，罗湉译，《中国比较文学通讯》，1996年第一期，第5页。

化发展的。例如有人企图用某些非西方经典来代替西方经典，其结果并不能解决过去的文化霸权问题，而只能是过去西方中心论话语模式的不断复制。

危害世界文化多元发展的除了各种中心论之外，更严重的是科学的挑战。毋庸讳言，高速发展的多媒体、互联网、信息高速公路正在极其深刻地改变着人类的思维方式、生活方式，以至生存方式。目前网络上通行的是英文，这种以某种语言为主导的跨国信息流是否会压抑他种语言文字从而限制人类文化的多样性发展呢？更严重的是信息的流向远非对等，而是多由发达国家流向发展中国家。随着经济信息、科技信息的流入，同时也会发生意识形态、价值观念和宗教信仰等文化的“整体移入”，以致使其他国家民族原有的文化受到压抑，失去“活性”，最后使世界文化失去其多样性而“融为一体”！这将是二十一世纪世界文化发展的重大危机，也是全人类不得不面临的新问题。

由于文化多元发展遇到种种阻碍和挫折及其远非乐观的前景，一部分有识之士感到自身民族文化有被淹没以致消亡的可能，奋起彰显本民族文化，这对于保护和发展世界文化的多样性无疑具有极为重要的战略意义。遗憾的是在这一潮流中，封闭、孤立、倒退的文化孤立主义也随机而生。文化孤立主义无视数百年来各民族文化交往、相互影响的历史，反对文化交往和沟通，要求返回并发掘“未受任何外来影响的”“以本土话语阐述的”“原汁原味的”本土文化。其实，这样的本土文化是根本不存在的。如果我们说的不是“已成的”、不变的文化遗迹，如青铜器、古建筑之类，而是不断发展的文化传统，那就必然蕴含着不同时代、受着各个层面的外来影响的人们对各种文化现象的选择、保存和创造性诠释。文化孤立主义常常混迹于后殖民主义的文化身份研究，但它们之间有根本的不同。后者是在后殖民主义众声喧哗、交互影响的文化语境中，从历史出发为自身的文化特点定位；文化孤立主义则是不顾历史的发展，不顾当前纵横交错的各方面因素的相互作用，只执着于在一个封闭的环境中虚构自己的文化原貌。由此出发，就有可能导致一种文化上的封闭性和排他性：只强调本文化的优越而忽略本文化可能存在的缺失；只强调本文化的“纯洁”而反对和其他文化交往和沟通，唯恐受到“污染”；只强调本文化的统一而畏惧新的发展，以致对外采取文化上的隔绝和孤立政策，对内压制本文化内部求新、求变的积极因素，结果是导致本文化的停滞、衰微。其实，即便是处于同一文化内部，不同群体和个人对于事物的理解也不尽相同。因为人们对事物的认识总是与其不同的生活环境相连，忽略这种不同，只强调同一文化内部的统一，显然与事实相悖，强求统一，其结果只能是强加于人，扑灭生机；为保卫这种顽固的孤立和隔绝而引发战争也并非不可能。

加之二十世纪后半叶，后结构主义各种思潮将人们习惯的深度模式解构了：现象后面不一定有一个本质；偶然性后面不一定有一个必然性，“能指”后面也不一定有一个固定的“所指”；中心被解构了：原先处于边缘的、零碎的、隐在的、被中心所掩盖的一切，释放出新的能量；在文化研究的范围内，这些思潮起了消解中心、解放思想、逃离权威、发挥创造力等巨大作用，但它也导致了某种离散和互不相关，使人类社会失去了必要的凝聚力。

综上所述，可以看到随着二十一世纪的到来，人类文化发展实际面临两方面的危机：一方面是文化的多元发展受到威胁，文化的多样性日益削弱，这势必导致世界文化资源无可挽回的流失；另一方面是文化本土主义所造成的文化孤立和隔绝，不是引向文化对抗就是引向文化衰微，而思维模式的变化又大大加深了社会意识的分崩离析。

九十年代前几年，我的思绪一直萦绕着以上这些问题。它们陆续反映在我接连发表的一些文章中，如《迎接新的文化转型时期》《世纪转折时期关于比较文学的几点思考》《文化相对主义与“和而不同”原则》《比较文学的国际性和民族性》《后殖民主义时期的比较文学》《文化相对主义与跨文化文学研究》等。其中《比较文学的国际性和民族性》被《香港中文大学人文学报》和《南方文坛》转载，后来又被译成意大利文，在罗马大学的《比较文学研究学报》上发表。

如何推动这一矛盾向有益于人类的方向发展是二十一世纪人文科学的最重要任务之一，而比较文学无疑将在其中扮演一个十分前沿的角色。1997 年，我将关于这方面的思考写在《比较文学与 21 世纪人文精神》中。

我认为文化危机和科学的新挑战呼唤着新的人文精神。所谓“新”，不仅是指所面对的问题新，而且是指人类当前的认识方法和思维方式也和过去很不相同了。经历过二十世纪认识论与方法论转型的新人文精神与十八世纪以来的旧人文精神最大的不同，就在于它不是什么固定的、一成不变的原则；也不是以少数人建构起来的，被称为人文精神的既成概念去强加于他人；更不是由少数“先觉者”去“启”多数“后觉者”或“不觉者”之愚“蒙”；新人文精神也不同于二十世纪三十年代白璧德所倡导的新人文主义。白璧德以克己、自律为核心，既反对以培根为代表的超乎伦理的客观科学主义，也反对以卢梭为代表的率性而行、不受道德规范的极端个人主义。二十一世纪的人文精神继承了过去人文主义的优秀部分，强调首先要把人当作人看待，反对一切可能使人异化为他物的因素；强调关心他人和社会的幸福；关怀人类的发展和未来。它接受科学为人类带来的便利和舒适，但从人的立场出发，对科学可能对人类造成的毁灭性灾难保持高度警惕；它赞赏第二种思维方式对中心和权威的消解，对人类思想的解放，但同时也企图弥补它所带来的消极方面——零碎化、平面化和离散。新人文精神用以达到这些目的的主要途径是沟通和理解：人与人之间、科学与人文之间、学科与学科之间、文化与文化之间的沟通和理解；在动态的沟通和理解中，寻求有益于共同生活（我们只有一个地球）的最基本的共识。如果说过去的形而上学、“绝对精神”追求的是最大的普遍性，那么，新人文精神则是将这种普遍性压缩到最低限度，而尽量扩大可以商谈、讨论和宽容的空间。这种普遍性又不是一成不变、由某些人制定的，而是在不同方面“互为主观”（尽量站在对方的立场考虑，类似中国传统的“将心比心”“己所不欲，勿施于人”）的基础上达成的。

“互为主观”是德国哲学家哈贝马斯提出的。他力图弥补上述第二种范式的不足，设法使离散、零碎化的世界重新凝聚起来。他的基本出发点之一是任何人都必须通过社会，其特点才能得以实现，但一旦嵌陷进入社会的网络就必须臣服于这一网络的普遍原则（有如参加一种游戏就必须遵守一定的游戏规则），这就使个人特点和意愿不能不受到一定的限制和压抑以至于被异化。为了解决这一矛盾，就要一方面提倡个人有说“是”或“否”的权利，另一方面又要提倡个人对自我中心的克服；既要同等让每一个人享有尊严，又要保护这些个人赖以生存的联系网络。哈贝马斯提出“正义”原则保障对个人的尊重和个人的平等权利；同时提出“团结”原则，要求个人有同情和尊重他人的义务。他认为这是可以维系社会又可以得到普遍认同的最基本原则。人们通过交往、商谈、“互为主观”等途径，可以不断扩大宽容的空间。他还强调这些原则可以在不同的层面展开，可以限于制定互惠、互利规则的功利层面，也可以用于共同探求一种更好生活的伦理层面或其他更为抽象的层面。

关于如何解决保持差异和多元共存的问题，中国的“和而不同”原则也提供了很重要的启迪。“和而不同”原则出自《左氏·昭公二十年》。在两千多年前，齐国的大臣晏婴和齐侯曾经有过一段很有意思的对话。齐侯对晏婴说：“唯据与我和。”“据”指的是齐侯侍臣，姓梁，名丘据。晏婴说：“梁丘据不过是求‘同’而已，哪里谈得上‘和’呢？”齐侯问：“‘和’与‘同’难道还有什么不一样吗？”这引出晏婴的一大篇议论。他认为“不同”是事物组成和发展的最根本的条件。例如油盐酱醋必须“不同”，做出来的菜才能称其为菜肴；又如音乐，必须有“短长疾徐”“哀乐刚柔”等“不同”，才能“相济相成”。晏婴说，像梁丘据那样的人，你说对，他也说对，你说不对，他也说不对，有什么用呢？此后，“和而不同”成了中国传统文化的核心观念之一。孔子说：“君子和而不同，小人同而不和。”周代史官史伯提出：“和实生物，同则不继。以他平他谓之和，故能丰长而物归之。若以同裨同，尽乃弃矣。故先王以土与金、木、水、火杂，以成百物。”[①]“以他平他”，是以相异和相关为前提的，相异的事物相互协调并进，就能发展；“以同裨同”则是以相同的事物叠加，其结果只能是窒息生机。因此，首先要承认不同，没有不同，就不会发展；但“不同”并不是互不相关，各种不同因素之间，必须有“和”，“和”就是事物之间和谐有益的相互关系。“和”在中国是一个古字，见于金文和简文。“和”在古汉语中，作为动词，表示协调不同的人和事并使之均衡（并非融合为

---

① 见《国语·郑语》。

一）。如《尚书·尧典》："百姓昭明，协和万邦。"（这里强调的是"万邦"，而不是融为"一邦"）古"和"字还有"顺其道而行之"，不过分，得其中道的意思。如《广韵》"和，顺也，谐也，不坚不柔也"，《新书·道术》"刚柔得适谓之和，反和为乖"，都是和谐适度的意思。

"和而不同"原则认为事物虽各有不同，但绝不可能脱离相互的关系而孤立存在，"和"的本义就是要探讨诸多不同因素在不同的关系网络中如何共处。在中国，儒家立论的基础是人和人的关系，道家立论的基础是人和自然的关系，都是在不同的领域内探讨如何和谐共处的问题。"和"的主要精神就是要协调"不同"，达到新的和谐统一，使各个不同事物都能得到新的发展，形成不同的新事物。中国传统文化的最高理想是"万物并育而不相害，道并行而不相悖"。"万物并育"和"道并行"是"不同"，"不相害"，"不相悖"则是"和"。"和"的另一个内容是"适度"，"适度"就是"致中和"，既不是"过"，也不是"不及"，而是恰到好处，因适度而达到各方面的和谐。庄子认为，天道有适度的盛衰次序，人道社会也会有一些大家都会自然遵循的普遍原则。他说，"顺之以天理，行之以五德，应之以自然"，就可以"太和万物"，[①]使世界达到最完满的和谐。作为儒家核心的道德伦常观念，强调"父慈子孝""兄友弟恭""君义臣忠"等双方面的行为规范，力图找到两者之间关系的和谐和适度。所以说："礼之用，和为贵。""礼"是共同遵守的原则和规范，它必须在和谐、适度的前提下才能真正实现。这种在适度的基础上，不断开放、不断追求新的和谐和发展的精神，为多元文化共处提供了不尽的思想源泉。

---

① ［晋］郭象注，［唐］陆德明音义：《庄子·天运》，《纂图互注南华真经》，卷五，第20页。

这种既保障对个人的尊重和个人的平等权利，同时又要求个人有同情和尊重他人的义务；既保障不同个人—社群—民族—国家之间的各种差异，又要求彼此对话、商谈，和谐并进，共同发展。只有这样，才能既保存人类文化的多样性，又避免本位文化的封闭和孤立，乃至引向战争和衰亡。这就是二十一世纪人文精神的主要内容。

一个新的开始

我十分清醒地意识到比较文学要完成它在文化转型时期的历史使命，就必须实现其自身的重大变革。这种变革首先是从过去局限于欧美同质文化的窠臼中解放出来，展开多方面异质文化中文学交往的研究。我想，这种研究应该从两种异质文化最初接触之时开始。

1990 年，我们邀请美国著名历史学家史景迁（Jonathan Spence）来北大讲学，他的讲座的题目是“从理论学术著作和虚构文学两方面探讨中国形象在西方的历史演变”。他从 1585 年西班牙人门多萨（Mendoza）应罗马教皇之请撰写的《大中华帝国史》一直讲到安德烈·马洛（Andre Malraux）的《人的命运》和博尔赫斯的《歧路园》，他认为文化间的交叉构成了人类历史的丰富性，这种交叉有时出于真实，有时出于想象。他甚至认为对另一种文化的最敏感的洞察往往出于对这种文化的误读和想象。他还指出制约着西方的中国形象的，主要不是中国的现实，而是西方自身的需要和问题。1990 年 2 月 3 日，我在《文艺报》发表的《世界文化总体对话中的中国形象》一文介绍了史景迁的看法，并提出应该研究这些“中国形象”，“以一种‘互为主观’的方法重新认识自己，这不仅对中国文化重构，而且对世界文化的发展都具有十分重要的意义”。这篇文章后来又发表于广东的《传统与现代》和加拿大出版的《文化中国》。

自此之后，我一直关注这方面的问题，接连参与或主持了三次有关的国际会议。第一次是中山大学主办的“狮在华夏——文化双向认识的策略问题”国际讨论会，第二次是在北京大学召开的“独角兽与龙——在寻找中西文化普遍性中的误读”国际讨论会，第三次是在南京大学召开的“文化的差异与共存”国际讨论会。我关于这方面问题的思考集中表现在我在1994年夏发表于《中国文化研究》的《文化差异与文化误读》一文中。经过许多事实的考辨，我认为所谓世界文化的相互同化、融合、一体化都是某种中心论的变形。其中写道：“只有差异存在，各个文化体系之间才有可能相互吸取、借鉴，并在相互参照中进一步发现自己……由于文化的差异性，就不可避免地会产生误读，所谓误读就是按照自身的文化传统、思维方式、自己所熟悉的一切去解读另一种文化。一般说来，人们只能按照自己的思维模式去认识这个世界。他原有的‘视域’决定了他的‘不可见’和‘洞见’。我们既不可能要求外国人像中国人那样理解中国文化，也不能要求中国人像外国人那样理解外国文化，更不能把一切误读都斥之为‘不懂’‘歪曲’……总之，文化之间的误读在所难免，无论是主体文化从客体文化中吸取新意，还是主体文化从客体文化的立场反观自己，都很难不包括误读的成分，而从历史来看，这种误读又常是促进双方文化发展的契机，因为恒守同一的解读，其结果必然是僵化和封闭。这里所讲的文化误读既包含解读者对不同文化的深入探究，也不排斥因异域陌生观念而触发的‘灵机一动’，关键全在解读者的独创性发现。”这篇文章引起了不少读者的共鸣，很快就被《新华文摘》所转载，又被译载于香港大学和北京大学合办的英文刊物 *New Perspective—A Comparative Literature Yearbook*（《新视野——比较文学年刊》）上。

两种文化的接触除了各自互相解读之外就是直接对话。对话的首要条件是双方都能理解和接受，可以达成沟通的话语。话语并不等同于语言，它是交往中的一套“游戏规则”。例如踢足球时，如果一方用乒乓球的规则，足球运动就无法进行，因为足球只能以相互认同和沟通的足球规则为前提。1990 年伊始，我就写了一篇文章，题目是“展望九十年代——以特色和独创进入世界文化对话”。我认为西方盛极而衰的文化体系需要找到一个参照系，一个“他者”以便用一种“非我的”“陌生化”的眼光来重新审视自己，以突破过去的“自我设限”，寻求新的发展。第三世界在挣脱了殖民主义的枷锁之后，也急需在新的基础上，在与西方的平等对话中，更新自己的古老文化传统，完成自己的文化现代转型。因此，东西方的文化对话是当代的一种历史要求。然而，第三世界所面临的是发达世界早已长期构筑完成的一套概念体系，也就是一套遍及于政治、经济、文化各个领域的、长期占统治地位并被广泛运用的话语。事实上，这套话语经过数百年积累，汇集了千百万智者对于人类各种问题的思考（这种思考正是在殖民地物质财富生产者所创造的财富的基础上才得以进行），不能说没有价值；然而，危险的是，如果第三世界只用这套话语构成的模式诠释和截取本土文化，那么，大量最具本土特色和独创性的、活的文化就会因不能符合这套模式而被排斥在外。如果像有些人所主张的，去“发掘”出一种绝对属于本土的话语，我想，这种话语根本就不存在，因为文化总是在与其他文化的相互作用中发展的；正如哲学家罗素所说：“不同文化之间的交流过去已被多次证明是人类文明发展的里程碑。希腊学习埃及，罗马借鉴希腊，阿拉伯参照罗马帝国，中世纪的欧洲又摹仿阿拉伯，而文艺复兴时期的欧洲则仿效拜占庭帝国。”[①] 即便有这样的“完全本土”的话语也不能为对方所理解而达到沟通的目的。

我认为要进行真正的对话，就必须找到一个中介，“这个中介可以充分表达双方的特色和独创并足以突破双方的旧体系，为双方提供新的立足点来重新观察自己。为‘更新’和‘重建’构成前提和可能。这个中介就是人类面临的共同问题”。例如，不同文化体系的文学中的共同话题是十分丰富的，尽管人类千差万别，但从客观来看，总会有构成“人类”这一概念的许多共同之处。从文学领域来看，由于人类具有大体相同的生命形式和相关形式，如男与女、老与幼、人与人、人与自然、人与命运等；又有相同的体验形式，如欢乐与痛苦、喜庆与忧伤、分离与团聚、希望与绝望、爱恨、生死，等等。以表现人类生命与体验为主要内容的文学就一定会有许多共同的层面，如关于“死亡意识”“生态环境”“世界末日”“乌托邦现象”“遁世思想”等。不同文化体系的人们都会根据他们不同的生活和思维方式对这些问题做出自己的回答。这些回答回响着悠久的历史传统的回声，同时又受到当代人和当代语境的取舍与诠释，只有通过多种不同文化体系之间的多次往返对话，这些问题才能得到我们这一时代最圆满的解答，并向这些问题开放更广阔的视野和前景。

文学理论（如诗学）也是一样，比较诗学的当务之急就是总结不同文化体系长期积累的丰富经验，从不同语境，通过对话来解决人类在文学方面遭遇的共同问题。举例来说，文学研究首先碰到的就是“什么是文学”这一根本问题。中国从作为传统文学主体的

① [英] 罗素：《中西文化之比较》，转引自《一个自由人的崇拜》，时代文艺出版社，1988 年版，第 8 页。

抒情诗出发，对文学的传统界定首先是强调人类内在的“志”和“情”，“诗者，志之所之也”(《毛诗大序》)，“诗者，吟咏情性也”(《沧浪诗话》)。“志”和“情”不是凭空产生，志之动是感于物，情之生是触于景，所以说“应物斯感”，“景乃诗之媒，情乃诗之胚，合而为诗”(《四溟诗话》)。这种心物感应、情景交融不是简单的反映或模仿，而是按照“天人合一”的途径，人与自然共同显现着某种宇宙原理。所以说，“诗者，天地之心”(《诗纬》)，“言之文也，天地之心”(《文心雕龙》)。总之，在中国传统诗学看来，从人的内在的心态、感情出发，达到与天地沟通，这就是文学的本体。西方文学源于史诗和戏剧，比较强调文学对生活的反映。所谓“诗是一种摹仿艺术”(亚里士多德：《诗学》)，是“一种再现，一种仿造，或者形象的表现”(锡德尼：《为诗一辩》)。但西方诗学决非停留于此。后来，华兹华斯强调“诗是强烈感情的自然流露”(《抒情歌谣集》)雪莱强调“诗则依据人性中若干不变方式来创造情节，这些方式也存在于创造主的心中，因为创造主之心就是一切心灵的反映”(《为诗辩护》)。二十世纪，尼采进一步指出，诗人由于表达宇宙精神的“梦境”与“狂热”也就“达到了和宇宙本源的统一”(《悲剧的诞生》)。整个过程可以说从对外在世界的反映进入到一种内在的沟通。印度文化、阿拉伯文化、非洲文化对这一问题都有自己独到的见解。要解决这一问题就不可能在一个封闭的文化体系中寻求答案，而要在各种文化体系的对话中寻求新的解释；在这种新的解释中，各种文化体系都将做出自己独特的贡献，共同的话语也就在这个过程中形成。这样的对话既回响着不同民族悠久的历史传统的回声，又同时受到现代人的诠释和检验。例如现代中国人的诠释就既不是先秦，又不是汉唐，也不是宋明的已经成为陈迹的文化诠释，而是在这个基础上发展起来的、容纳了清末洋务运动经验教训、经过五四科学民主洗礼以及马克思主义批判陶冶的现代诠释。现代西方人的诠释也不是辉煌一时的古希腊文明、十八世纪理性主义、二十世纪生命哲学的文化诠释，而是经过解构，濒于困境和危机，正在向他种文化体系寻求突破和更新的西方现代诠释。我认为我们即将进入的世界文化对话就是这样一种现代人的对话。

要以特色和独创进入世界文化对话，就必须在世界文化语境中对自己的文化有一个深入了解，并使之转换为现代性话语。我尝试首先从研究诗学（文论）入手。我特别感到有必要把各大文化体系中的主要诗学概念汇集起来，这将是比较诗学最基础的工作。中国诗学、阿拉伯诗学、印度诗学、欧美诗学号称世界四大诗学体系，但所有以“世界诗学”为名的论著几乎从未涵盖过这四个不同体系的诗学。于是，我们决定作一次汇通古今中外诗学术语概念的尝试。1993 年，北京大学比较文学研究所、北京大学古典文学教研室和美学教研室以及中国社会科学院外国文学研究所的部分研究人员合力编写的第一部《世界诗学大辞典》终于面世。这部辞典共 180 余万字，收词条近三千条，包括中国、印度、阿拉伯、欧美、日本五大文化地区，每一地区又分为：一般美学文学概念、形式技巧、文体风格、文论流派、重要文论家、重要文论著作六大部分。写作中，除照顾到世界各大体系外，还特别关注古典诗学与现代诗学的贯通：一方面容纳了大量传统诗学、文体学、文学修辞学的内容；另一方面又力求充分反映现代哲学、语言学、符号学、美学等理论关于现代诗学的最新成果，希望能通过不同体系的诗学术语概念的汇通和比较，达到互相映照、互相生发的目的。例如在对欧美地区的一些现代诗学术语概念进行诠释时，往往引出中国诗学中一些类似的术语概念进行比照，并引证了中国文学作品中的一些实例。这部辞典虽然还不能完全达到我们所期望的，但“虽不能至，然心向往之”，这毕竟是一个有希望的开始。

在这个基础上，从1994年起，我开始给研究生开设比较诗学的课程。试图在与西方诗学的对话中，探讨中国传统诗学中“言意”“形神”“物我”“文质”“情理”“隐显”“虚实”“刚柔”“正变”等范畴的变化和发展，并思考中国传统诗学在文学理论范畴方面对未来世界文学理论可能做出的贡献。我认为在范畴论之后，还应进一步研究中国传统文论的方法论。中国的诗话和评点传统与西方的分类体系建构传统无疑形成了尖锐的对峙，而今，西方重理性分析的体系建构传统在经历其极盛时期并对人类做出重大贡献之后，正在分崩离析；中国重个人体验的诗话评点传统肯定会成为强有力的“他者”，有助于西方文学思想的重建。目前，中国古代文论的现代转换已成为学术界十分关注的话题，预计在不远的将来，这方面一定会有较大的突破。

长期从事比较文学的学习、教学和研究，我深深感到如果我们把比较文学定位为“跨文化与跨学科的文学研究”，它就必然处于二十一世纪人文精神的最前沿。因为文学写的是人，它一方面要求写具有独立人格和特色的个人，一方面又要求这种写作能与别人沟通（现在或将来）。比较文学是一种文学研究，它首先要求研究在不同文化和不同学科中人与人通过文学进行沟通的种种历史、现状和可能。它致力于不同文化之间的相互理解和沟通并希望相互怀有真诚的尊重和宽容。文学涉及人类的感情和心灵，较少功利打算，而在不同的文化中有着较多的共同层面，最容易相互沟通和理解。从这个意义上说，比较文学的根本目的就在于促进文化沟通，避免灾难性的文化冲突以至武装冲突，改进人类文化生态和人文环境。这种二十一世纪的新人文精神正是未来比较文学的灵魂，也是一切文学研究和文学创作的灵魂。

第七章

柒

跨文化之旅

一、从“不可见”到“可见”

——突尼斯国际会议随记

正当美国的亨廷顿教授断言西方与非西方的文化冲突难以避免，甚至将导致第三次世界大战，并以伊斯兰文化和儒家文化为假想的敌手时，在伊斯兰传统的北非国家突尼斯却召开了一个别开生面的，研究不同民族文化如何相互理解、多元共存的国际讨论会。会议由欧洲跨文化研究院和突尼斯地中海文化中心联合主办，地点在美丽的地中海海滨小镇哈玛默特。到会者有来自法国、德国、意大利、西班牙、马里、塞内加尔、黎巴嫩、日本、中国海峡两岸的人类学家、宗教学家、哲学家、文学理论家、诗人和宗教领袖——神父、佛教法师。会议主题是“从‘不可见’到‘可见’”，意在从各种不同文化角度讨论不可见之神，在不同的宗教中如何成为可感、可见，这实在是不同宗教共同的根本问题；另一方面，也逆向讨论文学，特别是诗，如何从少量可见的“字”引向广阔的不可见的意义空间。我在此无意介绍会议的全面情况，只想谈谈我自己。

我发言的题目是“意义的追寻”。我认为中国人早在公元前三世纪或更早，就已经提出“书不尽言，言不尽意”的问题。既然“言不尽意”，那么，圣人的意思，人们又是如何得知呢？《易经·系辞》说："圣人立象以尽意，设卦以尽情伪，系辞焉以尽其言。"圣人于是创立八卦符号（变动不居的卦象）来表达各种意义，又作系辞，用语言对卦象加以详细解释，以便人们能通过语言了解卦象，通过卦象，了解其所蕴藏的意义。这就是中国人通过言、象来追求意义的最早雏形。言、象是符号，意是符号所表现的，因语境不同而千变万化，永无穷尽的意义。我大致介绍了庄子得意忘象、得象忘言的理论，王弼关于尽意莫若象、尽象莫若言的补充，以及魏晋"言尽意论""不用舌论""言不尽意论"等多种学派的辩论；也谈到佛教禅宗"我向尔道，是第二义"的主张，他们强调"只可意会，不可言传"，话一说出，就受到语言的限制和切割，不再是原意，而是第二义了。最后，归结到中国诗歌和诗学对"言外之意"，对尽量扩大字词与读者体味之间的意义空间的追寻，并举了一些实例加以说明，如"曲终人不见，江上数峰青"，"千山鸟飞绝，万径人踪灭。孤舟蓑笠翁，独钓寒江雪"之类。总之是从可见的极少字词引向无穷的不可见的广阔的意义。

这些议论在中国也算不得很新鲜，但却引起了不少到会学者的兴趣，特别是一些人类学家。最令我高兴的是一些学者以此为例，论证以"多种文化并存"取代过去的"文化封闭"或"文化吞并"，势必带来二十一世纪人类文化的新发展。从其他一些讨论中，我也深深地感到，二十一世纪，由于信息和传播媒介的空前发达，更由于人类新观念的空前开阔，长久以来的古、今（即传统与现代）和东、西（即中与外）的二分法很有可能不再有意义。中国知识界讨论古、今，中、外的关系已有一百多年的历史，现在看来，这些界限在二十一世纪也许将不再存在。最"古"的也可能是最"新"的，例如我国最古老的《易经》，目前已成为世界文化讨论中"最新"的内容；一些原以为是"最新"的事物和思想，也许瞬间就变为“陈旧”，如许许多多“一次性消费”的“文化”。这种变化或多或少是源于历史观念的变化。现代历史被二分为“事件的历史”和“叙述的历史”。“事件的历史”绝大部分人都不可能亲身经历，我们所能接触的只能是“叙述的历史”。叙述必有叙述者，“叙述的历史”也必包含当代叙述者自身的视角、取舍和阐释，因此，也可以说，一切历史都是当代的历史。这样一来，线性的、历时性的历史长卷遂展现为共时性的、诸事纷呈的复杂画面。古代的东西可以以今天的形式表现出来，旧的未必过时，新的也未必就一定好。

东、西的关系亦复如此。东方的未必就好、就有用，西方的也未必就坏、就无用，反之亦然。如果我们把小小的地球看作一个整体，排除狭隘的民族主义情绪，摆脱殖民地、半殖民地心态，那么，只要有益于发展自己文化的东西，都可拿来利用，不必拘泥于它的原创者是属于哪一个民族，不必计较它来自东方还是西方，更不必算计自己是“出超”还是“入超”。有些人总在考虑我们正在讨论的问题是自己提出来的还是西方人提出来的，在我看来，只要问题本身对我们当前的建设有意义，谁提出来并不重要，况且，作为一个大国，我们当然需要参与讨论从世界角度提出来的一些重大问题，如这次在突尼斯讨论的“从‘不可见’到‘可见’”的问题，它确实是有关宗教和文学的一个普遍问题。从话语方面来说，有些人很强调屏除西方的一套术语概念和话语，从自己的本土文化中，重新建构一套新的话语，理由是西方的话语并不适于阐释中国本土的一切。在我看来，这一意愿虽好，却不能不说只是一种空想。首先，所谓本土文化是指哪一时期的文化呢？二十世纪八十年代？二十世纪五十年代？二十世纪三十年代？鸦片战争之前？其次，话语只能产生于较长时期的对话之中，自说自道，恐怕很难产生现代意义上的话语，想要人为地去营造一种本土文化的话语，恐怕不可能。因为，如果是指当代文化话语，那么，在我们的成长过程中，现代精神、西方精神已深深渗入了我们的心智和血液，例如我们都是从学校而不是从私塾培养出来，学的都是声光化电而不只是子曰诗云……期待从我们身上发掘纯粹的本土文化，实属不可能。况且，即便有了这样一种在封闭中营造出来的话语，我们又如何用它去和别人对话，去在世界上发挥我们的影响呢？具有反讽意味的是，“话语”这个概念本身就是西方传统语言学解体和法国福柯理论发展的产物！我的意思当然不是说现在的话语就已经完美无缺，事实上，世界各地的话语都在飞速地发生变革。我们当然应该在与外来文化的对话中，将本土文化与外来文化结合起来，不断更新我们的话语。

突尼斯会议提出的另一个发人深思的问题，就是关于文化相对主义的讨论。由于日本人类学家稻贺繁美教授提交了一篇关于拉什迪《撒旦诗篇》日本译者五十岚一被杀害的讨论文章，会议遂转向了讨论文化相对主义的极限问题。文化相对主义就是把某种思想或事物放到其自身的文化语境中去观照和评价，反对用他种文化的标准来加以干扰和判断。例如关于人类尸体的处理，西藏用天葬的方式，把亲人遗体撕成碎块喂鹰；埃及却将死人制成木乃伊，以求永存；古代中国人坚持“父母在，不远游”，必须“承欢膝下”，孝养父母，以尽其天年；非洲一个部落却将老年父母砍杀，以释放其灵魂，帮助他们转世。在文化相对主义者看来，这些都无可非议，无法评判，而且应该得到他种文化的理解和尊重。问题在于永远如此相对下去，各民族文化之间又如何能够沟通并得到提高呢？我想，非洲杀父母的部落一旦认识了并无灵魂这回事，他们可能就不会再屠杀他们的父母。但是，不杀父母是他种文化的标准，认同这一标准是否违背文化相对主义呢？这就是文化相对主义的两难境地。

我认为把文化相对主义绝对化是不可行的，这样只会导致各民族文化之间的隔绝和封闭，显然与“通过对话沟通，在共同的语境中多元共存”的总趋势相悖。过去，西方文化霸权，以自己的文化标准强加于人，当然是错误的，但人类总有可以认同的准则。例如，人类的某些需要是普遍性的，著名的人类学家列维·施特劳斯说：“人类大脑无论在哪里都具有相同的构造……具有相同的能力。”我同意荷兰佛克马教授提出的关于评价经验理论的三种标准：即与经验现实相适应的标准；与其他理论相契合的标准；研究者普遍认同的标准。这些标准当然都不是绝对的，但可以普遍有效和有用。另外，由于信息、传播事业的发达，各民族文化之间的接触越来越多，不同文化群体之间的共同性也可能逐渐大于同一文化群体中的不同集体。例如当今中国醉心于 MTV 的青年群体，他们与同样醉心于 MTV 的西方青年群体的共同点显然要大大多于与国内老战士群体的共同点，至于与明清时期的中国青年相比，其差异就更不用说了。

参加突尼斯会议的非洲塞内加尔女学者玛梅·库瓦娜作了一个很有趣的报告，她谈的是“妇女是非洲象征的承传者和保护者”。她的报告使我想到了一个问题，那就是一定要把文化传统与传统文化的产品区别开来。建筑、绘画、雕塑、音乐、文学作品，以至饮食、服饰都体现着一定的传统文化，同时也有其时代性，是某一时期、某种传统文化凝聚而成的“产品”，是“已成之物”，而我们所说的文化传统却是看不见、摸不着，不断发展变化，不断生成更新的“将成之物”，是不断形成着各种文化产品并不断对历史和现实进行着新的阐释的一种根本动力。我认为分清“活的文化传统”和已经凝固的“传统文化产品”是非常必要的。例如在美国的旅游商店可以看到许多本土印第安人的文化产品，但这并不能说明印第安本土文化很发达，相反，印第安传统文化显然正在衰落，它已经不大能赋予印第安民族以新的创造的活力。这就是为什么鲁迅一再批判“国学家的崇奉国粹，文学家的赞叹固有文明，道学家的热心复古”的原因。

文化传统总是隐蔽在一个民族的心灵深处，而在不知不觉中形成了不同民族之间的差别。活的文化传统不断在变，但绝不是按照那种“肯定—否定”“正确—错误”的模式在变，而是像一棵大树，不断吸取外在的阳光、空气和水；不断调整自己，以适应外部环境的变化；它的枝叶不断伸展，“今日之树”已不复是“昨日之树”；当然，也有“无边落木萧萧下”的时候，但“落叶归根”，又为同一棵树孕育着新的生命。固定“昨日之树”而不精心培植“今日之树”的民族是一个没有希望的民族。例如追求“和谐”是东方各民族共同的传统精神。印度诗哲泰戈尔说：“在印度，文明的诞生是始于森林，这种起源和环境形成了与众不同的特质。印度文明被大自然的浩大生命所包围……这种森林生活的环境并没有压抑人的思想，减弱人的活力，而只是赋予人们一种特殊的倾向，使他们的思想在与生气勃勃的大自然产物的不断接触中，摆脱了想在他们的占有物周围建起界墙以扩展统治的欲望。他的目的不再是获得而是去亲证，去扩展他的意识，与他周围的事物契合……古代印度林栖贤哲们的努力正是为了亲证人类精神与宇宙精神之间的这种伟大的和谐。”(《人生的亲证》）追求“普遍和谐”更是中国文化的基本精神。中国传统文化的儒、道、释（主要是中国化的佛教禅宗）三家哲学无不贯穿着“自然本身的和谐”“人与自然的和谐”“人与人之间的和谐”“个人本身各方面的和谐”等基本精神。但我认为目前最重要的不是不断重复这些精神，事实上，我们不大可能再去做冥想、“坐忘”的庄子，或做陶渊明那样的隐士，也大不可能去做印度林栖的贤哲（当然也不排斥有的人可以这样做），最要紧的是赋予这些极宝贵的传统精神以现代内容，使之能为改进备受工业文明戕害的、人类共居的地球和人类社会关系做出新的贡献。

二十一世纪是一个文化多元共生的时代。十九世纪和二十世纪两百年的历史已经雄辩地证明不同文化之间的吞并和统一都不可能。我们应以更加博大的胸怀来容忍和欣赏不同民族传统文化的特点，在沟通和理解中共同进步。任何民族无论多么弱小，都有权发扬自己的文化传统，从自己的文化传统中吸取活力，在整个世界文化的交响乐中，和谐地唱出自己的声部。亨廷顿教授的文化冲突导致世界大战论，当然也就可以不攻自破。

二、世纪末访意大利

早就得知意大利的博洛尼亚大学——世界最古老的大学将在2000年盛大庆祝建校912周年，并迎接新世纪的到来。庆祝节目繁多，讨论会也是多种多样，主题都是“信息·知识·真理”。我有幸赶上了最后一场国际讨论会，由亚、非、欧三洲，文、理多科学者讨论“他者立场”和“互动认知”问题。我很高兴能在博洛尼亚美丽的湖光山色和繁复的人文环境中告别了自己的二十世纪。

博洛尼亚古城一瞥

第一次乘坐从巴黎到博洛尼亚的夜卧车，感觉颇不一般。两人一间的车厢很是逼仄，和国内的软卧车厢不一样，卧榻只在一侧，面对着深黄色的板壁，壁上挂着一幅凡高的向日葵复制品和一排挂衣的钩子。靠近车门的地方凹进一块，正好放一个冲水的瓷脸盆。脸盆下方是一个神秘的小柜，打开一看，原来是一个便盆，拿开便盆，便是可以冲水的下水道。我正在纳闷，如此狭窄的卧榻，岂能容两人酣睡？似乎是解答我的疑问，高大的列车员进来，按一下电钮，就有另一个卧榻从天而降，端端正正、稳稳当当，恰好架在原有卧榻的上方。只是两个卧榻之间的距离实在太小，连我这样个子不高的人也直不起腰来，只好早早躺下；心想这次幸而有老伴同行，要是两个陌生人，该多么别扭呀！万一是互不相识的一男一女，那就更甭说了！

从晚七点到早七点一个对时，我们越过法意边境，到达了意大利北方的古城博洛尼亚。这天是星期天，我们早被告知，这个周末在此有盛大的商品交易会，城内已难找住处，只好住在郊外。好在到得早，我们安顿好后，立即奔赴市内，想借此休息日，一睹意大利交易会的风采。心目中的交易会应是像儿时家乡的赶集，大摊小贩，人声嘈杂，琳琅满目。奇怪的是城内街市，家家关门闭户，遵守着天主教礼拜日的严格教规。我们沿着清静的街道走了好久，也不见交易会的形迹，好不容易来到一个广场，广场一角有一个不大的乐队，悠扬的黑管奏出欢快的舞曲，几个年轻人跟着旋律在跳舞；广场中心有几个吉普赛人在献艺，或是抛流星，或是翻筋斗，都不怎么精彩。另外有几个小商贩在兜售五颜六色的锯齿形大气球。这种大气球气很足，只要一松手，就立刻直上云霄。广场的正面是一座雄伟的教堂，广场两侧有咖啡馆，人们在铺着红桌布的小方桌边悠闲地喝着咖啡。我不禁问身边的意大利朋友，交易会在哪里？他哑然失笑说："你以为交易会是在市场上吗？"原来当代商业巨头都是带着能随时联网的电脑，其中载有彩色图像和精确数字，只要轻轻一点，一切尽在眼中。这些大佬们在豪华旅馆中边展示、边说明、边议价、边拍板成交，生意即告完成。

我只好打消看交易会的念头，这才发现环绕在我身边的原来就是博洛尼亚最古老、最著名的市政中心马焦雷（Maggiore）广场。广场西边的市政厅自1200年，也就是相当于我们的宋代时，就已开始办公了。古香古色的三层楼正门上方，端端正正地雕塑着改造欧洲历法有功的教皇——格雷戈里十三世的像，他就出生在博洛尼亚。说也奇怪，小小的博洛尼亚城竟然诞生过四位教皇，还有无线电报机的发明者马科尼！穿过市政厅的庭院，可以直达收藏十分丰富的古代艺术博物馆，拉斐尔的名画《圣切奇利亚》就收藏在这个博物馆里。广场西南角矗立着我早就耳闻并刻意寻访的“海神喷泉”。只见青铜塑造的海神足有一人多高，肌肉突起，紧握三叉戟，直视东方。他脚下的小天使们怀抱着各种水中的动物，从它们的口中，银色的水流不断喷涌而出。维护着底座的，则是一些体形丰满、姿态迷人的人鱼。整座雕像结合着庄严、活泼与艳丽，甚至有些妖媚，真是名不虚传，给人的印象十分深刻。广场正北的圣彼得罗尼奥大教堂是欧洲最大的教堂之一。这座教堂以它四壁和拱顶的名家壁画驰名世界。教堂内埋葬着许多名人，他们的大理石墓碑点缀着极其精巧繁复的浮雕和塑像；教堂正中的日晷则是1655年由著名的多米尼柯·卡西尼所制。正对着圣彼得罗尼奥教堂的是更古老的、建于1244年的雷·恩佐宫，这是一座灰黄色的黯淡的宫殿。在福萨塔一战被俘的弗雷德里克二世之子恩佐就在这里活活被监禁了23年！从广场向东北走十分钟就来到作为博洛尼亚城市标志的、远近闻名的双塔。这两座相距十余米、形状不同、高低各异，是完全不对称的黑褐色封闭式砖塔，在黄昏时分看去，给人十分古怪的感觉。两座塔修建于公元1109年至1119年之间，阿森勒里塔高97米，倾斜2.23米（指塔尖到地面的垂直线与塔底中心的距离）；加里森达塔高48米，倾斜3.22米。周围的居民已说不清这两座塔的历史，不知道为何修建，也不知道为何倾斜，只知道“它们从来就在那里”。从双塔斜跨两个小广场，就是这一带建造得最早的圣彼得罗主教堂了。这座教堂建于公元910年，1131年毁于大火，经过几次修复和扩建，1605 年，大致建成了目前这个模样，它华丽多彩的门面设计是在 1743 年和 1776 年出自名家之手，如今已成为富丽精致而又保护得很好的巴洛克建筑风格的典范，可惜天已昏黑，我们已来不及细看了。

厚重的历史感

第二天是正式开会的日子。我们一大清早就走在古城红砖铺就的拱形街道上。一路上常见精心保护的各种断壁颓垣，有时为了让这些历史遗迹仍有一席之地，新修的马路不得不绕道而行。

博洛尼亚古城历史之古远大大超出了我的想象！原来在公元前六世纪，也就是中国的春秋时期，就有公元前八世纪前从小亚细亚移入的埃特鲁里亚人将博洛尼亚地区建成北方的首府，发展、创造了繁荣的商业和农业文明，这种文明对罗马的历史曾产生过重大影响。如今从他们的墓葬中出土的壁画和姿态生动的赤陶人像都说明了这个部族高超的艺术成就。

博洛尼亚最负盛名的当然还是建立于十一世纪的博洛尼亚大学和它向全民开放的大学图书馆。这个大学现有近四万学生，分散在全市的各个园区。我们开会的地方是设在城市中心的高级人文研究院。这里是最古老的校园，汽车不能直接到达，要步行走过好几条红砖铺成的拱形市街。研究院十分沉重的枣红色大门迎面给你一种震慑人心的历史厚重感，几个正在说笑的年轻学者不由得一下子肃穆起来。绕过同样厚重的有栏杆的红色回廊，我们来到二楼中央的会场。这里放着三十来把铺着红色天鹅绒坐垫的十八世纪宫廷式座椅。屋顶的圆形穹窿和四周墙壁都画着博物馆里才能见到的不知名的古典壁画。讲台长桌上放着两部电脑，长桌两头是两台大银幕电视。发言者只要放入软盘，彩色图画、数据、列表立即出现在银幕上。发言者一边讲述，一边演示，条理十分清楚，不同语言的障碍似乎也消减了许多。我这才懂得原来古典和现代是可以这样结合的。

我们讨论了什么

大会的主持人是博洛尼亚大学高级人文研究院主席艾柯（Umberto Eco）和欧洲跨文化研究院院长李比雄（Alain Le Pichon）。艾柯 1993 年曾来过中国，从广州—西安—乌鲁木齐，再到北京，企图寻找一个西方人对中国“丝绸之路”的原始感觉并就此和中国学者对话。他在北大发表了著名的“独角兽与龙”的演说，声称自己来中国不是寻找和西方一样的、西方的“独角兽”（Unicorn），而是来寻找完全不同的、中国的“龙”。李比雄则是欧洲“互动人类学”（Reciprocal Anthropology）的首倡者之一。参加会议的有来自非洲的人类学家穆萨索（Moussa Sow）、意大利著名数学家艾克朗（Ivar Ekeland）、西班牙人类学家安东尼奥·德·罗塔（Antonio de Rota）、法国文化批评家碧帼黛（Picaude）、日本艺术史家稻贺繁美等。中国的参加者除汤一介、赵汀阳、王铭铭和我外，还有世界级电脑专家郭良和中外知名的青年艺术家邱志杰，以及青年企业家——北京 APLUS 公司总裁吕祥。两天讨论的问题很集中，主要是在经济、科技日趋一体化的形势下，是否应保持和如何保持文化的多元发展。艾柯认为欧洲大陆第三个千年的目标就是“差别共存与相互尊重”。他认为人们发现的差别越多，能够承认和尊重的差别越多，就越能更好地相聚在一种互相理解的氛围之中。

“承认差别”被强调提出，除了殖民体系瓦解、各种中心论逐渐消亡等社会原因外，还有更重要、更深刻的理论原因，那就是人类思维方式的重大改变。这一改变的核心主要表现为：与主体原则相对，强调了“他者原则”；与确定性“普适原则”相对，强调了不确定的“互动原则”。总之是强调对“主体”的深入认识必须依靠从“他者”视角的观察和反思；一切事物的意义并非一成不变，也不一定有预定答案，而是在千变万化的互动关系中、在不确定的无穷可能性中，有一种可能性由于种种机缘，变成了现实；中国学者特别指出这种尚未变成现实而蕴藏着众多可能性的“混成之物”就是中国文化强调的“道”，也就是所谓“不存在而有”。

会议除理论的辨析外，还特别研究了某些实际的计划，如合作探讨关键词语与关键意象在不同文化中的不同解读和表现，中国和欧洲通过网络进行远程教学的合作计划，以及策划一部现代中国人从中国文化观点看欧洲的人类学学术电视剧等。邱志杰还展示了他的多媒体创作《什么是西方》，这部形式新颖的作品以对中国人和西方人的随机采访录像为基本材料，加上各种典型的历史照片和图画，表达了不同文化背景的人们对西方的不同了解和不同表达方式，引起了大家极大的兴趣。

在博洛尼亚的三天实在太丰富了。最重要的是不同文化背景的人们聚集在一起，相互激发了许多新的思考，又为各自的思考添加了从未想到过的许多全新的问题。大家都感到这次会议本身就是尊重差别，以互惠互动的认知方式进行沟通的一次成功的实践。

世纪末来到意大利，不禁回想起我从书本上读到的意大利的前一个世纪末。十九世纪的最后十年，意大利知识界几乎全是颓废派的天下。以福加扎罗（Antonio Fogazzaro）、帕斯科里（Jovanni Paskoli）、邓南遮（Gabriele D’Annunzio）、斯韦沃（Italo Svavo）等著名人物为代表的一批作家、艺术家、知识分子都特别强调本能、非理性、潜意识，以个人主观与一切理性主义和人文精神相对抗，形成了一时名震欧陆的意大利颓废主义（decadentismo）。在我的期待视野中，似乎预期着在现在这个世纪末，也会在意大利知识界发现什么类似的人物。然而，事情完全不是这样，我所见到的知识界人士最关心的是环保——地球的命运；不同文化的互动互惠——人类的命运。人们衣着整洁，一如城市本身的整洁。很少见到在纽约街头常见的那种衣冠不整，纠结着长发，惺忪着睡眼，透着吸毒后的迷幻的人群。当然，我不敢说整个意大利都如此洁净，我只是说我在博洛尼亚的见闻。博洛尼亚确实有些特殊，这一方面也许是因为这里有着深厚的天主教传统和人文教育传统，另一方面也许是因为第二次世界大战后，这里共产主义运动力量强大，地方政府又长期由正派共产党员担任领导的缘故吧。

三、新文化的早春第一燕

二十一世纪就这样来到了人间，人们都在思考未来。我们终于在人类第三个千年的第一个春天在北京迎来了来自世界各地的同行，召开了新世纪最早的一次比较文学国际会议。

这次国际会议的召开可是来之不易，可以说已经筹备了五年！1995 年金秋，我们满怀信心，在北京大学组织了以“文化对话与文化误读”为题的国际学术研讨会并接待了第十四届国际比较文学学会的全体理事。他们来自二十六个国家，共三十二位，加上到会的中国学者，那次国际会议共有百余人参加。会议开得十分成功，无论是学术水平还是组织水平都给初次到访的国际比较文学学会理事们十分深刻的印象，再加上北京古城深厚的文化魅力，许多理事，包括当时的主席吉列斯比（Gerald Gillespie）和几位副主席都认为新世纪第一次国际比较文学大会（第十六届代表大会）必将在北京召开无疑！三年一次的国际比较文学大会一般都是六百至八百人的规模。我们曾竭尽全力为迎接这次大会的召开进行了各方面的准备。出乎意料的是 1997 年，在荷兰召开的二十世纪最后一次国际比较文学大会上，六百余人投票，我们竟以三十票之差，莫名其妙地输给了比较文学还刚刚起步的南非！

但我们并不气馁，我们决定仍然要在新世纪的第一个春天在北京召开一次高水平的国际比较文学学术讨论会以迎接新世纪的来临。因为，我们坚信二十一世纪将是一个文化多元发展的世纪，一个中国文化对世界文化做出更大贡献的世纪！一个比较文学在人类心灵沟通的过程之中发挥更大作用的世纪！

这次意想中的大会终于在北京大学召开了！这就是 2001 年 4 月 8 日至 10 日以“多元之美”为题的盛大学术会议。“多元之美”化用了法国作家谢阁兰（Victor Segalen）一部美学论著的书名“论异国情调——多样性美学”。“多样性美学”原意为承认美在于差异，只有在差异感中才能产生美感。这是谢阁兰针对二十世纪已初露端倪的全球标准化和无差异趋势而提出的，它在今天的文化语境中无疑具有更紧迫的现实意义。我们化用此语为会议主题，既是对谢阁兰思想的一种张扬，也是为了赋予它一层中国人独特的解读：“多元之美”一方面指“美”的理论之“多元”，另一方面也指生活和艺术中不同的“美”的显示与聚合。

意大利著名作家和理论家恩贝托·埃柯（Umberto Eco）提出，欧洲大陆第三个千年的目标是“差别共存与相互尊重”，他认为人们发现的差别越多，能够承认和尊重的差别越多，就能生活得更好，就能更好地相聚在一种相互理解的氛围之中。这和中国传统文化所强调的“和实生物，同则不继”颇有相通之处。“和”就是和谐沟通，使各种差异得以繁荣共生。法国著名比较文学家达尼埃尔－亨利·巴柔（Daniel-Henri Pageaux）在这次大会的发言中对此十分肯定。他说：“从这次研讨会的提纲中，我看到‘和谐’‘和实生物，同则不继’概念的重要性。中国的‘和而不同’原则定将成为重要的伦理资源，使我们能在第三个千年实现‘差别共存与相

1993 年，与意大利著名作家和理论家恩贝托・埃柯在会上

互尊重’。”

本次会议以文本研究为主体，主要讨论了以下五个方面的问题：多元文化发展中的翻译与接受；不同诗学体系的对话与沟通；多元文化中的形象与神话研究；世界文化语境中的东亚文学；现代西方理论与中国研究。应该说，每一方面都有新的收获。当然，不可能，也不期望做出面面俱到的结论，但提出了许多新的问题，或是对过去反复讨论过的问题有了进一步发展和深化。

参与这次大会的各个方面的人士都肯定了大会的成功。总而言之，我们在文学领域内共同完成了一次体现和促进文化多元化的创举，我们无愧于成为既抵制文化霸权主义，又抵制文化孤立主义的新世纪新文化的早春第一燕。

四、从文化热到国学热

后新时期：中国知识分子的剧变

在二十世纪八十年代末九十年代初，中国进入了“后新时期”，这是全然不同于十年新时期的另一个时期。在“后新时期”，学术界发生了很大变化。一部分知识分子自称应该边缘化，批判了传统知识分子以天下为己任的忧愤情结。他们指出过去的知识分子总以为自己的学问有普救世人之功，定能推动社会前进，达不到目的就郁郁不得志，其实，这只是一种传统的禁锢，这一根本不可能实现的白日梦实在使知识分子活得太累。他们认为学术应该充分“学院化”，做学问，无非为自己高兴，离政治越远越好；另一部分人则提出学术的规范化问题，强调资料第一。君不见，多少以“新观点”“新方法”取胜，曾振聋发聩的文章，不都成了过眼烟云？唯有真正的学术资料永存。还有另一些知识分子，年纪大一些的准备不问世事，安度晚年；年纪轻一些的则跃跃欲试，准备一掷自己的青春，在“海”中作一番遨游。九十年代的国学热就这样悄然兴起，于不知不觉中取代了八十年代的文化热。

如果说八十年代的文化热热衷于引进新的观念和方法，力图从新的世界性角度来重新审视中国文化；那么，九十年代的国学热则强调从本土文化出发，从本土文化本身酝酿出新的观点和方法。他们信奉“越是民族的，越是世界的”，相信只有不受任何外来影响的、纯而又纯的本土文化才能称雄于世界，以致取代过去欧洲中心论的位置。更有意思的是从西方最新传入中国的后殖民主义，从另一方向加强和肯定了国学热。后殖民主义强调西方以其文化霸权强行诠释东方，强使殖民地或第三世界处于一种失语状态，只能用西方话语表述一切。因此，对于东方各民族来说，第一要义是颠覆西方的文化霸权。这就使强调国学的人们更趋向于拒斥外来的东西而回归本土的一切。

“野蛮精悍”的新鲜血液

我生活在这样的潮流中，当然也不能不受其影响，但有一点，我绝对坚持，那就是在任何情况下，中国不可能再回到拒斥外来文化的封闭状态，我不赞成狭隘的民族主义，不赞成永远保留东方和西方二元对立的旧模式，也不认为中国中心可以代替欧洲中心。国学热中的一个大热点是关于对陈寅恪的重新评价。延续着我对吴宓的研究，我也参加了有关这一问题的讨论。1990 年，我写了《文化更新的探索者——陈寅恪》(载于《北京大学学报》，1991 年第四期)。我首先提出：“论者多以寅恪先生为中国文化之承传者、固守者、史料集成者，这固然不错，然而仅仅以此涵盖先生之学术襟怀、伟大一生，则不但远远不够，甚且未得先生之真精神。”我认为陈寅恪十三岁留日，求学欧美诸国，历经二十四载，精通十数国语言，抱负宏大，学术视野深远。他治学的出发点首先是看到“近二十年来，国人内感民族文化之衰颓，外受世界思潮之激荡”，在这种形势下，中国知识分子将何以自处？将以何种努力使中国文化摆脱衰颓之困境，而在“世界思潮之激荡”中获得新生？陈寅恪是研究两晋南北朝隋唐史的专家，他自己说“不敢观三代两汉之书，而喜读中古以降文化之史”，其原因就在于这是一个多民族文化相互吸收、启发、融合、激荡的复杂时期，而这吸收、启发、融合、激荡的结果乃是有唐一代三百年之崛兴。

陈寅恪所追求的既非西方，亦非东方，而是超乎东西二元对立的，“超越时间、地域之理性”，是跳动着的整个时代的脉搏。我认为一些国学论者，虽然以陈寅恪为一代宗师，为我们学习的榜样，但对他在世界文化纵横发展的脉络之中来发展中国文化的真正博大精深之处却缺乏应有的了解。

我的研究兴趣也转向了传统文化

随着对吴宓、陈寅恪的研究，我对比较文学的研究兴趣也逐渐转向了传统文化。我深深感到在不同传统文化语境的比较文学研究，特别是文学理论的研究实在是一片尚未被很好开垦的处女地。但面对这样一个极其辽阔的领域，从何着手呢？我不想走当时仍较为流行的那种过于抽象、概括的路子，例如中国文化主静，西方文化主动；中国文学主内心表现，西方文学主客观再现之类。我试图从一个较小、较具体的问题谈起。我发现无论中西诗学，都常常利用镜子来讨论人和客观世界或作品和客观世界的关系，而观察点却截然不同，这种不同又多少植根于中西哲学和思维方式的不同。我于是写了一篇题为“中西诗学中的镜子隐喻”的文章，这也是我向1991年在东京召开的国际比较文学学会第十三届年会提交的论文。中西诗学都习惯于重复用镜子来说明自己的理论，这个隐喻随着时代的变化而发生十分丰富的变化。西方从柏拉图起，就把艺术家比为“旋转着一面镜子的人”，他们的工作就是用镜子照出四面八方。后来，荷马的史诗被称为“人类生活的一面美丽的镜子”，莎士比亚的戏剧也被称为“生活的镜子”。当长篇小说兴起，文艺反映的生活更加复杂时，镜子的比喻就被赋予了动态的性质。司汤达说：“一部小说是一面在公路上奔驰的镜子。”卡夫卡称毕加索的艺术“是一面像‘表’一样快走的镜子，记下了尚未进入我们意识范畴的变形”。接着，镜子的比喻不仅被用来反映外在世界，而且也被用来反映作者内在的心灵。歌德就曾希望自己的作品“成为我灵魂的镜子，就像我的灵魂是无所不在的上帝的镜子”。镜子的功能也不再是完全被动的，而是被赋予了某种能动性。雪莱说：“诗歌也是一面镜子，但它把被歪曲了的对象化为美。”无论是反映周围生活、反映作者主观思想感情，还是反映美、反映本质，西方诗学都是用镜子来比喻作品；作为镜子，首先被强调的特征是逼真，不仅逼真地反映外在世界，也逼真地反映内在心灵；不仅是静态反映，也是动态反映。

镜子，在中国诗学中，也是一个贯穿始终、经常被用来说明文学艺术本质的隐喻，但用法和西方很不相同。比柏拉图早一百多年，老子就已经用了镜子这个比喻，他用镜子来比喻人心。《道德经》第十章说：“涤除玄览，能无疵乎！”高亨注：“览、鉴古通用。玄者，形而上也；鉴者，镜也。玄鉴者，内心之光明，为形而上之镜，能照察事物，故谓之玄鉴。”老子认为人心就像镜子一样，必须洗涤除尘，免去瑕疵才能观照外物。比柏拉图晚一百年左右，庄子进一步指出：“至人用心若镜。不将不迎，应而不藏，故能胜物而不伤。”（《庄子·应帝王》）他认为人心和镜子一样，公正完美地反映周围的事物。他又说：“水静则明烛须眉，平中准，大匠取法焉。水静犹明，何况精神！圣人之心静乎！天地之鉴也！万物之镜也！”（《庄子·天道》）只有保持一颗圣人才有的明静的心，才能理解万物之情，所以说“抱大圣之心，以镜万物之情”。自从佛教传入中国，镜子的比喻又多了一层“空”和“虚”的含义。东晋时期的僧肇认为：“夫至人虚心明照，理无不统，怀六合于胸中，而灵鉴有余；镜万有于方寸，而其神常虚。”这显然和庄子所说的“至人用心若镜”一脉相承，但他所强调的，不仅是镜子“不将不迎”的“正”，和“应而不藏”的“真”，而首先是镜子的“虚”。正因为镜子本身的空无一物，它才有“怀六合”“镜万有”的可能。中国诗学受佛、道的影响极深，当诗论家用镜子作为隐喻时，也都是用它来比喻诗人之心，并强调其“静”、其“正”、其“真”。明代诗论家谢榛就说：“夫万景七情，合于登眺，若面前列群镜，无应不真。忧喜无两色，偏正唯一心；偏则得其半，正则得其全。镜犹心，光犹神也。”只有纯真、正直的诗人之心才能描绘出客观和主观的“万景七情”，不仅明静，还要虚空。王阳明说：“圣人之心如明镜，只是一个明，则随感而应，无物不照；未有以往之形尚在，未照之形先具……只怕镜不明，不怕物来不能照。”有了“以往之形”或“未照之形先具”，镜子就成了“昏镜”，必须在“磨上用功”，“磨镜而使之明”。从诗学上来说，就是必须有像明镜一样“虚”和“空”的心境，才能写好诗。所以苏东坡强调创作之始，首先要有平静、空灵的心境，他说：“欲令诗语妙，无厌空且静。静故了群动，空故纳万境。”

综上所述，中国诗学通常不是用镜子比喻作品，而是比喻作者的心。如果说西方诗学的镜子隐喻强调的是逼真、完全、灵动，中国诗学的镜子隐喻强调的则是空幻、平正、虚静。当然，这只是大体而言，并非绝对划分。我认为这种不同，很可能与中西思维方式的不同有关。西方传统思维方式往往强调主观与客观的二元对立，主体独立于客观世界，并为它赋形和命名，认识世界是一个对外在于主体的客观现象进行观察、分析、切割、反映和综合的过程，人要超越自身，只有依靠外在的力量，如上帝的拯救。因此，西方诗学所关心的也就是如何逼真、完全、灵动地反映这一认识和超越的过程；中国传统思维方式认为主体与客体世界原属一体，所以强调“反求诸己”，强调尽心、知性、知天，“天道”本来就存乎人心，穷尽人心乃知天理，对世界的认识不假外求，而只要从内心去发掘。人要“超凡入圣”也无须从外在的力量去探求，而只要从人内在的本性去领悟。因此，最重要的是一颗空灵、虚静、澄明的心。中国诗学所强调的也就不是如何去视、听、观察和反映世界，而是“收视反听”，静思以求。另外，中国古人还常常用一种“负”的方法来进行思考。冯友兰指出，“真正形上学有两种：一种是‘正’的方法，一种是‘负’的方法；‘正’的方法是用逻辑分析法讲形上学；‘负’的方法是讲形上学不能讲。讲形上学不能讲，亦是一种讲形上学的方法”（《新知言》）。例如画月，可用色彩、线条描绘一月，他画的月亮，就在他所画的地方；亦可画许多云彩，在云彩中留一空白，他画的月亮正在他所不曾画的地方。后一种“负”的方法是中国传统的一种思维模式。在古远的《道德经》中，老子就举了很多例子说明“无”的作用。例如说：“埏埴以为器，当其无，有器之用。”意思是说，用陶土制成炊食的器皿，真正起作用的并不是陶器本身，而是陶器所构成的空间。因此，中国传统诗学主要关注的也不是语言实体本身，而是语言所构成的各个层次的空间，所谓“不涉理路，不落言筌”“不着一字，尽得风流”等思路多半是由此而来。

文化转型与文化差异

我们有幸生活在一个世纪转折时期，也是一个大规模世界性的文化转型时期。活着的文化总是通过“认同”和“离异”两种作用来发展：“认同”表现为对主流文化的维护和阐释，即在一定范围内向纵深发展，对既成模式进一步开掘并使其巩固，同时表现为对异己力量的排斥和压抑，其作用在于保护主流文化已经确立的种种界限和规范，使之得以发扬和凝聚。“离异”则表现为批判和扬弃，即在一定时期内对主流文化否定和怀疑，打乱现成规范和界限，使被排斥的得以兼容，把被压抑的能量释放出来，因而形成对主流文化的否定，甚至颠覆。这种“离异”占主导作用的阶段，就是文化转型时期。在这种时期，文化发展往往产生明显危机并出现急剧的重组与更新，如西方的文艺复兴、中国的魏晋南北朝时期。人们要求“变古乱常”“六经注我”。“横向开拓”成为这时文化发展的主流。所谓“横向开拓”也就是一种文化外求；外求的方向大致有三：第一是外求于他种文化，如文艺复兴时期西欧对希腊文化的借助；汉唐时期汉文化对印度和希腊文化的吸收。这种原来的边缘文化对原来的中心文化的拯救和革新作用在历史上屡见不鲜。第二是外求于同一文化体系内部原来被排斥、被压抑的亚文化、反文化、少数民族文化等。中国文学凡有重大更新，必得力于“不能登大雅之堂”的俗文化，这已是不争的事实。第三是外求于他种学科。哥白尼地动说对于中世纪政治社会体制的根本动摇，以及随之而来的人文科学的诞生，进化论与弗洛伊德对文学观念的刷新，都能很好地说明这一问题。

目前，人类已进入前所未有的信息时代，特别是相对论提供的方法论使人们认识到，一切体系和中心无非都是在宇宙无限的时间之流中按照人类现有的认识能力截取的细部。例如关于原子微观世界的系统解释，虽然是经过了若干实验验证了的“客观事实”，但这些实验都是在一定的时空中由人类大脑的“主观认识能力”设计出来的，与人类尚无法设计出任何实验加以验证的未知领域相比，实在是微乎其微。正如人们用一根蜡烛照亮了有限的时空，却无法证实未照亮的时空一定和已照亮的时空类似。加以语言发展进一步使人们认识到任何理论体系都只不过是语言的架构，并不等于客观事物本身，现实与现实被表述的模样并不一定吻合，因为“表述首先必嵌陷在表述者的语言之中，然后又嵌陷在所处的文化、制度和政治环境之中，于是，一切‘表述’都可以看作一种‘知者’对被告知者实行的思想支配”（萨义德《东方主义》）。以上这些事实促使发达世界文化自我中心无可避免地解体，这就为世界各种文化的多元发展提供了前提。过去西方总是以自己为核心来了解他种文化，并把西方走向现代的经验普遍化为各种社会、各种文化走向现代的必由之路。他们很少了解，也不重视他种民族对他们的看法，也很少有机会从外界、从他种文化的比照中来认识自己，以致往往被囚禁在自己文化的牢笼中而不自觉。上述稳定体系与中心化主体的消解，使人们漂浮于现实而无法确认自己。因此，必须寻求一个参照系以便能在比照中建立坐标，看到自己的面目，也就是要寻求一个“他者”，在“他性”的参照下重新发现自己。西方文化的最大参照系就是东方文化。在与这个“他者”的比照中，西方文化将反省自己，重新选择方向，并改写自己的历史。

我猜想正是在这种潮流的推动下，1987 年，在法国成立了欧洲跨文化研究院。这是一个由欧洲共同体支持的跨国文化团体。欧洲学者“以文化的双向认识为基本目标”，他们引以为自豪的宗旨是

“开天辟地第一回，欧洲准备倾听我们星球上各种不同文化的声音，以便弄懂如何能相互理解”。他们建立的通信网络包括意大利、西班牙、比利时、法国、中国和非洲的一些大学。几年来他们已完成了一些很有意义的项目，如邀请中国和非洲学者对意大利的博洛尼亚市进行一年考察，主题为“来自远方的目光”，1991 年，他们与中国学者在广州联合召开了题为“双向认知的战略”的大型国际讨论会。1992 年，他们又举办了“欧洲的文化行为与自然科学：一个中国人类学家对欧洲五个生物研究所的科研人员的不同文化行为的研究”。1993 年，欧洲跨文化研究院又与北京大学比较文学研究所联合召开了“独角兽与龙——在寻找中西文化普遍性中的误读”国际讨论会。所谓“误读”是指人们与他种文化接触时，很难摆脱自身的文化传统、思维方式，往往只能按照自己的模式来了解别人。参加这次会议的，有来自欧洲各国的人类学家、语言学家、生物学家、文化学家。这次会议开得别开生面，会议不念论文，而是事先阅读论文后，在会上讨论，有时争论得很热烈。

我在会上讲的题目是“文化差异与文化误读”。我认为文化差异是始终存在的，历史上对待这种差异性，有三种不同的态度：第一种是对凡与自己不同的文化，一概斥为异端，或称为不开化的野人，或称为类同禽兽的蛮夷。第二种是承认其价值，但只是作为珍稀的收藏、猎奇的点缀，或某种可供研究的历史遗迹，实际上是排除其在现实生活中的作用，抽空其生命，崇拜其空壳。第三种态度是一种文化相对主义的态度。他们强调将实物置于其自身的文化语境中去观照，赞赏不同文化的多元共存，反对用产生于某一文化体系的价值观念去评判另一文化体系，承认一切文化无论多么特殊都自有其合理性和存在价值，因而应受到尊重，主张将精神和物质都放到其产生的文化语境中去进行观照。这种文化相对主义的态度当然远比前两种态度来得宽容、合理。但再进一步追问：在众声喧哗的多元文化中，是否会体现出某种共同“规律”，某种“理性一元性”，或“共同是非标准”呢？在二十一世纪，不同文化是逐渐趋同（如西欧各国），还是愈加强调差异而相互疏离（如苏联和东欧各国）呢？人类有没有可能超越民族中心主义，有没有可能超越自身传统的本土文化，到达另一更高境界，或者说，一种文化内部各个集团之间的文化差异是不是可能比不同文化之间的差异更为突出呢？比方说，同一文化内部的精英文化与大众文化实际很难沟通，而不同文化中的大众文化倒是较易于相互理解。这些都是文化相对主义不能不面对的问题。但是无论如何，文化差异总是现阶段普遍存在的现实，正是这些差异赋予了人类文化多样性；由于差异的存在，各个文化体系之间才有可能相互吸收、借鉴，并在相互参照中进一步发现自己。关于文化间的“异”的研究一直是一个很吸引人的题目。十八世纪时，“异”只是指遥远的异国他乡，即远离本土的陌生空间，充满了神秘的异乡情调。随着通信、交通的发达，这种异域越来越缩小，只有极少数地区还具有神秘的吸引力。在歌德与艾德曼的谈话中，他已强调中国人和德国人一样，同是人类，对他来说，中国已不是什么神秘的异国，而是一种隐喻，如他所创造的“中国花园”，寄托着他的理想的乌托邦。到了现代社会，作为乌托邦的“异”的功能逐渐缩小，人们开始切切实实地理解不同文化的差异性，将异文化作为帮助自己、发现自己的“他者”。只有从外部，从另一种文化的陌生角度来观察自己，才能重新认识过去习以为常的事，看到许多从内部无法看到的东西。

由于文化的差异性，人们接触他种文化时，就不大可能完全摆

2015 年 8 月，在第八届三智论坛上发言

脱自身一贯的文化传统、思维方式，去“正确”解读他种文化，就必然产生“误读”。也就是说，他原有的“视域”决定他的“不见”和“洞见”，决定了他将对另一种文化如何选择、如何切割，又决定他如何对其认知和解释。因此不可能要求外来者像本地人那样地道地解读本土文化，反之亦然；更不能把一切误读都斥为“不懂”和“歪曲”。事实上，误读往往在文化发展中起着很好的推动作用，如鲁迅、茅盾在五四时期对西方思想家尼采、罗素等都不无误读之处，但却推动了文化发展；同时，文化误读也会造成消极后果，二十世纪二十年代初，梁启超曾到欧洲游学，亲自体察了欧洲文化现状，回来后写了一本《欧游心影录》，宣称西方已濒临精神危机，朝不保夕，必须以中国的“精神文明”去拯救西方的“物质疲惫”，结果并未拯救别人，倒是国内掀起了崇拜国粹、热心复古的浪潮，延缓了中国文化现代化的进程。当然，这种保守主义的复兴也在某种程度上与激进派形成张力，成为后来文化

发展的契机。

总之，文化之间的误读难以避免，无论是主体文化从客体文化中发现新义，还是主体文化以客体文化为参照反观自己，都很难不包括误读的成分。而从历史发展来看，误读又常是促进双方文化发展的契机。恒守同一的解释，其结果必然是僵化和封闭。我所理解的文化误读既包含读者对不同文化的深入研究，也不排斥因异域陌生观念而触发的“灵机一动”，关键全在读者的创造性发现。当然，这并不能成为对他种文化浮光掠影、不求甚解的借口；如果没有对他种文化的深入理解和刻苦学习，没有对他种文化知识的深厚积累，所谓“灵机一动”也是很难出现的。何况不同文化的交往已有数千年历史，开辟新的矿藏，需要更深、更艰苦的发掘，如果尚未认真地读，那就谈不上误读。我认为，由于全球信息社会的来临，各种文化体系的接触日益频繁；由于西方发达世界进入后工业社会，在精神方面自省，并急于寻求文化参照系以发现新路和反观自身；也由于东方社会的急剧发展，逐渐摆脱过去的边缘从属地位，急于更新自己的思想文化，特别是在现代语境中，重新发现自己，东西方文化交往将在二十一世纪进入一个繁荣的新阶段。在这种复杂而频繁的交往中，如何对待文化差异和文化误读的问题将是一个会引起更大关注和值得进行深入讨论的重要问题。

第八章

捌

第三次再出发

一、第三次再出发①

2011 年，是北大比较文学与比较文化研究所成立 26 周年。说起来时间真是很快，事物的偶然中其实也包含着很大的必然。比较文学在北大的复兴，以及比较文学与比较文化研究所的创立，看起来是个别事件，但实际上与中国改革开放的进程有重要关系，也与北大深厚的人文传统有很大关系。

回顾八十年代

1980 年，当季羡林、杨周翰、李赋宁等先生在北大号召重建中国比较文学时，我毫不犹豫地充当了一名马前卒。之所以加入进去，这与我的个性有关系，与个人经历有关系。我这个人对“陌生”和“未知”的领域非常感兴趣，喜欢新鲜事物。而进入比较文学这个学科，当然也与我 1952 年大学毕业留校任教、师从王瑶先生学习现代文学有很大关系。王先生研究中国现代文学，但他在中

① 本文根据《第三次再出发——乐黛云教授 80 华诞访谈录》整理。采访者：张辉。

国传统文学和外国文学方面都有很深造诣。王先生的这个影响，对我来说是非常重要的，也是我进入比较文学研究的基础。

早年给学生上课时我常讲，鲁迅先生是“托尼学说，魏晋文章”，如果我们既不懂托尔斯泰、尼采，也不懂嵇康、阮籍，其实是无法研究鲁迅的。也就是说，没有外国文学与古典文学的基础，是无法真正很好地研究现代文学的。我自己后来进一步研究茅盾、郭沫若、巴金、老舍、曹禺、徐志摩、艾青……研究“文学研究会”、研究“创造社”，都感觉到自己知识装备不足。这种不足也促使我突破原有的研究框架，试图做一些新的尝试，而比较文学恰好是这样一个打破学科分际、跨越文化与语言界限的学科。进入这个学科，确实让我有如鱼得水、豁然开朗的感觉。

1981 年我编的《国外鲁迅研究论集》收集了美国、日本、苏联、加拿大、荷兰、捷克以及澳大利亚七个国家的二十篇文章。这对我自己来说也是一次大开眼界的工作，因为海外的鲁迅研究确实对我自己的研究有很大的促进，而且通过此种研究我还初步预感到对并无直接关系的不同民族文学进行研究——也就是所谓“平行研究”的巨大可能性。1987 年我写的《关于现实主义的两场论战——卢卡奇对布莱希特与胡风对周扬》，就是沿着这个思路来写的，当年我开“马克思主义文论在东方和西方”课程时，讲过相关的内容。

中国的比较文学发展，如果从王国维那一代开始算起的话——或者我们叫它“史前期”，显然有一个非常重要的特点。它不仅仅是学院里、象牙塔中的产物，而与中国晚清甚至晚明以来和西方的碰撞、接触以及对话、交流相关，与“三千年未有之大变局”不可分离。与外部世界隔绝了太长时间，这也许是一种文化冲击的特殊反应吧！这也从另外意义上说明，在中西交流与对话的意义上进行比较文学研究的必要性甚至是迫切性。

八十年代特别是初期，中国人重新了解西方确实经历一个从量变到质变的过程。我们自身也面临着某种深刻的调整与内在变化。在哈佛的这一年，对我来说非常重要，因为正是在这一年，我确定将自己的后半生贡献给中国的比较文学事业。后来我所做的一切，应该说都和这个决定有关系。

1982年和1983年，我任加州大学伯克利分校的客座研究员。在我的朋友卡洛琳的鼓励和帮助下，我开始写作《面向风暴》。写之前并没有打算出版，因为当时不知道中国的情况将会是怎样。我只是有一种冲动，想把自己一生中那异常特殊的二十年的生活记录下来，让后来的人们知道，曾经有这样一段历史时期，中国人竟是这样生活、这样思考、这样感觉的！只想留下一页真实，没有别的想法。这本书后来公开出版了英文版，还出版了日文版和德文版，引起了不小的反响，但我想它最值得肯定的大概是它的真实和真情。我的确是毫无讳饰地袒露了我的心。这本我个人的自传，也许可以与我的那本学术著作《中国小说中的知识分子》对照起来看。前一本是关于我个人的，后一本则是我对中国知识分子命运的宏观思考。一本是微观的，一本是相对宏观的。那是我接受白之教授的委托而做的一个项目，后来列入伯克利东亚研究丛书出版。

1984年回国的时候，中国比较文学还没有像现在这样得到承认，甚至还没有形成真正的学科，我们需要做的事情太多了。人家至少已经做了七八十年了，我们似乎才刚刚开始，或者说刚结束了停滞期，开始接上与二十世纪初王国维那代人的精神和学术联系。在这个时候，中国比较文学需要向西方学习，与世界对话。而要对话，我们自己必须有一支队伍，单靠从其他专业“挖人”或者靠“转业”，显然不行，也不够。我们要有自己的学术组织，要有自己的硕士、博士、博士后培养机制，要使我们的学科在整个中国学术界乃至世界学术界产生影响，真正做到风生水起。这是我们努力的方向。

正是由于这样的想法，在 1981 年成立北京大学比较文学研究会，出版《北京大学比较文学通讯》，1982 年在北大成立的全国第一个比较文学研究中心的基础上，大家集中力量做了非常重要的两件事情。一是于 1985 年成立了北京大学比较文学研究所，后来改名为北京大学比较文学与比较文化研究所。这个所的成立，在行政上有一点特别之处：一个大学的研究所成立，居然是由教育部直接批准。第二件事就是 1985 年成立了中国比较文学学会，并且在深圳召开首届年会。当时参加会议的人，大家戏称黄埔一期，一共有 120 多人，参加的大学和科研机构机构有 32 个，同时还附设了一个讲习班，学员 200 余人。当时的深圳大学校长罗征启非常开放、开明，中国比较文学的复兴事实上也应该感谢他。

第一届的名誉会长是季老，会长是杨周翰先生，还有不少老先生，如李赋宁先生、贾植芳先生、钱锺书先生等，可以列出一长串的名字。

杨周翰先生 1989 年去世时，很多人发来唁电，比如国际比较文学学会前会长孟尔康、佛克马、吉列斯比等人。孟尔康说："我将永远带着崇敬和爱来怀念杨先生。"吉列斯比甚至记得他的"纯正的牛津英语"。他是英国文学专家，但他又不仅仅是一个国别文学专家。除了以十七世纪英国文学和莎士比亚研究闻名于世以外，他还特别强调，"研究外国文学的中国人，尤其要有一个中国人的灵魂"。杨先生认为中国比较文学是从中国的土壤中产生出来的，在源头上与西方有所不同。它的一个很重要的特点是它不是发源于学院，而是中西文化相触和中国政治、经济、社会、文化发展的结果。中国比较文学的发展是与振兴国家民族的愿望，与更新和发展本民族的文学的志向分不开的。这些说法，真是发人深省。我写过一篇纪念杨先生的文章《学贯中西的博雅名家》。

杨先生还有很多重要的思想。比如，关于“中国学派”应该水到渠成的观点，关于“阐发研究”的观点，以及对比较文学危机论的批判等，所有这些都值得我们去好好总结。

我有个不小的遗憾，就是杨先生的遗作到现在还有不少没有整理出版。这个事情应该有人来做。我们对杨先生研究得不够，他的许多重要的观点，至今对中国比较文学的发展有重要的指导意义。

比较文学的真精神

我是在国内比较早提出要重估《学衡》的人，并专门写过文章。1989 年，《论现代保守主义——重估〈学衡〉》一文首先发表在中国文化书院的学术会议上。实际上，我还是在一个跨文化的视野中来讨论这个问题的，现代保守主义与自由主义、激进主义恰好在中外思想史上形成了一个有意味的光谱。写这样的文章，并不是要简单翻案。我注意到在现代中国，同是对当时的现状不满，同是向西方寻求真理，但是存在着不同的思想路径。激进派信仰马克思主义，自由主义找到杜威、罗素，而保守派却以白璧德为师。究竟是西方的大师们造就了自己的后继者还是向西方寻求真理的中国知识分子本来就有了自己的归依，因而选择了自己的引路人，是一个很值得研究的问题。

但有一点是非常清楚的，那就是五四以来，中国的改革已经汇入世界运动的洪流。世界争论的大潮包括白璧德与杜威的争论，科学主义与泛情主义引起的广泛怀疑，以及斯本格勒有关“西方的没落”的预言，都不能不在中国引起巨大的反响，促使一大批中国学人参加到这一世界性对话的行列。

而学衡派的代表人物吴宓、柳诒徵、梅光迪、胡先骕、汤用彤等人，都具有很深的中西学术文化背景。他们了解世界学术潮流，也对中国文化传统有“同情的了解”，因此反对泥古，也不赞成全盘西化。不同意自由派的所谓“弃旧图新”，也不同意激进派的“破旧立新”，而更加认同“存旧立新”“推陈出新”“层层递嬗而为新”的理念。说他们是保守主义，但他们并不是僵化的政治保守主义，而是真正的文化保守主义。他们决不想维护社会现状，也不想托古改制，而以文化启蒙为改造社会的正确途径。但作为清醒的思想者，甚至作为中国传统意义上的士，他们愿意与风云突变的政治运动保持一段“知识分子的距离”。以追求真理为己任，鄙弃“顺应历史潮流”，反对“窥时俯仰”，认为真正的豪杰之士，倒是“每喜逆流而行”。

在人们大谈文化断裂、全盘西化或保古守旧、“体用”情结时，我们应该听到或者参照一下来自《学衡》的声音，也许远非和谐，但是非常独特的声音。在中西古今文化交汇的情况下，知识人应该真正发出自己独立的声音。

我不认为陈寅恪先生只是人们所解释的那个中国文化之传承者、固守者、史料集成者，这样说，甚且未得先生的真精神。在我看来，陈先生的真精神、他的治学的出发点，是寻求民族文化摆脱衰退困境之路。陈先生学术的了不起之处，正在于思考如何以外来的血改造旧的躯体，重启新机，他不是固守者，而是文化更新的探索者。陈先生是历史学家，但是他走的这条路，是作为人文学术的比较文学也应该从自己学科出发寻求的路。

正是这种精神，使中国比较文学走过了不寻常的、由停滞走向复兴的三十年。这三十年有太多难忘的故事、细节乃至轶事，以及由之引发的思考。

2011年：新的开始

近几年，我写的几篇文章，主要关注了普世价值问题、文化相对主义问题，以及与欧洲梦、美国梦相对的中国梦问题。

目前主要进行的是出版工作。一是中国文化传播个案丛书。这套书以中国思想家和中国经典在西方的传播为中心，但不是一般地介绍中国思想在国外传播的情况，而是从个案出发，希望更多关注中西文化的互动，关注中国思想与西方主流文化的对话关系。比如有《孔子在西方》《〈文心雕龙〉在西方》《〈沧浪诗话〉在西方》《庄子在西方》等。

与这套书相呼应，是已经出版了一部分的中学西传丛书。这套书以人物为单位，专门呈现西方思想者对中国文化的接受、解释和创造性转换。

还有东方出版中心出版我主编的当代汉学家研究丛书。涉及的汉学家包括费正清、史华兹、李约瑟、宇文所安、于连、安乐哲等人。

上面这三套书，与北京出版集团文津出版社已经出版的 跨文化个案研究丛书，正好构成了一个大的“跨文化”系列。

2002 年，与汤一介在朗润园家中书房

二、当代中国比较文学发展中的几个问题

开展跨文化对话的紧迫性

当代比较文学就是跨文化、跨学科的文学研究。这一看法已得到国内学者的广泛认同。最近，我们高兴地看到曾宣告“比较文学作为一门学科气数已尽”的英国学者巴斯奈特（Bassnett Susan）又重新宣告：“比较文学未来发展之道，就在于放弃以任何规定性的方法来限定研究的对象，而聚焦于最广泛意义上的文学观念，承认文学流传所带来的必然的相互联系。”其具体途径就是“放弃对术语和定义的毫无意义的争辩，更加有效地聚焦于对文本本身的研究，勾勒跨文化、跨时空边界的书写史和阅读史”[①]。我们欢迎这样的改变，这说明欧洲学者与中国学者对比较文学这一研究领域的看法越来越接近了。

最近，我们特别感到作为比较文学根基的全球跨文化对话的开

---

① ［英］苏珊·巴斯奈特：《二十一世纪比较文学反思》，黄德先译，《中国比较文学》，2008年04期。

展，比任何时候都更加紧迫。因为：

第一，全球互联网、移动通信使人与人之间的紧密沟通成为可能。转基因、干细胞、克隆等生物工程技术使生命可以通过人为的手段复制、改写、优选，而纳米技术使人类能够实现对微观世界的有效控制。这些革命性的新知识、新技术贯穿到人类生活的每一细节，导致人类对时间和空间都有了和过去根本不同的看法，也导致对地球资源的空前消耗和争夺。人类所面对的现实，不是对抗，就是对话。对抗引向战争和毁灭，对话引向和平。

第二，二十世纪的两次世界大战给人类留下的惨痛记忆，德国的犹太人集中营、苏联的“古拉格群岛”等残酷经验都要求我们对二十世纪进行反思，重新定义人类状况，重新考虑人类的生存意义和生存方式。这种重新定义只能在全世界各民族的对话中进行。

第三，文化冲突越来越严重地影响着全人类的未来。文化霸权主义与由文化封闭主义发展而来的文化原教旨主义的尖锐对立已经使全球处于动荡不安的全面战争的前夜。要制止这种冲突，不能通过暴力，只能通过对话。

第四，哲学的转向。二十世纪前后，现象学和以怀特海为代表的过程哲学相继扭转了主体和客体可以互不参与的二元对立的倾向，使西方哲学进入了一个主体与客体互动的新阶段。中国传统哲学从来强调客观世界与主体不可分离。但由于强调“合一”，缺少将客体充分对象化而产生了众多缺陷。今天，西方哲学与中国哲学互为他者，重新反观自己，通过对话而生成进一步的互识、互证和互补并将其推延至全球，必将是人类相互理解、构建和谐社会、造就人类新的世界观和人生观的起点。

跨文化对话的矛盾和难点

对话并不只是为感情和兴趣，它首先是为了能共同生存下去，能解决共同遭遇的挑战和难题，这样的对话必然生成新的思想和新的举措。进行这样的生成性对话不能不碰到以下的矛盾和难点。

（一）普适性和差异性的关系

中国古话说："夫物之不齐，物之情也。"可以说，没有差异就不成其为世界。但是差异在世界上并非各不相干，而是由普适性联结在一起的。二十世纪殖民体系瓦解后，一部分新独立国家的人民急于构建自己的身份认同，强调了不同文化之间的差异，以抵制某些强势文化以"普世价值"为旗帜覆盖其他各族文化的企图，这是完全必要的；但是也有一些国家坚持不与外界沟通，片面强调不同文化之间的绝对差异，即"不可通约性"。既无共同点，又不可通约，这就否定了对话和沟通的可能，最后演变为封闭停滞的文化原教旨主义。

那么，文化的普世价值，文化交往中的普适性，也就是"同"的因素究竟是否存在，或者说占一个什么地位呢？

中国哲学早就强调"易有三义——变易、不易和易简"[①]。"变易"就是指因时、因地而变的特殊性，"不易"则是指不依时、地而变的普适性。黑格尔在《逻辑学》第118节中关于同—异的思考对我们很有启发，他的意思是：如果坚持不可通约性，只谈相异而无视相同，则一切人文活动（例如宣讲相异性理论本身）就都失去了意义。因为没有相通之处，就没有接受的可能。事实上，没有共同的目标，就没有对话的必要和可能。二十一世纪的生态危机、能源危机、道

---

①《十三经注疏·周易正义》，北京大学出版社，1999年版，第5页。《周易正义》卷首引郑玄云："易一名而含三义：易简，一也；变易，二也；不易，三也。"

德危机、文化冲突危机……正是这一系列共同危机迫使我们必须共同协商面对，这才有了文化对话、文学对话的迫切需要。

俄国思想家别林斯基在其《文学的幻想》一文中说得很清楚。他说："只有遵循不同的道路，人类才能够达到共同的目标；只有通过各自独特的生活，每一个民族才能够对共同的宝库提出自己的一份贡献"。事实上，没有共同的目标（普世价值）就没有对话的必要和可能；没有各自独特的生活，也就没有了对话的内容，无话可对。

事实上，普适性寓于差异性之中，正是有了差异性，普适性才有意义，反之亦然。只强调差异，把差异变成了各个互不相干的孤立存在，而排除了作为差异之间对话、沟通、互补的共同基础，结果只能是既取消了普适性又取消了差异性。中国古代提出的"和而不同"的精髓首先是强调一种动态的发展。西周末年（约公元前七世纪），伯阳父（史伯）同郑桓公谈论当年政局时，曾对"和实生物，同则不继"的思想作了较详尽的解释。他说："以他平他谓之和，故能丰长而物归之。若以同裨同，尽乃弃矣。"作为"和"的定义的"以他平他"是什么意思呢？"平"，在古代与"辨"、"辩"通假，意谓辨别、品评。唐代称宰相为"平章"，就是指对事物辨别、品评，并加以抑扬的人。因此，"以他平他"就是不同事物在突显和消长中，互相比评，互相超越而达到新的境界。这种"以他平他"，而能使物"丰长"的对话不是各说各话，也不是一方压倒另一方，而是一种能产生新的理解和认识，从而为双方带来新的发展的"生成性对话"。用今天的话来说，就是一种互识、互动、互为主观的发展之道，也就是通过差异的对话而得到发展。人为地使差异性和普适性之间发生深刻的断裂，片面强调差异之间的不可通约显然是不可取的。特殊性与普适性之间的断裂影响了各方面的和谐，使对话难以进行，社会难以发展。重新沟通和弥合这种断裂，返回普遍与特殊的正常关系是发展多元文化，保护文化生态，缓解文化冲突，更是使比较文学得以蓬勃发展的重要环节。

（二）坚守传统文化与接受外来影响的关系

文化包含两个层次：一是传统文化，即民族文化传承下来的“已成之物”，如经典文献、各种古器物等，这是全然不可更改的，只能原封不动，永远保存；另一个层面是文化传统，这是一种对“已成之物”不断进行重新诠释和更新的“将成之物”，如不同时代对同一经典文献的不同解读。这种解读因时因地而变，不断发展，构成新的谱系。

不分这两个层次，就会片面强调文化越纯粹、越守旧越好，中国长期以来流行着一种说法，即“越是民族的，越是世界的”。如果是针对第一个层面来说，这无疑十分正确；但如果从第二个层面来看，就会发现所谓民族的远非封闭的，更不是一成不变。它必然在与他种文化的互动中得到发展；“民族”和“世界”也不是割裂、互不相干的；民族的有时会变成世界的，世界的有时也会变成民族的。况且，民族的要得到世界的认可和喜爱，在突出自身特点的同时，还必须考虑其受众的期待视野和接受屏幕。总之，对于文化的第一层面必须保持其纯粹，对于文化的第二层面则必须通过对话和沟通，力求其变化和发展。

那么，不同文化之间不可避免地渗透和吸收是否有悖于保存原来文化的特点和差异呢？这种渗透交流的结果是不是会使世界文化的差异逐渐缩小，乃至因混同、融合而消失呢？从历史发展来看，一种文化对他种文化的吸收总是通过自己的文化眼光和文化框架来进行的，也就是要通过自身文化屏幕的过滤，很少会全盘照搬，而多半是取其所需。例如佛教传入中国，佛教经典曾“数十、百倍于儒经”，但佛藏中“涉及男女性交诸要义”的部分，“惟有隐秘闭藏，禁止其流布”[①]。这说明本土文化在文化接触中首先有自己的选择。同时，一种文化对他种文化的接受也不大可能是原封不动地移植。一种文化被引进后，往往不会再按原来的轨道发展，而是与当地文化相结合产生出新的，甚至更加辉煌的结果。印度佛教传入中国，产生了禅宗、华严宗和宋明理学，希腊文化和希伯来文化传入西欧，成为西欧文化的基石。这种文化异地发展，滋生出新文化的现象，在历史上屡屡发生。由此可见，两种文化的相互影响和吸收不是一个“同化”“混一”的过程，而是一个在不同环境中转化为新物的过程。其结果不是“趋同”，而是各自提升，在新的基础上产生新质和新的差异，有如两个圆形在某一点相切，然后各自沿着自己的轨道再发展。

（三）自我与他者的关系

对话中的他者与自我也是一个十分复杂的问题。我们常从自我出发，将对方设想得和自己一样，总想同化对方。结果是牺牲对方的特色而使他者和自我趋同。如果希望双方都在自己的基础上，沿着各自的方向发展，形成生成性对话，那就需要如勒维纳斯所特别强调的，应该从他者出发，关注他者最不清楚，甚至最不可能理解的那一面。因为“他者”是我所“不是”，不仅仅是因为他的性格、外貌和心理，更重要的是因为他的相异性本身。“正是由于这种相异性，我与他人的关系才不像通常所认为的那样是一种‘融合’，而是一种‘面对面’的关系。”[②]只有充分显示这种“面对面”的相异性，“他者”才有可能成为可以反观自我的参照系。然而，只强调相异性，往往就会各不相干，难于达到理解和沟通的目的；不强

① 陈寅恪：《寒柳堂集》，上海古籍出版社，1980 年版，第 155 页。

② 杜小真：《勒维纳斯》，生活・读书・新知三联书店（香港）有限公司，1994 年版。

调相异性，又会牺牲对方的特色而使他者和自我趋同，对话也就不再存在。理想的状况应是双方都从他者受到启发，发展出新的自我。这种他者与自我的悖论正是产生生成性对话的最有意义，也最困难之处。

（四）不同文化对话的话语问题

平等对话的首要条件是要有双方都能理解和接受，可以达成沟通的话语。话语有如游戏规则，对话时，双方都要遵守某些规则，形成最基本的认同，否则，对话就无法进行。正如我们不能用下象棋的规则来下围棋一样，规则不同，游戏就无法进行，对话只能终止。

在跨文化对话过程中，最困难的是要形成一种不完全属于任何一方，而又能相互理解和相互接受的话语。目前，发展中国家所面临的，正是多年来发达世界以其雄厚的政治经济实力为后盾所形成的，在某种程度上已达致广泛认同的一整套有效的概念体系。这套话语无疑促进了欠发达地区各方面的进步；然而，不可否认，也压制了该地区本土原有的生活方式和思维方式以及本土话语的发展。近来有关失语症的提出有一定道理，但以此否定数百年来，以西方话语为核心形成起来的当代话语，代之以前现代的本土话语，或某种并不存在的新创的话语，是不现实的。某些人主张去发掘一种绝对属于本土的、未经任何“污染”的话语，但他们最后会发现这种话语根本就不存在，因为文化总是在与其他文化的相互作用中发展的；况且，即便有这样的完全本土的话语，它也既不能用来诠释现代生活，也不能被对话的另一方所理解而达到沟通的目的。事实上，西方话语本身经过数百年积累，汇集了千百万智者对于人类各种问题的思考，并在与不同文化的交往中得到了丰富和发展，抛弃这种话语，生活将难以继续；然而，只用这套话语及其所构成的模式去诠释和截取本土文化，那么，大量最具本土特色和独创性的、活的文化就会因不能符合这套模式而被摒除在外，果真如此，所谓对话就只能是同一文化的独白，无非补充了一些异域资料而已，并不能形成真正互动的生成性对话。

如何才能走出这一困境？最重要的是要寻求一个双方都感兴趣的中介，也就是一个共同存在的问题，从不同文化立场和角度进行讨论。要做到这一点首先要在对话中保持一种平等的心态。不少西方人不了解，也不愿意了解他种民族的文明，而是固执地、也许并不带恶意地认为自己的文化就是比其他文化优越，应该改变和统率其他民族的文化。要改变这种心态，远非一朝一夕可以做到。意大利比较文学家——罗马大学的阿尔曼多·尼希（Armando Gnisci）教授特别指出，要改变这种“西方中心”思想、必须通过一个他称为“苦修”（askesis）的过程。他说：“我们必须确实认为自己属于一个‘后殖民世界’，在这个世界里，前殖民者应学会和前被殖民者一样生活、共存。它关系到一种自我批评以及对自己和他人的教育、改造。这是一种苦修。”[①] 另一方面，许多过去被压抑的民族，由于十分敏感于捍卫自己固有的文化，以致保守、封闭，拒绝一切对话，结果是自身文化的停滞和衰竭。要消除这样的心态，同样是一个“苦修”的过程。只有在这样的基础上形成新的话语，对话才能进行。

① [意] 阿尔曼多·尼希：《作为“非殖民化”学科的比较文学》，罗湉译，《中国比较文学通讯》，1996 年第一期，第 5 页。

作为跨文化对话前沿的比较文学及其发展的第三阶段

在跨文化对话中，文学可以起很大的作用。

首先是文学的伟大凝聚力。历史证明任何伟大的文学或艺术作品总是较少功利打算，而体现着人的生、死、爱、欲等古今人类共同的话题。如佛教提出的“人生八苦”（生、老、病、死、憎厌聚、爱别离、求不得、五蕴盛）。这些共同话题使读者产生共鸣，同时又是作者本人的个人经验、个人想象与个人言说。伟大作品被创造出来，不管作者是否愿意，总是从自身文化出发，带有不可避免的自身文化的色彩；在被解读时，读者一方面带有自身的文化先见，一方面又因人们对共同经验的感知和理解而突破了不同文化之间的隔阂，产生了新的阐释。事实上，每一部伟大的作品都是根据自己的生活方式、思维方式，对共同问题做出自己的回答。这些回答鸣响着一个民族悠久的历史传统的回声，同时又受到属于不同时代、不同群体的当代人的解读。不同文化的人们通过这样的解读，可以互相交往、互相理解、得到共识，形成共同的话语。

中国文学经过百年来在古今中外文化激烈冲撞中的推进，文学研究积累了丰富的经验，今天的文学研究将在这个基础上参照世界文化当前语境，回归原点再出发。正如列维·斯特劳斯所说，一种纯粹和整体的知识不能从特定的政治现实以及时代状况中获得，而只能借助于追本溯源，回到“尚未损害，尚未败坏的自然”。中国文学研究也是如此，恰如中国著名作家格非从他自身的创作实践所总结的，“整个中国近现代的文学固然可以看成是向外学习的过程，同时也是一个更为隐秘的回溯性过程，也就是说，对整个传统的再确认过程”[①]。一方面是空间性坐标，即在费孝通先生所说的“机械文明”和“信息文明”两个文明重叠的挤压下，与世界的情愿和不情愿的交往；另一方面是时间性的坐标，也就是格非所说的那个更隐秘的、向传统回归的过程。中国文学发展的百年历史急需要在这个纵的和横的坐标上来进行总结。

事实上，无论是文学研究还是文学创作，现代人从传统文化的土壤中生长出来，同时又过着现代生活，受着现代教育，从物质到精神都或多或少受着外来影响；中国文化百余年来，无时无刻不与外来文化发生种种接触。古今中外纵横交错，表现为非常复杂的循环往复，现在到了在新的形势下，根据新的需要，更系统、更深入地进行诠释的时候。这一切都为当下文学的发展提供了新的思路和条件。由此可以看出，在当前世界的大变局中，在形成全球性的文化多元格局中，文学是一个十分重要的环节；同时，这个进程又将给文学研究的发展和更新带来新的契机，从而根本改变当前文学研究的格局。在古今中外的坐标上为文学研究重新定位，让跨文化文学研究的根本精神贯彻于文学研究的各个领域，这就是当前中国比较文学，也就是跨文化文学研究所面临的形势和任务。

进一步考察当今比较文学存在的语境，就会发现我们正处于一个后现代思潮的转型时期。二十世纪六十年代兴起的后现代解构思潮轰毁了过去笼罩一切的“大叙述”，使一切权威和强制性的一致性思维都黯然失色，同时也使一切都零碎化、离散化、浮面化，最终只留下了现代性的思想碎片，以及一个众声喧哗的、支离破碎的世界。后现代思潮夷平了现代性的壁垒，却没有给人们留下未来生活的蓝图，未提出建设性主张，也未策划过一个新的时代。

---

① 格非:《汉语写作的两个传统》,《文汇报》, 2005 年 12 月 3 日。

到了二十世纪末二十一世纪初，人们反思了解构性后现代思潮的缺陷，提出以过程哲学为基础的建构性后现代主义，主张将第一次启蒙的成绩与后现代主义整合起来，召唤“第二次启蒙”[①]。如果说第一次启蒙强调的是解放自我、个人自由，其方法论核心是工具理性，其根本追求是重塑自然以符合人类需要；那么，第二次启蒙则是强调尊重他者，尊重差别，多元互补，强调责任和义务，揭示自由与义务的内在联系；他们认为工具理性使人们难以摆脱以功利为目的的行为动机，人类必须大力增强以真善美的和谐统一为旨归的审美智慧；他们号召超越人类中心主义，高扬生态意识，提倡抛弃人类可以操纵环境的想法，而重在根据环境的需要调整自身。第二次启蒙的这些主张与中国文化的传统价值有很多相通之处，如“和实生物，同则不继”“欲遂其生，亦遂人之生”“道始于情，情生于性”“天人合一”等。这些都为打通中外古今的跨文化文学研究提供了新的理论基础和广阔空间。

回首历史，中国比较文学在二十世纪初发轫，二十年代后作为一个学科开始孕育。八十年代后，作为最具开放性、先锋性的学科之一，得到了迅猛发展。九十年代前后，世界更深入地进入全球化时代，与此同时，单向度的、贫乏而偏颇的全球主义意识形态的弱点随之暴露无遗，而以多元文化为基础的另一种全球化的诉求被强有力地提了出来。这种诉求大大促进了比较文学的发展，使之超越以法国比较文学为核心的第一发展阶段和以美国比较文学为核心的第二发展阶段，进入以不同文化体系文学的“互识”“互证”“互补”为核心的比较文学发展的第三阶段。

中国比较文学之所以能成为全球第三阶段比较文学的积极倡导

---

① 王治河:《后现代化呼唤第二次启蒙》,《世界文化论坛》, 2007 年 1/ 2 月号。

者，第一是由于中国作为发展中国家，坚决反对帝国文化霸权，始终如一地全力促进多元文化的发展。第二，中国具有悠久的文化历史，为异质文化之间的文学研究提供了取之不尽、用之不竭的源泉。长期以来，中国和印度、日本、波斯以及欧洲各国都有过深远的文化交往。第三，近百年来，中国人对外国文化和外国语言勤奋学习，不断积累，使得中国人对外国的了解一般来说，要远胜于外国人对中国的了解。这就使得中国比较文学有可能在异质文化之间的文学研究这一领域，置身于前沿。第四，中国比较文学以“和而不同”的价值观作为现代比较文学的精髓，对各国比较文学的派别和成果兼收并蓄。三十年代初，梵·第根的《比较文学论》、洛里哀的《比较文学史》都是在出版后不久就被中国名家译成中文。到二十世纪末，中国翻译、编译出版的外国的比较文学著作、论文集（包括欧美、俄国、日本、印度、韩国、巴西）已达数十种，对外国比较文学评价分析的文章数百篇，绝大多数的中国比较文学教材都有评介外国比较文学的专章。可以说任何一个国家的学者，都没有像中国学者这样，如此热心地重视对外国比较文学的介绍与借鉴。最后，还应提到中国传统文化一向文史哲不分，琴棋书画、舞蹈、戏剧相通，这为第三阶段的跨学科文学研究提供了全方位的各种可能。

可以说，中国比较文学既拥有深厚的历史基础，又具有明显的世界性和前沿性。它接受了法国学派的传播与影响的实证研究，也受到了美国学派的平行研究与跨学科研究的影响，它既总结了前人的经验，又突破了法国比较文学与美国比较文学的西方中心的狭隘性，使比较文学能真正致力于沟通东西方文学和学术文化，从各种不同角度，在各个不同领域将比较文学研究深入导向崭新的比较文学发展的第三阶段。

总之，人类无可逃脱地面临着全球跨文化对话的紧迫性。促进对话、避免对抗是每一个当代人的责任。以跨文化对话文学研究为己任的比较文学与比较文化更是位于前沿。在二十一世纪的第二个十年我们要张开双臂，敞开胸怀，摆脱任何派别和地域的局限，站在时空的最高点，观察全球，理解世界，探索人类；打通古今中外各民族的文学，沟通人的灵魂，塑造对宇宙、对人生的新的观念，参与构建适合于二十一世纪人类生存的共同伦理；特别是在普遍与特殊、纯粹与更新、自我与他者、本土话语和外来话语等关系上，积极开拓，寻求新的突破。

三、以东方智慧化解文化冲突

文化根植于人的内心，征服只能是暂时的。中国的“和而不同”传统反对“趋同”或“混一”，提倡在新的基础上产生新质和新的差异，形成新的不同；另一方面，由于形势的变化，西方人对探索和研究非西方文化产生了很大兴趣，不仅将非西方文化作为一个“他者”来加深对自己的认识，而且承认每个人的经历和愿望都具有同等价值，承认非西方文化是世界文化的重要组成部分。这些变化都有利于东西文化的沟通、促成文化冲突的化解。在这种情况下，具有悠久历史的中国传统文化有可能对化解文化冲突做出新的贡献。

文化冲突的化解

当代许多冲突是由文化冲突引起的。最近法国长达数周的骚乱很是发人深思。据报道，作为骚乱主角的年轻人固然承受着失业和贫困等压力，但这些物质问题过去就存在，并非导致这次骚乱的直接原因。有的国外传媒分析，骚乱是起于长期积累的愤怒，起于种族歧视和社会不公，这就是文化问题。同时我们也看到华侨和华裔无论在任何社会，都很少采取暴力，这也是文化使然。

文化根植于人的内心，企图征服或消灭某种文化，也许可以暂时取得胜利，但结果总是“冤冤相报”，制造出新的仇恨。中国文化强调的是“仇必和而解”。

“和”首先是承认不同，没有不同就无所谓“和”。“仇必和而解”，就是要允许在“和”的过程和结果中，双方都存在，而不是一方压倒另一方。如《尚书·尧典》：“百姓昭明，协和万邦”（“协和”的是“万邦”，而不是“一邦”）。“和”还有一个“不过分，得其中道”的意思。如《广韵》：“和，顺也，谐也，不坚不柔也。”《新书·道术》：“刚柔得适谓之和，反和为乖。”这些都是和谐适度的意思，恰到好处，适可而止，不是“过”，也不是“不及”，这不是和二而一，也不是和稀泥，而是执其两端而用其中。“中”既非甲端，亦非乙端，而是既包含甲的特点，也包含乙的特点的新事物。因此，“和”的结果不是“趋同”乃至“混一”，而是在新的基础上产生新质和新的差异，形成新的不同。当然，这并不排斥在漫长的社会发展进程中，人们会逐渐形成某些共同的价值标准，但即使是这些共同标准，在不同的地区和民族也有其不同的理解和不同的表现形式。

“仇必和而解”，就是冲突的化解。中国人讲究的是冤仇宜解不宜结，“解”即化解。化解就是沟通、对话，达到相互理解，以至于“大事化小，小事化无”，解开疙瘩。

化解文化冲突的途径是文化自觉

多元文化共处最根本的核心就是文化自觉。关于这一点，著名的社会人类学家费孝通教授在他晚年极为成熟的思考中，曾经反复强调过。他说："文化自觉是指生活在一定文化中的人对其文化有'自知之明'，明白它的来历、形成过程、所具的特色和它发展的趋向，不带任何'文化回归'的意思，不是要'复归'，同时也不主张'全盘西化'或'全盘他化'。自知之明是为了加强对文化转型的自主能力，取得决定适应新环境、新时代对文化选择的自主地位。文化自觉是一艰巨的过程，首先要认识自己的文化，理解所接触到的多种文化，才有条件在这个正在形成中的多元文化的世界里确立自己的位置，经过自主的适应，和其他文化一起，取长补短，共同建立一个有共同认可的基本秩序和一套与各种文化能和平共处，各抒所长，联手发展的条件。"①

二十一世纪以来西方文化最值得注意的动向之一就是日益深化的"文化自觉"。早在第一次世界大战时，斯宾格勒就写了《西方的没落》，对西方文化问题进行了反思；今天的晚期资本主义文化更是发生了深刻的危机，对这种危机的自觉越来越深刻。正如法国著名思想家埃德加·莫兰（Edgar Morin）曾指出的，科学技术促进了社会进步，同时也带来了对环境、文化的破坏，造成了新的不平等，以新式奴役取代了老式奴役，特别是城市的污染和科学的盲目，给人们带来了紧张与危害，将人们引向灭亡与生态死亡。美国著名学者理查·罗蒂也曾提出，不管是在美国和中国，还是在巴西和俄罗斯，许多人都已经清楚地认识到美国追求霸权已到了无以复加的地步，全然不顾所作所为对于人类自由的影响。这是一个可怕的错误。波兰社会学家齐格蒙特·鲍曼在《现代性与大屠杀》中则更是强调，现代文明的高度发展，超越了人所能调控的范围，导向高度的野蛮。这些看法与早期资本主义追求自由、平

① 费孝通：《论文化与文化自觉》，群言出版社，2005年版，第526页。

等、博爱，解放人性的理想不异天壤之别。这些都是出于一种深刻的文化自觉。

西方的文化自觉还表现在对于根深蒂固的西方中心论的反思上。意大利比较文学家阿尔曼多·尼希教授把对西方中心论的扬弃过程看作是一种自我批判的“苦修”，先进的西方知识分子已经觉悟到在后殖民时代抛弃西方中心论的必要和困难。

西方的文化自觉推动西方人更多地探索和研究非西方文化，特别是掀起了重新认识东方的热潮。这一趋势首先关联于从二元对立思维方式向互动认知思维方式的转变。过去，“认知”所描述的是一个可信赖的主体去“认识”一个相对确定的客体，从而将它定义、划分、归类到已有的认识论框架之中。互动认知的思维方式与主体原则相对，强调“他者原则”；与确定性“普适原则”相对，强调不确定的“互动原则”，即强调主体和他者在认知过程中都有所改变，对主体和客体的深入认识都必须依靠从他者视角的观察和反思；一切事物的意义并非一成不变，而是随着主体在不同时空中的变化而变化。

在这样的情况下，中国文化势必成为一个十分重要的他者。正如法国学者弗朗索瓦·于连（Francois Jullien）所说：“中国的语言外在于庞大的印欧语言体系，这种语言开拓的是书写的另一种可能性；中国文明是在与欧洲没有实际的借鉴或影响关系之下独自发展的、时间最长的文明……中国是从外部正视我们的思想——由此使之脱离传统成见——的理想形象。”他认为：“我们与希腊思想有某种与生俱来的熟悉，所以为了了解它，也为了发现它，我们不得不割断这种熟悉，构成一种外在的观点，才会构成对自己的新的认识。”他强调：“必须有一点儿理论迂回的余地，借一个新的起点，把自己从种种因为身在其中而无从辨析的理论纷争之中解放出来。”[①]

文化自觉和思维方式的改变使西方文化和非西方文化有了进一步接近和互相理解的可能，有利于东西方文化的沟通、促成文化冲突的化解。如果我们真能有充分的文化自觉，做到费孝通先生所说的“各美其美，美人之美，美美与共，天下大同”，文化冲突显然就会得到化解。

中国传统文化对化解文化冲突可能做出的贡献

中国对于传统文化的反思和批判已有百余年的历史，但过去往往受到大国心态或民族自卑心理的制约，尤其未能在新的世界语境中重新来诠释中国文化；上述西方思想文化的发展对中国文化研究起了很大的推动作用，掀起了国内外对中国文化再认识的热潮，特别是集中于从当前世界文化发展的需要出发，审视我国极其丰富的文化资源，在当前的文化冲突中能做出何种贡献，同时，也在与他者的对话中对自己进行重新再认识，特别是认识自己的缺点。这当然是一个漫长的过程，但已有一个很好的开端。我认为以下几点是中国文化所固有，而又可以作为当前世界文化重构之参照的几个重要方面。

（一）不确定性与“在混沌中生成”的宇宙观

中国道家哲学强调一切事物的意义并非一成不变，也不一定有预定的答案。答案和意义形成于千变万化的互动关系和不确定的无穷可能性之中。由于某种机缘，多种可能性中的一种变成了现实。

① [法]弗朗索瓦·于连：《道德奠基：孟子与启蒙哲人的对话》，《北大学术讲演丛书·15》，北京大学出版社，2002年版。

这就是老子说的“有物混成”（郭店出土竹简作“有状混成”）。一切事物都是从这个无形无象的“混沌”之中产生的，这就是“有生于无”。“有”的最后结局是“复归于无物”。“无物”是“无状之状，无物之象”，这“无物”“无状”并不是真的无物、无状，因为“道之为物，惟恍惟惚。惚兮恍兮，其中有象；恍兮惚兮，其中有物”。这“象”和“物”都存在于“无”中，都还不是“实有”，它只是一种在酝酿中的无形无象的、不确定的、尚未成形的某种可能性，它尚不存在而又确实“有”，是一种“不存在而有”。这就是“天下万物生于有，有生于无”的道理。

从中国的宇宙观出发，最重要的不是拘泥于人们以为是“已定的”，其实仍在不断变化的“确定性”，而是去研究当下的、即时的、能有效解决问题的、从现实当中涌现出来的各种可能性。随着主体视角和参照系的改变，客观世界也呈现着不同的面貌。主体对本身的新的认识也要依靠从他者的重新认识和互动来把握。七十年代以来，中国推翻了由“两个凡是”锁定的僵死的“规律性”和“普适性”，坚持“实践是检验真理的唯一标准”，就是纠正了过分强调固定的规律性和普适性的西方思维模式，而运用了中国传统智慧对人的主观能动性的强调。正如朱熹所说：“天即人，人即天。人之始生，得之于天；既生此人，则天又在人矣。”天要由人来彰显。只有通过自由创造、具有充分随机应变的自主性而又与天相通的人，天的活泼泼的气象才能得以体现。

一切事物的意义并非一成不变，也不一定有预定的答案，而是形成于千变万化的互动关系和不确定的无穷可能性之中，举例来说，正是从这一点出发，基于不变的立场和观点的世代复仇就不一定有一成不变的合理性和合法性。因此，中国“和为贵”的哲学反对“冤冤相报，无有已时”，提倡“仇必和而解”“一笑泯恩仇”。

从鲁迅的小说《铸剑》中可以看到对“世代复仇”的反讽，在金庸的一些小说中也能看到复仇与和解的双重变奏。

上述《道德经》中论述的“惚恍”和“不存在而有”的宇宙观与当今的混沌科学思想有许多相通之处。《混沌七鉴——来自易学的永恒智慧》[①] 一书的作者指出：“《易经》对我们特别有启示。混沌的科学思想源于研究人员对气象学、电路、湍流等复杂物理系统的研究。很明显，《易经》的作者和注疏者曾长期深入思考过自然界和人类活动中的秩序和无序间的关系，他们最终将这种关系称为‘太极’。”又说：“欧洲、美国、中国的社会正处在一个巨变的时代，正如过去《易经》的作者和注疏者那样，此时此刻人们正试图洞察个体与集体的关系，寻求永恒变易中的稳定。我们的时代是一个来自方方面面的思想和感知产生出巨大能量的时代。当代世界的社会状况类似于物理系统中的非平衡态。新的相对稳定和意外结构有时会突然产生。或许，当未来社会朝我们未曾指望的方向发展时，混沌科学会帮助我们理解所发生的一切。”持有这种观点，就可以找到化解文化冲突的思想基础。

（二）与西方不同的多种思维方式

西方文化长期以来习惯于主客二分的思维方式，如罗素所说，笛卡尔体系提出来精神界和物质界两个平行而彼此独立的世界，研究其中之一能够不牵涉另一个。他们重视以主体为一方的对客体的切割、分类而加以认识。人们总是相信自己从客体抽象出来的规律，并将之崇奉为放之四海而皆准的普适性，他们崇尚抽象的规律性远远超过关心事物的特殊性和具体性。由此出发，现存集中的权

① [美]约翰·布里格斯、[英]戴维·皮特：《混沌七鉴——来自易学的永恒智慧》，陈忠等译，上海科技教育出版社，2001 年版。

力系统只能通过普适化、均一化、互相隔离的分类方法来管理世界，这就损坏了事物广泛联系的复杂性，也就损坏了真正有创意的自由发展。不可改变的规律性、普适性发展到极端，就是文化霸权的理论基础。

中国却讲究不同思维方式的共生。

首先是“一分为三”[①]的原理和由此而产生的中庸之道。中国传统文化在强调承认一分为二的同时，也提出了“执两用中，一分为三”的原则。作为中国文化支柱之一的八卦，每一卦都是由三画组成的，由三而演化，至于无穷。所以说“太极元气，函三而一”[②]。《史记·律书》提出：“数始于一，终于十，成于三。”为什么说“成于三”呢？当两种原不相干的事物相遇，而构成一个“场域”，就产生了新的、不同于原来只有二者的第三个东西，这就是老子说的：“道生一，一生二，二生三，三生万物。”《易经·系辞传》明确提出：“易之为书也，广大悉备，有天道焉，有地道焉，有人道焉。”所以《礼记·中庸》强调：“可以赞天地之化育，则可以与天地参矣。”只有天、地是不够的，必须有第三因素“人”来赞天地之化育，才能成其为世界，这就是：天、地、人。《中庸》的真精神也就是要从“过”和“不及”的两端，找到一个中道，即所谓“执两用中”，执两端而用其中。这个“中”并不是两项旧物的折中，而是从两端构成的新的场域中产生出来的那个新的“三”。《汉书·何武传》中说：“(何武)疾朋党。问文吏必于儒者，问儒者必于文吏，以相参验。”这就是执文吏和儒者两端，而得到一个既非“文吏”，亦非“儒者”的第三个新的意见。因此，人们在认识事物时，首先要“执其两端”，然后

---

① 庞朴：《浅说一分为三》，新华出版社，2004年版。

② [西汉]刘歆：《三统历谱》，《汉书·律历志》，中华书局，1962年版，第964页。

“求其中道”。这就是儒家的最高理想：“极高明而道中庸。”这一智慧的结晶也许能救助日益趋向暴力、恐怖、极端的世界。

其次是“五行相生相克”。五行思想是中国认识论和方法论的另一个系统，最早见于《尚书·洪范》，后来的《左传》《国语》等多有论述，意谓世界万物皆由五种元素及其所构成的关系所组成。这五种元素是木、火、土、金、水，它既代表颜色——青、赤、黄、白、黑，又代表人体——肝、心、脾、肺、肾；也代表方向——东、南、中、西、北；时令——春、夏、长夏、秋、冬等。五种元素既相生（水生木，火生土，金生水，木生火，土生金），又相克（水克火，火克金，金克木，木克土，土克水），循环往复，互相制约，无有已时。从多种元素相生相克的广泛联系出发，就必然重视事物的多样性，重视差别和相互联系，其结果必然是崇尚多元，尊重自然。

再次是中国的思维方式还反对直线冒进，而提倡多作回顾反省，即老子早就提出的“反者道之动”。数百年来，无论是西方还是在西方影响下的东方，不管是人文科学还是社会科学，进化论的影响都十分深远。人们竭尽全力往前飞奔，对自然资源榨干了还要再榨，对人的生活享受了还要再享受，人类趋向未来的速度快了还要再快……这已经成为许多人的思维方式和生活模式。至于未来是什么，“新”是不是一定比“旧”好？万众所趋的目的地何在？人们究竟奔向何方？除了作为个体的人必然趋向的坟墓而外，没有任何真正具有确定性的回答可以被提供出来！中国古训所强调的与此截然不同，从老子的《道德经》开始，就强调“反者道之动”，道的萌动，总是从回归开始，万物的运动都有一种复归的倾向，都要回到运动的原点，在新的认识和新的经验的基础上，重新再出发，从而上升到更高的境界，也就是郭店出土的竹简所说的“反辅”：“太乙生水，水反辅太乙，是以成地，天地复相辅也，是以成神明……”可见“回归”“反辅”是事物发展的根本条件，正如春夏秋冬的周而复始。中国哲学不重视以时间为主体的线性发展，而更重视向原点的复归，这就是“反本开新”。既然万物都在不断“回归”“反辅”和再出发，而不是向某个方向盲目飞奔，也就没有匆忙的必要。中国文化强调“听其自然”，强调“万物静观皆自得”，强调无为，强调协同发展，但同时它又反对停滞不变，作为中国文化古远根源的《易》的核心就是发展变易。这对于可持续发展，对于制止当今社会的盲目狂奔正是很好的参照和缓冲。其实，每当在历史转折关头，人们总习惯于回归自己的文化源头，去寻找新的途径。西方文化的发展也往往要回顾和重新参照古希腊和希伯来。目前，在西方，回到原点，重新再出发，也已成为一种趋势。如果人们改变了直线狂奔、盲目奋进争夺的思维定式，习惯于回头看看，文化冲突也可能得到很大缓解。

另外，中国还有一种“负”的思维方式，如老子讲的“三十辐共一毂，当其无，有车之用。埏埴以为器，当其无，有器之用。凿户牖以为室，当其无，有室之用”。车轮、器皿、房间，有用之处，都不是其实体，而是由这些实体所构成的非实体的空间。又如中国画，画月亮，不是画月亮本身，而是画周围的云彩，中间那个空白的、没有画的地方才是月亮。这些都是强调要给人以空间，“有容乃大”，强调包容、宽厚。

（三）人与社会的关系的独到见解

西方对个人权利、自由意志的强调已发展到极端，但人只能镶嵌在与他人的关系中才能生存。一个人的权利只有在其他人能负责保证这些权利得以实现的条件下才能实现。因此在他索取自身权利的同时必须负起保证他人权利得以实现的责任。如戴震所谓：“欲遂其生，亦遂人之生，仁也。”儒家思想既不像自由主义模式那样，将社会作为实现个人目标的一种手段，也不像集体主义那样将个人作为实现某种社会理想的手段。儒家认为作为人类社群的民是天下国家的根本。“民为邦本，本固邦宁”“天视自我民视，天听自我民听”，孔子既是精简政府职能的倡导者，又是建立自治的人类社群的积极支持者。他说：“为政以德，譬如北辰，居其所而众星拱之。”又说：“听讼，吾犹人也。必也使无讼乎。”孔子理想的社会是一个政府少折腾，百姓无官司的社会。儒家的这些主张也许可以修正西方民主的弊端，有助于创造一种新型的、兼顾身心的、更合理的民主，也可以化解以一种意识形态一统天下，强加于人而爆发的文化冲突。

四、塑造我的人生的几本书

人的个性可能有一些先天的因素，但归根结底是决定于社会和家庭的影响；对一些人来说，读书更是起着十分重要的作用。

我在初中二年级读了《简爱》，女主人公那种自尊自爱、自我奋斗、鄙弃世俗成见、忠实于自己的心的性格无形中成了我的摹本。

高中时代，我最喜欢的作家是陀思妥耶夫斯基，特别是《罪与罚》和《被侮辱与被损害的》，它们让我第一次关注到社会底层可怕的贫困、痛苦和绝望，并深感如果对这一切不闻不问，漠不关心，那确是人生的奇耻大辱。

十九世纪四十年代末期，我有幸接触到车尔尼雪夫斯基的《怎么办？》。职业革命家拉赫梅托夫和作者本人成了我最崇拜的偶像，也成了我在生活中追求的最高目标。

后来，一连串逆境，使我深深爱上了《庄子》；庄子辽阔豁达的胸怀使我有力量去漠视生活对我的不公，尤其是他的名言“不累于俗，不饰于物，不苟于人，不忮于物”成了我在逆境中做人的准则。

与此同时，《陶渊明集》则陶冶了我浮躁而尚不能脱俗的情怀。陶渊明对素朴的田园生活的吟味，如“暧暧远人村，依依墟里烟。狗吠深巷中，鸡鸣桑树颠”“晨兴理荒秽，戴月荷锄归。道狭草木长，夕露沾我衣”等都陪伴着我，使我在艰苦的农村生活中体验着大自然的诗意而逐渐心安。“悲风爱静夜，林鸟喜晨开”等诗句使我对农村的静夜和清晨都充满着喜悦。后来，甚至对生死等大问题似乎也都有所参透了：“纵浪大化中，不喜亦不惧，应尽便须尽，无复独多虑。”一旦连生死都能听其自然，还有什么放不下的呢？

五、我的五字人生感悟

我的一生可以说体现着佛经讲的五个字，并可用之加以表述。佛经认为人的一生贯穿着五个字。

第一个字是“命”。你必须认命，比如说你生在哪一种家庭，你长成什么样，你没法选择。你生在一个贫农家庭和你生在一个大富豪家庭肯定是不一样的，这是命，你不能选择的。这叫“命中注定”。

第二个呢，我觉得是“运”，“时来运转”的“运”。这个“运”是动态的，如果说“命”是注定的、不动的，而“运”则是动的。我常常觉得自己有很多“时来运转”的时候，也有很多运气很糟糕的时候。好多时候，你觉得你没有做什么，可就是发生了某种“运”。比如当时我们刚大学毕业，作为北大中文系的一位年轻教师，想和伙伴们办一个能发表年轻人文章的学术刊物，并难免有几分狂妄地拟名为“当代英雄”。为此，1958年“反右”已经快结束了，我还是被补进去，划成了“极右派”。我为此离开学术界二十多年。后来我搞比较文学，也真是“时来运转”。那时已经是1981年了，我都已经五十岁了。也是非常偶然的，我也不知道怎么就把我选去哈佛大学做访问学者了，而且，不单是在哈佛大学访学了一年，当时加州大学伯克利分校有人来哈佛大学开会，看见我，就邀请我到他们那儿做两年客座研究员。我完全没有想到！怎么可能呢？伯克利分校和哈佛大学都是很好的学校。后来，我就相信这个“运”，就是说“时来运转”。“运”是不能强求的，“运”没有来的时候，强求也没有用。当运气很坏的时候，你不要着急，运气很好的时候，你也不要觉得自己怎么了不起，它是有一个你所不知道的力量在后面推动的，并不是你自己有什么了不起。

第三个字是“德”，就是道德的“德”。道德是任何时候都要“修”的，孔夫子讲的“德之不修，学之不讲，闻义不能徙，不善不能改，是吾忧也”。如果你不讲“德”，不讲“学”的话，那是非常大的忧患了。无论在什么意义上，我总觉得自己要做个好人，我觉得这是中华民族传统文化中一个非常重要的因素。像费孝通先生讲的，是中国文化传统的基因。一般普通的老百姓也不一定就“望子成龙”，可是他希望孩子是个好人，不要是个坏人，这是生存在我们老百姓文化中的一个基因。在我最困难、最委屈、最想不通的时候，我觉得有一句话是我生活的支柱，那就是：“达则兼济天下，穷则独善其身。”尽管那时什么权利都被剥夺了，但我还可以做一个好人。我在乡下被监督劳动时，正是大饥饿的年代，领导要求我创造一个奇迹，要把四只小猪，在不喂粮食的条件下，也能养肥了给大家过年。就这个任务，当时我真的很着急呀，每天满山遍野地让猪拱食，到处给它们打猪草。后来把那些猪养得还可以，反正不算肥，但是大家过年的时候都吃得挺高兴，我觉得也很好。所以不管怎么样，就算在很困难的环境里，还是要独善其身，竭尽全力，做个好人，所以老乡都很喜欢我。当时我住的那一家，老大爷是个放羊的，他去放羊的时候，捡到一个核桃、几颗花生什么的都带回来给我吃。那时候的下放干部很多都得了浮肿病，因为粮食不够，可是我没有得浮肿病。如果那时候看不见前途就完全消沉，什么也不想干了，或者说你对老百姓很冷漠，对大家很抗拒，如果没有“穷则独善其身”的信念，就会觉得日子没法过下去。

第四个字是“知”，知识的“知”。“知”是你自己求的，就是说你要有知识，要有智慧。这一点，我觉得我也一直没有放弃。即使在放猪的时候，我也一边放猪，一边念念英文单词，没有把英语基础全丢掉。我原来是喜欢外国文学的，特别是屠格涅夫等俄国作家的小说。他写的革命女性对我的影响非常之大。另外一方面，我也很喜欢中国的古诗词。我很奇怪，一方面是那种特别进取的，像我喜欢的俄罗斯文学都是比较进取的，立志要为别人、为大众做一点事；另一方面，中国的诗词曲，特别是元曲里那些比较消极的东西对我影响也很大。比方说我年轻时老爱背诵的那些元曲：“朝如青丝暮成雪”“上床与鞋履相别”“人生有限杯，几个登高节”之类。这些知识对我以后走上比较文学的道路是很重要的，因为我知道一点西方，又知道一点中国，然后又运气好，到了哈佛大学，接触了比较文学学科，这就使我有了从事比较文学的愿望，特别喜欢这个学科，也看到这个学科将来的发展未可限量。所以这个“知”对人很重要，有时也会决定人的一生。如果你没有接触这个知识领域，没有看过相关的书，那就不可能向这方面发展，你这个人就会很闭塞，可供你选择的道路也会很少。所以，我很看重这个“知”字。

第五个字是“行”。上面谈到的一切，最后要落实到你的行为。这个“行”其实是一种选择，就是当你面临一个个关口的时候，你怎么选择。人所面临的选择往往是纷繁的，也有很多偶然性。即便前面四个字你都做得很好，可是这最后一步，当你跨出去的时候，你走岔了，走到另一条路上去了，或者你这一步走慢了，或者走快了，你照样还是不会得到很好的结果。我觉得我自己遇到很多这样的关口，例如那时到苏联去开会，领导真的很挽留我，告诉我可以到莫斯科大学留学，兼做国外学生工作，但是我还是决定回北大。后来季羡林先生给我的一本书写序的时候说，乐黛云这个选择是对的，可能中国失掉了一个女外交官，但中国有了一个很有才华的比较文学开拓者。这就是说选择很重要，人的一生，有时选择对了，有时选择错了！选择对了，运气不来也不行。记得我大学毕业时，彭真市长调我去做秘书，我选择不去，但也由不得我！没想到一来二去，当时竟把我的档案弄丢了，我也不想去找，后来也就算了。这样，我还留在北大，这就是选择和命运的结合。

总之，命、运、德、知、行，这五个字支配了我的一生。

第九章

玖 献给自由的灵魂

一、我所知道的北大校长们

北大自由精神的奠基者蔡元培校长早就指出，“大学不是养成资格，贩卖知识的地方”，也不只是“按时授课的场所”“大学也者，研究学问之机关”“大学生当以研究学术为天责”，学者更“当有研究学问之兴趣，尤当养成学问家的人格”。他抱定学术自由的宗旨，在北大实施了一系列改革。正如梁漱溟先生所回忆：“他从思想学术上为国人开导出一新潮流，冲破了社会旧习俗，推动了大局政治，为中国历史揭开了新的一页。”梁先生特别强调这一大潮流的酿成，“不在学问”“不在事功”，而在于蔡先生的“器局大”和“识见远”。所以能“器局大”“识见远”，又是因为他能“游心乎超实用的所在”。这个“游心乎超实用的所在”讲得特别好。

大凡一个人，或拘执于某种具体学问，或汲汲乎事功，就很难超然物外，纵观全局，保持清醒的头脑。中国知识分子素有“议而不治”的传统，一旦转为“不议而治”，那就成了实践家、政治家，而不再是典型的知识分子。法国社会学家艾德加·莫林（Edgar Morin）认为可以从三个层次来说明知识分子一词的内涵：一、从事文化方面的职业；二、在社会政治方面起一定作用；三、对追求

蔡元培校长

普遍原则有一种自觉。“从事文化方面的职业”大约就是马克思在《剩余价值论》中所讲的“精神生产”；“在社会政治方面起一定作用”就是构筑和创造某种理想，并使它为别人所接受。卡尔·曼海姆（Karl Mannheim）认为，理想可以塑造现实，可以重铸历史，对人类社会发展具有实际影响。“对追求普遍原则有一种自觉”就是曼海姆所说的，知识分子应保留一点创造性的不满的火星、一点批判精神，在理想与现实之间保持某种张力。也就是如连·本达（Julien Benda）所说的，知识分子理想的绝对性禁止他和政治家难以避免的半真理妥协，和塔柯·帕森斯（Tacott Parsons）所说的“把文化考虑置于社会考虑之上，而不是为社会利益牺牲文化”。列宁认为“社会主义学说是由有产阶级出身的、受过教育的知识分子所制定的哲学理论、历史理论以及经济理论中长成的”，它是知识分子长期精神生产的结果，而不是暂时的政治斗争的产物。

北大的校长们，很多都曾有过不和“政治家难以避免的半真理妥协”的经验，他们总是敢于“在理想与现实之间保持某种张力”。直到今天，每当我们困扰于计划生育的两难境地，我们总是不能不想起马寅初校长和他的《新人口论》。1957年马校长将他多年来思索的结晶《新人口论》按正规手续提交第一届全国人民代表大会第四次会议，指出控制人口十分迫切，十分必要。他语重心长地警告说：“人口若不设法控制，党对人民的恩德将会变成失望与不满。”回答他的，是百人围剿，他十分愤慨地写了《重申我的请求》一文，鲜明地表现了一个杰出知识分子坚持真理的悲壮之情。他说：“我虽年近八十，明知寡不敌众，自当单身匹马，出来应战，直至战死为止，决不向专以力压服、不以理说服的那种批判者们投降。”如果马校长当时所面对的政治家多少能听取一点不囿于眼前实利而从长远出发的真知灼见，马寅初对中国社会文化的贡献将无可估量。马寅初所以能高瞻远瞩，从某种程度来说也正因为他不是一个实行者，他只是一个知识分子，他的位置是“议而不治”。这就保证他可以摆脱一些局部和暂时利益的牵制，不需要屈从于上级而以自己的独立思考和智慧造福于社会。相反，北大也有些校长，他们同时是朝廷重臣，如孙家鼐，他虽有开明的思想，也有重振国威、兴办教育的志向，但他毕竟是“官”，所以和康有为、梁启超不同，终于不能越政府的“雷池”。严复，这位向西方寻找真理的先进中国人被袁世凯拉入政府，脱离了“议而不治”的地位，就无可避免地屈从于实际政治，卷入复辟逆流。作为知识分子的杰出代表，北大的大部分校长都是“把文化考虑置于社会考虑之上”，对于文化都怀着极深的关切。九十年来，再没有比中西古今之争这个百年大课题更引人注目，更得到全国关切的文化问题了。如果说孙家鼐囿于他的地位，只是把中西文化关系局限在“中学为主，西学为辅”的层次上，那么，严复提倡的却是“非西洋莫以师”。他的

《天演论》之问世，如“一种当头棒喝”“一种绝大刺激”以致“几年之中，这种思想像野火一样延烧着许多少年人的心和血”。严复所考虑的是更深的文化关切。他超越了“师夷长技”的“言技”阶段，并提出当时盲目移植西方政治制度的做法有如“淮橘为枳”，不能真收实效。因为“苟民力已恭，民智已卑，民德已薄，虽有富强之政，莫之能行”。故要“自强保种，救亡图存”，不能只是“言政”，还要从根本做起，即“开民智，奋民力，和民德”，以教育为本，也就是从文化方面来解决问题。

胡适进一步把中西文化关系放进时间的框架来考察。他认为“文明是一个民族应付环境的总成绩，文化是一个文明形成的生活方式”。因此，“东西文化的差别实质上是工具的差别”。人类是基于器具的进步而进步的。石器时代、铜器时代、钢铁时代以及机电时代都代表了文化进化的不同阶段。西方已进入机电时代而东方则犹处于落后的手工具时代。西方人利用机械，东方人则利用人力。他尖锐地指出：“东洋文明和西洋文明的界限是人力车和摩托车的界限。”工具越进步，其中包含的精神因素也越多。摩托车、电影机所包含的精神因素要远远大于老祖宗的瓦罐、大车、毛笔。“我们不能坐在舢板船上自夸精神文明，而嘲笑五万吨大轮船是物质文明。”胡适认为中西文化的差别首先不是地域的差别而是时代的差别，也就是进步阶段的差别。因此中国传统文化需要进行根本改造与重建，以便从中世纪进入现代化。

梁漱溟不仅从纵的历时性角度来考察中西文化，而且第一次从西方、印度、中国三种文化系统的比较中，从世界文化发展的格局来研究中国文化。他认为这三种文化既是同时存在又是递进发展的。西方文化取奋身向前、苦斗争取的态度，中国文化取调整自己的意欲、随遇而安的态度，印度则取“消解问题”、回头向后的态度。梁先生认为西方文化已经历了它的复兴，接下去应是中国文化的复兴，然后是印度文化的复兴。三种文化各有特点，同时也代表着人类文化发展的三个阶段。中国文化应在自己的基础上向西方已经到达的那个阶段发展，因此对西方文化的态度应是“全盘承受而根本改过”。西方文化则由于第二阶段发展不充分，出现了种种弊病，应回头向中国文化学习、补课。

从世界格局来研究中国文化有一个相互交流的问题。汤用彤先生特别强调了文化交流中的双向性。他认为两种文化的碰撞决不可能只发生单向的搬用或移植。外来文化输入本土，必须适应新的环境，才能在与本土文化的矛盾冲突中生存繁衍，因此它必然在某些方面改变自己的本来面貌；另一方面，在这个过程中，它又必然被本土文化吸收融合，成为本土文化的新成分。无论是外来文化还是本土文化都不可能保持原状而必融入新机，这就是文化的更新。汤先生以毕生精力研究了印度佛教和中国文化的关系，处处证实了“印度佛教到中国来，经过很大的变化，成为中国佛教，乃得中国人广泛的接受”。他将这一过程归结为：因看见表面的相同而调和，因看见不同而冲突，因发现真实的相合而调和三个阶段。这三个阶段既有先后次序，也是一般的逻辑进程。汤先生毕生从事的魏晋南北朝佛教史和魏晋玄学的研究都可视为这一结论的印证。直到如今，这一论断仍不失为有关中外文化沟通汇合的真知灼见。

文化传统就是这样在不断吸引、变化和更新的过程中发展的。这是一个动态的过程。任何文化传统都不是固定的、已成的（things become），而是处于不断形成过程之中（things becoming）。它不是已经完成的“已在之物”，只要拨开尘土就能重放光华；更不是一个代代相传的百宝箱，只消挑挑拣拣，就能为我所用。传统就是在与外界不断交换信息，不断进行新的诠释中形成的，传统就是这个过程本身。如果并无深具才、识、力、胆的后代，没有新的有力的诠释，文化传统也就从此中断。

季羡林先生对这个问题进行了深邃的思考和精到的发挥。他在《传统文化与现代化》一文中指出，传统文化代表文化的民族性(我认为这就是上述文化传统形成过程中积淀下来并不断发展的某些因素——笔者)，现代化代表文化的时代性。一切民族文化都需随时代发展而更新。季先生认为这二者相反相成，不可偏废。现代化或时代化的标准应是当时世界上文化发展的最高水平，任何文化的现代化都必须向这一最高水平看齐。因此，现代化与开放和交流密不可分。在这个过程中，正如汤用彤先生所论证，外来文化必有改变，传统文化也必得更新。二者都不可能原封不动，否则就只能停滞和衰退。季先生认为我国汉唐文化的繁荣，其根本原因就是一方面发展了汉民族的传统文化，一方面又大力吸收了外国的物质和精神文明并输出我国的传统文明。反之，清朝末年的保守派一方面对传统文化抱残守缺，一方面又拒绝学习国外先进的东西，畏惧时代化和现代化，结果是国力衰竭，人民萎缩。未来的希望就在于赶上当前世界文化发展的最高水平，并在这一过程中对过去的文化进行新的诠释。

回顾过去历届北大校长对文化问题的看法，对我们今天有关文化问题的讨论仍是极好的借鉴。

北大的自由精神容纳了人们对真理的追求，容纳了几十年人们对文化问题的自由讨论，同时也容纳了个人人生信念爱好的不同。“物之不齐，物之情也。”蔡元培时代的北大就容纳了许多完全不同的人物。正如马寅初校长回忆：“当时在北大，以言党派，国民党有先生及王宠惠诸氏，共产党有李大钊、陈独秀诸氏，被目为无政府主义者有李石曾氏，憧憬于君主立宪，发辫长垂者有辜鸿铭氏；以言文学，新派有胡适、钱玄同、吴虞诸氏，旧派有黄季刚、刘师培、林损诸氏。”这些人都可以保留自己独特的思想和信念，不必强求统一。正是这种不统一，才使蔡元培时代的北大如此虎虎有生气。“不同”“不统一”，保存自身的特点，维持相互的差异对于事物的生存和发展十分重要。

第二次世界大战后，世界文化发展的总趋势就是全球意识背景上的文化多元发展。这是世界进入信息时代、帝国主义垄断结束的必然结果，也是二十世纪后半叶无可抗拒的时代特征。特别是与进化论相对的耗散理论、熵的概念的提出，更是在今天的西方世界形成了一种对模式化、一元化、“无差别境界”的深刻恐惧。熵的理论认为在一个封闭系统里，能量水准的差异总是趋向于零。例如不同平面的河水，可以利用落差驱动水轮，可以发电，这是有效的、自由的能量；一旦落差消除，水面平衡，能量就转为无效和封闭。这就是说，无差别的，封闭性的一种模式、一个体系、一个权威。总之，一元化只能导致静止、停滞和衰竭。能量不断耗散而趋于混沌一致的过程也就是作为衡量这一混沌程度的单位的熵日益增大的过程。只有形成开放系统不断和外界进行信息交换，力求迫取独特、差别和创新才有可能维持生命活力而不至于成为庄子所描写的那个无“七窍”，不能“视听食息”的名叫混沌的怪物。如果事物越来越统一，熵越来越大，人类就会在一片无争吵、无矛盾的静止、混沌之中沉入衰竭死寂。因此，人们把刻意求新，不断降低“熟悉度”，追求“陌生化”的作家称作“反熵英雄”。“四人帮”统治下的北大追求所谓认识统一、思想统一、行动统一等“五个统一”，和蔡元培所开创的自由精神背道而驰，结果是扼杀了创造性，戕灭了生机。一切归于一致，也就归于静止衰竭。九十年来，北京大学的校长们，从蔡元培、马寅初、翦伯赞到季羡林都曾为维护这种独特性、创造性，不苟同、不随俗而付出过昂贵的代价直到生命尽头。他们是自由的精魂，他们的功业将没世永垂。

二、怀念马寅初校长

我曾经有幸和马寅初校长做了数年邻居，常常看见他在林木茂密的燕南园庭院中漫步。已是七十余岁高龄了，他仍然满面红光，十分硬朗。当时我还正青春年少，以为前途满是鲜花绿草，很有一点直挂云帆济沧海的心境。没有想到历尽坎坷，“一不小心”自己也七十高龄了。这时经常萦绕于我心的是两位长者的形象：一位是我一向心仪的季羡林先生，另一位就是马校长。

记得我七十岁退休，第一次拿到退休工资时，想到我已不再是教师，不再有自己的学生，回首从教五十年，真如我的老友彭兰同志的诗，“三十余年转眼过，事业文章两蹉跎”，心里不免有点凄凄惶惶。季先生很理解我的心情，他安慰我说，七十岁是人生的另一个新起点。他告诉我他的许多书都是在七十岁以后才写成的，七十岁以前或是挨整，或是做许多行政工作，多年没有时间认真做学问。他的话成了我今后生活中最重要的动力。

马校长最让我钦佩并始终难忘的是他对国家民族命运深切的关怀。他无时无刻不在思考着国力的贫弱和人民的穷苦。1955 年，他已是七十三岁，还做了大量调研工作，草拟了一份以控制人口和加强对人口问题进行科学研究的报告，准备在当年举行的全国人民代表大会上发言。没有想到征求意见时，他的想法遭到很多人的反对，有些人甚至反诬他是“反动的”马尔萨斯人口论，竟以“二马”（第二个马尔萨斯）相称。马校长只好暂时撤回报告，更加深思熟虑。1957 年他再次将他精心写成的《新人口论》作为一项正式提案，提交第一届全国人民代表大会第四次会议。他指出控制人口十分迫切，十分必要，并语重心长地警告说：“人口若不设法控制，党对人民的恩德将会变成失望与不满。”

马校长的提案不仅揭示了真理，富于预见，而且合理合法，按照国家宪法，通过必要程序，提交到全国人民最高的权力机关——全国人民代表大会进行审议。然而，回答他的竟是全无理智的“百人围剿”！到了 1958 年 5 月，在康生、陈伯达的插手下，据统计，全国上阵批判他的人已达二百之众，发表的讨伐文章多达五十八篇，其中北大人写的就占了十八篇！马校长非常愤慨，他写了一篇文章，这也是他传世的最后一篇文章了。这篇文章题为“重申我的请求”。他说：“我虽年近八十，明知寡不敌众，自当单身匹马，出来应战，直至战死为止，决不向专以力压服，不以理说服的那种批

1957 年，马寅初校长在北京大学大饭厅作关于“人口与节育”的报告。此后，他将这次报告的内容整理成《新人口论》

判者们投降！”这几句话始终留在我心底。每当我看到不得不行的、紧迫的计划生育政策给农民带来的痛苦，给国家带来的麻烦，我就不能不想起这位年届八十，依然为国家民族奋不顾身的睿智的先知；我常常想，如果八十年代，我国的人口不是十亿，而是八亿，我们的国家会怎样更轻松地腾飞啊！如果马校长当时面对的政治家多少能听取一点不囿于眼前实利而从长远出发的真知灼见，马校长的高瞻远瞩会对国家社会带来多么不可估量的贡献啊！特别是现在，当我以“年老”“已经退出历史舞台”“不在其位，不谋其政”等说法原谅自己与国家社会的疏离时，马校长的精神和他的这些话就在我心中发酵、沸腾。

不幸的是马校长从此被剥夺了发言权，并被迫辞去了北大校长的职务，被赶出了他本来想在此终其天年的美丽的燕南园！

其实，马校长的坚持真理，不畏牺牲，也不是自五十年代才开始。1937 年，他就曾以同样的精神向国民党政府提出向发国难财者征收“临时财产税”，以补抗战经费之不足，使蒋介石大感掣肘。蒋介石先是想以利诱之，提议请他赴美考察，并委以重任，但他凛然拒绝，发表声明说：“为了国家和民族的利益，我要保持说话的自由。”1939 年，他置个人安危于不顾，毅然与共产党人周恩来、王若飞会见，并在蒋介石领导的陆军大学发表反蒋演说，这不能不大大触怒了蒋家王朝，终于被关进集中营一年零八个月，后来又改为家中软禁，直到抗战胜利。他在获得自由后写的《中国的工业化与民主是分不开的》一文，不屈不挠，锋芒仍然直指国民党四大家族。后来他又在重庆校场口，与郭沫若、李公仆等一起被打伤，1948 年才被秘密转移至香港。

回想马校长两度入北大：第一次是 1916 年，他作为美国哥伦比亚大学优秀博士毕业生，毅然拒绝了哥伦比亚大学的正式聘请，应蔡元培校长之约，回国担任了北大经济系教授，并被选为北大第一任教务长；第二次是新中国成立的1951年，他被任命为北大校长，再次进入北大。他在北大的结局，也许是他始料所不及，说不定也是在他的预料之中。他曾发表过一篇题为“北大之精神”的演讲，他认为“所谓北大主义者，即牺牲主义也，服务于国家社会，不顾一己之私利，勇敢直前，以达其至高之鹄的”，他给重庆大学爱国运动会主席许显忠的题词也是：“碎身粉骨不必怕，只留清白在人间。”他长达一个世纪的为人处世都是这些原则的光辉实现！

马校长辞去北大校长后，仍然继续着他的献身精神。他以八十岁的高龄，仍是笔耕不息，继他对中国工业的多年考察研究之后，又转向农业，写了近百万字的《农书》。遗憾的是，为了不使这部巨著落入坏人之手，他不得不于“文化大革命”之初就亲自焚毁了自己的心血。

1981年，北京大学终于洗去了自己的耻辱，召开了盛大的庆祝会，当面向这位历经风雨，一心为国的百岁老人赔礼道歉，郑重聘请他担任北京大学的名誉校长。然而，时日已逝，马校长，他还能从心里感到宽慰吗？也许他对这一切早已释然，无所挂心了。1982年5月10日，马校长与世长辞，享年一百零一岁。

三、大江阔千里

——季羡林先生二三事

世间果然有超乎生死荣辱，“纵浪大化中，不喜亦不惧”的智者吗？回答是“有”，先生就是。

我在北大工作学习，转瞬已是四十八个春秋，知道先生当然很早，但真正认识先生却是在1966年仲夏一个十分炎热的下午。那时，“黑帮分子”和“牛鬼蛇神”们都蹲在烈日下拔草，随时准备接受群众的质询和批斗。我作为一个“摘帽右派”，被认为是没有多大政治油水的死老虎，因而被编入二类劳改队，在北大附小抬土。那天收工后，我从东门进来，走到湖畔水塔边，正好迎面撞上一群红卫兵敲锣打鼓，喊着口号，押着两个“黑帮分子”游街。走在后面的是周一良教授，走在前面的就是先生！他们两人都是胸前挂着牌子，背上扣着一口食堂煮饭用的中号生铁锅，用细绳子套在脖子上，勒出深深的血印。红卫兵们推推搡搡，高呼着“庙小神灵大，池浅王八多”的最高指示，这是最高统帅对北京大学所作的结论。一些著名的科学家和学者，其实与政治并无牵连，仅仅因为他们有影响，就被当作“王八”或“神灵”揪了出来，那背上的黑锅就是“王八”的象征。先生吃力地向前走着，一缕血红的残阳斜抹在他汗涔涔的脸上。我陡然与先生的目光相遇，那是怎样一双眼睛啊！依然清澈，依然明亮，没有仇恨，没有恐惧，只有无边无际的仁爱和悲悯，凝视着那些虐待他的无知的年轻人！此情此景和先生的眼神深深铭刻在我心里，时时警醒我以更宽厚更仁爱的襟怀处事待人。

事隔二十余年，在另一种完全不同的场合，同样是仲夏六月，同样是烈日当空，我又一次见到先生那震人心魄的眼神。在先生手抚着人民英雄纪念碑冰凉的大理石缅怀先烈、回顾历史时，此情此景使先生的满腔仁爱和悲悯不禁化为盈眶热泪，以至老泪纵横！

中国文化常以“情”“理”二字并提，先生多年留学德国，在理性逻辑思维方面受过强有力的训练，然而先生又实在是一个十分重情的人。这只要看看先生的散文便可略知一二。特别是先生怀恋母亲的那些散文。先生在一篇散文中说“我有两个母亲：一个是生我的那个母亲，一个是我的祖国母亲”。其实，先生的一生都是在对这两个母亲的无限温情中度过的，他所做的一切也都是为了这两个他始终热爱的母亲。

先生对自己早逝的生母真是一往情深，他曾计划每年秋天回乡探望母亲的坟场，“无论是在白雾笼罩墓头的清晨，归鸦驮了暮色进入簌簌响着的白杨树林的黄昏”，都到母亲坟头唤一声“母亲”。然而，他却来到遥远的德国，“让母亲一个人凄清地躺在故乡的地下……在白杨簌簌中，淡月朦胧里……借了星星的微光到各处去找寻她的儿子，借了西风听取她儿子的消息。然而，所找到的只是更深的凄清与寂寞，西风也只带给她迷离的梦”。这种对母亲的深深的依恋，始终如一，数十年不衰，直到 1995 年，光明日报社编辑就“永远的悔”这一主题向先生组稿，先生所写，仍是关于母亲的怀念，关于未能回报母亲之爱的自责与愧悔。先生说："一个缺少母爱的孩子，是灵魂不全的人。"其实，反过来说，一个不爱母亲的人恐怕也是"灵魂不全"的吧，这种人绝不可能是一个仁厚温情的人。

先生常自豪地宣称："我是一个有故乡和祖国的人！"在《留德十年》中，先生写道，"我的祖国母亲，我这是第一次离开她。离开的时间只有短短几个月，不知道是为什么，我这个母亲也频来入梦。"他怀念故乡的大杨树、屋后的大苇坑，怀念豆棚瓜架下闲话的野老，怀念一天工作之余在门前悠然吸烟的农人。刚刚离开祖国，他就已经感到："故国每一方土地，每一棵草木都能给我温热的感觉。"远在异国他乡，一株盛开的海棠立刻使他感到祖国虽然远在天边，却又近在眼前。他曾多次幻想："当我见到祖国母亲时，我一定跪下来吻她，抚摸她，让热泪流个痛快。"先生对祖国的一片深情绝非一般爱国者可比，这种深情早已超越一般理性认识，而化为先生自己的血肉，它不仅是出于"理"，而且是全无功利打算的、发自内心的纯情。以这样的热忱作为生活的动力，生活就会色彩烂漫而又晶莹透明。

宽厚、仁爱而又重情的人往往怀着一颗天真的童心，他们有时会做出人们全然意想不到的事，让人目瞪口呆！先生一向生活很有规律，早睡早起，照例清晨四点起来读书、写作。1995年的一天，这时先生已临近八十五岁高龄，他把自己关在书房里，晨读到六点多钟，忽然发现自己已将房门锁上，而钥匙却在门外的另一个房间。其实解决这一问题最简便的办法就是给哪一位学生打个电话，请他来一趟，从外面打开门就行。但先生却认为时间太早，不便将别人从梦中唤醒。他竟然打开窗户，从1.75米高的窗台上奋不顾身地跳将下来，完成了一个"八十五岁老翁跳窗台"的奇迹！这天

季羡林先生

上午，我正好去先生家里有事，先生兴高采烈、不无骄傲地向我叙述了他的伟大的历险。我心里真是好后怕！因为什么都可能发生：脑震荡、脑溢血、心脏病突发、粉碎性骨折……先生却说他经过这次考验，竟然完好无损，足见各项器官都还结实，大约总可以支持到二十一世纪！这天下午，先生原预定进城参加中法比较文化研究会的活动，我力劝先生别去，应尽量在家休息。先生哪里肯听！不但参加了全部活动，而且还楼上楼下仔细阅览了他们活动中的很多新书、好书！

先生的风范为我毕生仰慕，而要企及先生的境界，却实非我力所能及，然而，虽不能至而心向往之，我愿沿着先生的足迹前行，无怨无悔，直到永远。

四、一个冷隽的人，一个热忱的人

——纪念吾师王瑶先生

入昭琛师门下，倏忽已是三十八载！记得 1952 年一个万物繁茂滋生的夏夜，第一次往谒先生，谈及我从先生学现代文学史的意愿。先生说："现代史是非常困难的，有些事还没有定论，有些貌似定论，却还没有经过历史的检验！"他点燃了烟斗，冷然一笑，"况且有时还会有人打上门来，说你对他的评价如何如何不公，他是如问如何伟大等，你必须随时警惕不要迁就强者，不要只顾息事宁人！"他掷过来锐利考察的一瞥。"何不去学古典文学呢？至少作者不会从坟墓里爬出来和你论争！"我说："那么，先生何以从驾轻就熟的中古文学研究转而治现代文学史呢？"我们相视一笑，一切尽在不言中，他收了我这个学生。

在那个生意盎然、相互感应着雄心壮志的夏夜，我们何曾想到历史竟会是这样发展？二十年一片空白，我唯一能记起的是 1957 年 4 月，我和一些朋友被那活跃的"早春天气"弄得昏头昏脑，异想天开，竟想靠募捐来办一个学术刊物，让不大成熟的年轻人的文章也有地方发表。没想到先生严词拒绝了我的募捐要求，他从来是一个十分冷峻的时事分析家。按照他分析的结果，他严厉警告我，

1976 年，和老师王瑶先生

绝对不要搞什么“组织”，出什么“同人刊物”，必须对当时的鸣放热潮保持头脑清醒，当时还只是 4 月末。我们听从了他的劝告，但为时已晚，他的真知灼见和料事如神终于未能救出他的三个学生。

之后，我就没有机会接近先生。“文化大革命”中，他的遭遇比我更悲惨。我永远也不能忘记那难以回首的一幕：由于有人挟嫌诬陷，他被一群红卫兵打得鲜血淋漓。我们这些“专政对象”和全体革命群众都被勒令到现场接受教育。带铜扣的皮带和鞭子落在他的头上和身上，鲜血沿着苍白的脸颊流下来。打手们逼迫他承认：是他，蓄意侮辱了伟大领袖毛主席，将一张印有毛主席像的报纸扔到厕所里。先生忍受着，报以绝对的沉默。那高傲心灵的扭曲和伤痛真是伤心惨目！我的心在哭泣！

终于雨过天晴，有人来调查他所受的迫害，要他指出曾经伤害他的人。先生一笑置之，说是全都不记得了。其实，哪里能忘记呢？先生一向以博闻强记著称，所有往事都会历历在目。例如，有一次，先生和我谈起当时被囚禁在“牛棚”中的生活，十分感慨于像朱光潜先生那样一向严肃的学者，也会在“牛棚”那样的特殊环境下写出一首非常可笑的打油诗。先生一字不漏地将这首诗背给我听，并告诉我当时“牛棚”并无纸笔，朱光潜先生是把这首诗念给他们两三个人听的。那时生活虽然艰辛，他们听了这首诗，还是忍不住笑了一场，看守极为恼怒，勒令他们几个人把诗句背出来。先生一个字也不肯说，只说朱光潜先生根本就没有作什么诗。为此，他遭受了一顿毒打。先生解嘲地说：“我在‘牛棚’挨打，多半是因为劳动跟不上趟，那时真心后悔儿时在农村未曾好好锻炼。唯独这一次挨打，是为了朋友！”

改革开放后，先生学术著作硕果累累，也曾有过宏伟的学术研究规划。他是大海，能容下一切现代的、传统的，新派的、旧派的，开阔的、严谨的，大刀阔斧的和拘泥执着的。在为我的一本小书写的序言中，他特别提出：“每个人如果能根据自己的精神素质和知识结构、思维特点和美学爱好等因素来选择结合自己特点的研究对象、角度和方法，那就能够比较充分地发挥自己的才智，从而获得更好的成就。”这些话一直给我力量和信心，催我前进。

先生的音容笑貌，他那幽默的谈吐，富于穿透力的锋利的眼神，他那出自内心却总带几分反讽意味的笑声，他那冷隽的外表下深藏着的赤子的热忱……三十八年来，这一切对我是如此亲切，如此熟悉！难道这一切都永远消逝，只留下一撮无言的灰烬？

记得最后一次去先生家，已是 1989 年深秋季节，古老的庭院，树叶在一片片飘落，那两头冰冷的大石狮子严严把守着先生的家门，更增添了气氛的悲凉和压抑。我东拉西扯，想分散先生的注意力，和他谈些轶闻琐事，但先生始终忧郁，我也越谈越不是滋味，终于两人相对潸然。先生说有一桩事，一点心愿，也许再也难以实现……

最后一面见先生，是在苏州的寒山寺。先生原已抱病，却执意要参加在苏州举办的他担任了十年会长的中国现代文学研究会理事会会议。会议在风和日丽中圆满结束，先生作了总结，告别了大家，安排了明年年会，没想到最后一天游览，寒流猛至，北风凛冽，先生所带衣物不多，却坚持要上寒山古寺，一登那古今闻名的钟楼。“姑苏城外寒山寺，夜半钟声到客船。”先生花了三块钱，换来古钟三击。钟声悠扬凄厉，余音袅袅，久久不息。不知道为什么，我的心在寒风中战栗，总觉得听出了一点什么不祥之音！先生击钟，在呼唤谁？在思念谁？在为谁祝愿？在为谁祈福？这钟声，为谁而鸣？而今，年末岁暮，心衰力竭，我哭先生，欲哭无泪，我呼先生，欲语无言！唯愿先生英灵，随袅袅钟声乘姑苏客船，驶向那极乐的永恒！

五、文化更新的探索者——陈寅恪

陈寅恪出身名门，家世煊赫。他的祖父陈宝箴为晚清的封疆大吏，任湖南巡抚，推行新政，与京师维新运动相策应，后被罢官。他的父亲陈三立是清末著名的四公子之一，曾任吏部主事，是当时文化界的领军人物；他的长兄陈衡恪（陈师曾）是民初著名的画家。陈寅恪有这样的家学渊源，深受熏陶，又于 1902 年十三岁时赴日本三年，1909 年二十岁考入德国柏林大学，1912 年从瑞士回国；1913 年春赴法国，入巴黎大学，1914 年下半年回国；1918 年冬再赴美国，入哈佛大学学习梵文和巴利文等；1921 年重赴德国进柏林大学研究院，研究梵文及东方古文字学，在欧洲停留大约四年。1926 年就职于清华大学国学研究院。

陈寅恪精通十数国语言，有宏大的抱负、深远的学术视野，他治学的出发点首先是在“国人内感民族文化之衰颓，外受世界思潮之激荡”[①]的形势下，如何使中国文化摆脱“衰颓”之困境而在“世界思潮之激荡”之中获得新生？他说自己“不敢观三代两

① 陈寅恪：《陈垣元〈西域人华化考〉序》，《金明馆丛稿二编》，第 239 页。

汉之书而喜读中古以降民族文化之史”[①]。就是因为“李唐一族之所以崛兴，盖取塞外野蛮精悍之血，注入中原文化颓废之躯，旧染既除，新机重启，扩大恢张，遂能别创空前之世局”[②]。他认为两晋南北朝隋唐之史是一个多民族文化相互吸收、启发、融合、激荡的复杂时期，而这吸收、启发、融合、激荡之结果乃是有唐一代三百年之“崛兴”。他集中研究这一段历史的深意就是要“排除旧染”，除去不符合时代需要的旧的一切，让充满生机的外来之血改造原有的旧的躯体，注入新的活力，使生命复苏，这才能“扩大恢张”“创空前之世局”。这里，外来文化与本土文化的关系是血液、活力与躯体的关系，远不是旧的“体用”关系所能概括的。陈寅恪的大量著作都在考察各民族文化的奔突碰撞，以及从这种碰撞中激发而生的新文化。虽然谈的是历史，却正是认识现实的极好借鉴。

陈寅恪为中国比较文学的渊源和影响研究奠定了最初的基础。首先，他是把吸取外来文化、研究外来文化的影响作为促进本土文化更新的重要进程来看待的。他对冯友兰的《中国哲学史》给予很高评价，重要原因之一就是“此书作者，取西洋哲学观念以阐明紫阳之学，宜其成系统而多新解”[③]；他又指出王国维所写的凡属于文艺批评及小说戏曲之作，如《红楼梦评论》及《宋元戏曲考》《唐宋大曲考》等都是“取外来之观念与固有之材料互相参证”而写成，因此“足以转移一时之风气，而示来者以轨则”，使观堂之书成为“吾国近代学术界最重要之产物”。[④]

---

① 陈寅恪:《〈李唐氏族之推测〉后记》,《金明馆丛稿二编》，第 303 页。

② 陈寅恪:《〈李唐氏族之推测〉后记》,《金明馆丛稿二编》，第 303 页。

③ 陈寅恪:《冯友兰〈中国哲学史〉下册审查报告》,《金明馆丛稿二编》，第 250 页。

④ 陈寅恪:《〈王静安先生遗书〉序》,《金明馆丛稿二编》，第 219 页。

陈寅恪先生

在渊源和影响研究中，陈寅恪最强调的是原典实证的方法，他认为“即以今日中国文学系之中外文学比较一类之课程言，亦只能就白乐天等在中国及日本文学上，或佛教故事在印度及中国文学上之影响及演变等问题，互相比较研究，方符合比较研究之真谛”，而这种比较研究方法，“必须具有历史演变及系统异同之观念”，[①]只有这样，才能品味出两种文化的不同，并了解其间的融通。他说：“两种文化接触，当然有无法相合而遭弃绝之部分，也必有本土原无、纯由外来文化移植而产生新文化的现象。”关于前者，他举《莲花色尼出家因缘》为例，详加论述，指出佛藏中涉及“男女性交诸要义”，转译成汉文也“大抵噤默不置一语”“纵为笃信之教徒”“亦复不能奉受”，至于《莲花色尼出家因缘》述及母女同嫁一

① 陈寅恪：《与刘叔雅论国文试题书》，《金明馆丛稿二编》，第223页。

夫，而此夫又系原母之子，此类情节，与中国“民族传统之伦理观念绝不相容”“惟有隐秘闭藏，禁绝其流布”。① 这正说明两种文化的不同和相互排斥。

关于后者，他以中国小说为例，多次谈及中国小说原来并无鸿篇巨制，后来出现的鸿篇巨制，其来源多出于佛经之神话物语。“察其内容结构，往往为数种感应冥报传记杂糅而成。”② 他对此一论点进行了详细深入的分析：“自佛教流中土后，印度神话故事亦随之输入。现近年发现之敦煌卷子中，如《维摩诘经文殊师利问疾品演义》诸书，益知宋代说经，与近世弹词章回体小说等，多出一源，而佛教经典之体裁之后来小说盖有直接关系。”③ 他认为，佛教说教是多引故事，而故事一经演讲，不得不随其说者本身程度及环境而生易变，故有原为一故事，而歧为二者，亦有原为二者，而混为一者……若能溯其本原，析其成分，则可以窥见时代之风尚。”他以其博大精深的知识，在三十年代写下了《敦煌本〈维摩诘经文殊师利品疾品演义〉跋》《〈三国志〉曹操、华佗传与印度故事》《〈西游记〉玄奘弟子故事之演变》等论文，考察了佛教故事在中国的演变。从对玄奘三弟子的探源中，他寻找出故事演变的三个公例。一曰：仅就一故事之内容，而稍变易之，其事实成分殊简单，其演变程序为纵横贯式。如原有玄奘渡沙河时逢诸恶鬼之旧说，只略加附会，遂成流沙河沙和尚故事之例是也。二曰：虽仅就一个故事之内容变易之，而其事实成分不似前者之简单，但其演变程序尚为纵贯式，如牛卧苾刍之惊犯宫女，天神之化为大猪。此二人二

① 陈寅恪：《〈莲花色尼出家因缘〉跋》，《寒柳堂集》，上海古籍出版社，1980 年版，第 154–155 页。

② 陈寅恪：《〈忏悔灭罪金光明经冥报传〉跋》，《金明馆丛稿二编》，第 257 页。

③ 陈寅恪：《〈西游记〉玄奘弟子故事之演变》，《金明馆丛稿二编》，第 192 页。

事，虽互有关系，然其人其事，固有分别，乃接合之，使为一人一事，遂成猪八戒高老庄招亲故事之例是也。三曰：有二故事，其内容本绝无关涉，以偶然之机会，混合为一。其事实成分因而复杂，其演变程序则为横通式。如孙行者大闹天宫的故事本分别各自为两个故事，一个是《罗摩延传》(《罗摩衍那》) 中猴神哈奴曼 (Nala) 的故事，一个则是佛经典《贤愚经》中“顶生王升仙因缘”，描写顶生王要和天帝平起平坐，升天争帝释之位的故事。陈寅恪对故事在流传中演变的三种公例的总结，实际上也是对比较文学影响研究中“启发——认同——消化——变形”四个层次的总结。

对于这种变形的具体过程和可能的环节，陈寅恪做了详尽的考证。例如《三国志·魏志》记载曹冲称象的故事，其实和《杂宝藏经》中的故事一样，只是由于“辗转流传”，“遂附会为曹冲之事，以见其智”，又因“象为南方之兽，非曹氏境内所能有，不得不取其事与孙权贡献事混成一谈，以文饰之”。又如华佗的故事：华佗为人治病，断肠破腹，破头出虫，数日即愈，带有浓厚的神话色彩。陈寅恪考证华佗应是天竺语 agada (阿伽陀)“药”的意思，华佗实为“药神”。而《因缘经》中也有神医耆域“劈破其头，悉出诸虫”来治迦罗越家女病，“以金刀破腹，还肝向前”来治迦罗越家男病的记载。陈寅恪指出：“《三国志》曹冲、华佗二传皆有佛教故事辗转因袭杂糅附会于其间，然巨象非中原当日之兽，华佗为五天外国之音，其变迁之迹象犹未尽亡，故得赖之以推寻史料之源本。”进行比较文学的影响研究最忌讳的就是道听途说，任意武断。陈寅恪虽然对以上两个故事做了详尽的考证，但仍说：“犹不能别择真伪，并笔之于书。”[①]可见其对于影响、渊源实证研究要求

① 陈寅恪：《三国志曹冲华佗传与佛教故事》，《寒柳堂集》，第 157-161 页。

之严格。

陈寅恪不仅注意研究内容上的影响，对于形式和方法上的影响也是注意。他研究了佛教的注经之法，感到它与中国传统的注经之法是很不相同的。他说："中土的圣人之言必有为而发，若不取事实以证之，则成无的之矢矣。圣言简奥，若不采意旨相同之语以参之，则为不解之谜矣。既广搜群籍，矣参证圣言，其言之矛盾疑滞者，若不考订结实，折衷一是，则圣人之言行，终不可明也。"因此，儒家经典则"必用史学考据，即实事求是之法证之"。而天竺佛藏，则不同，"天竺诂经之法，与此土大异，如譬喻之经，诸宗之律，虽广引圣凡行事，以证释佛说，然其文大抵为神话物语"，正是由于"南北朝佛教大行于中国，士大夫深受其熏习"，才产生了"裴松之《三国志注》、刘孝标《世说新书注》、郦道元《水经注》、杨衒之《洛阳伽蓝记》等"①。这些新的诂经方法不仅开创了新的文体，酝酿了中国小说的发展，而且为中国学术的训诂考证产生了一定的影响。

这种从原典出发，从个别的影响研究上升到对文学影响流播中一般规律的总结，无疑是对比较文学的研究做出的理论贡献。此外，陈寅恪提出的"必须具有历史演变及系统异同之观念"，"察其内容结构""考其方法之延伸"，以及"溯其本原，析其成分，以窥见时代之风尚"等都为中国比较文学的渊源和影响研究奠定了基础。

关于两种文化接触时的相互诠释现象，陈寅恪也作了开创性的阐明。他特别强调两种文化的接触决不是简单的认同或同一。相反，这里必有差异，必有有意或无意的误读或误释。正是这种差异和误读、误释所产生的张力，互相突破原有体系，使双方都发生改

① 陈寅恪:《杨树达论语疏证序》,《金明馆丛稿二编》，第 232–233 页。

变而获得更新、重建。陈寅恪指出中国对佛教经典的诠释最初即有两种不同的方式：一种是“格义”，一种是“合本”。所谓“格义”，“实取外书之义以释内典之文”，即以中国观念解释佛教论说。如《颜氏家训·归心篇》说：“内典初门设五种禁，外典仁、义、礼、智、信，皆与之符。仁者，不杀之禁也。礼者，不邪之禁也。智者，不淫之禁也。信者，不妄之禁也。”又“隋智者大师《摩诃止观·卷陆上》以世法之五常、五行、五经，与佛教之五戒相配，亦‘格义’之说”。这些都是“援儒入释”的例子。至于“华严宗圭峰大师宗密之疏《盂兰盆经》以阐扬行孝之义，作《原人论》而兼采儒道二家之说”，则是“格义”的一种“变相”。

至于“合本”，陈寅恪说：“‘合本’之比较乃以同本异译之经典相参校”。这是因为“中土佛典译出既多，往往同本而异译，于是有编撰‘合本’，以资对比者焉。”如僧人支愍度曾合《首楞严经》及《维摩诘经》，陈寅恪认为他“著传译经录，必多见异本，综合对比，乃其所长也。”这种语言学的比较研究正与后来的历史语言学研究方法类似。

陈寅恪认为“格义”与“合本”所用的方法“自其形式言之，其所重俱在文句之比较拟配，颇有近似之处，实则性质迥异，一则成为附会中西之学说……后世所有融通儒释之理论，皆其支流演变之余也。一则与今日语言学者之比较研究相暗合，如明代员珂之《楞伽经》会译者，可称独得‘合本’之遗意，大藏此方撰述罕觏之作也。”[①]陈寅恪认为，佛教的传入为我民族与他民族二种不同思想之初次会合，十分重要，其结果是：佛教改造了中国的儒道，中国文化也改造了原来的佛教。

---

① 陈寅恪：《支愍度学说考》，《金明馆丛稿初编》，第141-155页。

陈寅恪还进一步指出，吸取外来文化，促进本土文化更新的过程总是通过后人对前人，亦即对原有文化的重新诠释来实现的。这种诠释往往并不符合作者原意，甚且不符合历史事实，因而被“国粹家”们嗤之以鼻，但是，只要这样的诠释是后人根据其当代意识对前人的总结和发展，那就值得肯定，其本身就是一种文化的更新。他认为中国文化就是在历代智者吸取了他们那一时代所能接触到的外族文化的新鲜血液，对原有文化重新进行诠释、改造的过程中发展起来的，当然，这种诠释必须在充分理解前人的基础上进行。但也应该看到“古代哲学家去今数千年，其时代之真相，极难推知。吾人今日可依据之材料仅为当时所遗存的最小之一部”，“残余断片”而已。

陈寅恪对这一点有很深刻的了解，他说：“尝谓世间往往有一类学说，以历史语言学论，固为谬妄，而以哲学思想论，未始非进步者。”他举王辅嗣、程伊川之注《易》传为例，指出他们的传注虽与《易》之本义不一定相符，“然为一种哲学思想之书，或竟胜于正确之训诂”[①]。因此把文化仅仅理解为固定的、可以存放于博物馆的文化陈迹，实在是一种误解。陈寅恪认为，所有“加以联贯综合之搜集及系统条理之整理，则著者有意无意之间，往往依其自身所遭际之时代，所居处之环境，所熏染之学说，以推测解释古人之意志。由此之故，今日之谈中国古代哲学者，大抵即谈其今日自身之哲学者也”[②]。所谓“所遭际之时代，所居处之环境，所熏染之学说”，就是论者的“当代意识”。

另一方面，陈寅恪似乎并不赞同并无直接关系的文化现象的

---

① 陈寅恪：《大乘义章书后》，《金明馆丛稿二编》，第 165 页。
② 陈寅恪：《冯友兰〈中国哲学史〉上册审查报告》，《金明馆丛稿二编》，第 248 页。

比较，他严厉批评了“荷马可比屈原，孔子可比歌德”等“古今中外，人天龙鬼，无一不可取以相与比较”的“穿凿附会，怪诞百出，莫可追诘”[①]的、不科学的泛比现象，但他一般不反对有根据、有创意的平行研究。特别是五十年代初期完成的长篇论著《论再生缘》，表明了他对平行研究的全面的看法。首先，他把《再生缘》放到中国文学和世界文学这两个范围内作纵的和横的比较考察。他在论述《再生缘》的结构时，比较了中西小说结构的不同。他认为：中国小说，“其结构远不如西洋小说之精密”。就是《水浒传》《石头记》和《儒林外史》等书，“其结构皆甚可言”。同类的“《玉钏缘》文冗长支蔓无系统结构，与《再生缘》之结构精密，系统分明者，实有天渊之别”，《再生缘》“文字逾数十百万言”，而能“叙述有重点中心，结构无夹杂骈枝等病，为弹词中第一部书”。其次，在与西方文学的对比中，他特别指出《再生缘》文辞的特点，“《再生缘》之文，质言之，乃一叙事言情七言排律之长篇巨制也”，文辞累数十百万言，可以和希腊、印度的著名史诗比美。他说：“世人往往震矜于天竺、希腊及西洋史诗之名，而不知吾国亦有此体……《再生缘》之文，则在吾国自是长篇七言排律之佳诗。在外国亦与诸长篇史诗，至少同一文体。”他指出中国文学与世界诸国文学相比，“最特异之点，则为骈词俪语与音韵平仄之配合”。但是，由于对偶之文，“往往隔为两截，中间思想脉络不能贯通”。但《再生缘》作者“思想灵活，不为对偶韵律所束缚”，因此，陈寅恪认为，“无自由之思想，则无优美之文学”，“此易见之真理，世人竟不知之，可谓愚不可及矣”。正是在比较的考察中，陈寅恪发现了《再生缘》独特的艺术价值，为这部“不能

① 陈寅恪:《与刘叔雅论国文试题书》,《金明馆丛稿二编》，第 224 页。

登大雅之堂”而备受冷落的艺术杰作和它那位极富才华而几将湮灭的作者争得了在中国文学史上和世界文学史上应有的地位。

总之，陈寅恪是三十年代至五十年代比较文学发展的集大成者。他自始至终坚信：“真能于思想上自成系统，有所创获者，必须一方面吸收输入外来之学说，一方面不忘本来民族之地位。此二种相反而适相成之态度，乃道教之真精神，新儒家之旧途径，而二千年吾民族与他民族思想接触史之所昭示者也。”[①]这样的人所吸取于世界的不限于某个人或某种思潮，而是“超越时间地域之理性”，是跳动着的整个脉搏。对他们来说，“神州之外，更有九州，今世之后，更有来世”[②]。陈寅恪正是将两种文化汇合的理论放在世界文化纵横发展的脉络之中来解释的第一人。

① 陈寅恪：《冯友兰〈中国哲学史〉下册审查报告》，《金明馆丛稿二编》，第 252 页。
② 陈寅恪：《王静安先生遗书序》，《金明馆丛稿二编》，第 220 页。

附　录

乐黛云学术年表

1931 年至 1947 年

1931 年 1 月 31 日生于贵阳；1935 年进入天主教教会小学——善道小学；1939 年因抗日战争疏散到贵阳远郊乌当，在家自学；1942 年迁花溪，入贵阳女中；1945 年考入国立第十四中学；1946 年转入贵州中学。

1948 年

考入北京大学中文系，同年加入中国共产党的外围组织——民主青年同盟。

1949 年

加入中国共产党；参加北京大学剧艺社、民舞社。

在《北平解放报》发表书评《生命应该燃烧起火焰，而不只是冒烟！》。

1950 年

作为北京市学生代表赴布拉格参加第二届世界学生代表大会。

1951 年

报名参加抗美援朝志愿军，未获批准。

诗歌《只要你号召》，获北京市和广东省群众文艺创作一等奖。

到江西吉安参加土地改革运动。

1952 年

毕业于北京大学中文系，获学士学位，毕业论文为《丁玲的浪漫主义》。

留在北京大学中文系担任助教及系秘书。

1955 年

担任《北京大学校刊》主编。

1956 年

为北京大学中文系文学专业四年级学生开设“现代文学史”课程。

《现代中国小说发展的一个轮廓》，连载于《文艺学习》。

1957 年

担任中国共产党北京大学中文系教师支部书记。

写《“雷雨”中的人物性格》，未获发表。

策划文学学术同人刊物《当代英雄》。

1958 年

《五四以前的鲁迅思想》，4 月发表于《新建设》。

被划为“极右派”，开除党籍和公职，到门头沟山区监督劳动。

1962 年

回北京大学，在中文系资料室任资料员，注释古诗。

1963 年

在北京大学政治系、法律系教写作课。

1964 年

被勒令停课。

1965 年

到京郊小红门村参加“四清”运动，接受教育。

1966 年

被调回北京大学参加“文化大革命”，重新监督劳动。

1969 年

到江西南昌远郊鲤鱼洲走“五七”道路，建设北大鲤鱼洲分校。

1970 年

担任北大鲤鱼洲草棚大学“五同教员”（与学生同吃、同住、同劳动、同改造思想、同教育革命之谓）。

1972 年

北大鲤鱼洲草棚大学解散，随工农兵学员返回北大中文系。

1976 年

为留学生（朝鲜学员班、欧美学员班）讲授现代文学。

1980 年

《茅盾论中国现代作家作品》（主编），北京大学出版社出版。

《尼采与中国现代文学》，6 月发表于《北京大学学报（哲学社会科学版）》。

1981 年

在北大中文系开设“茅盾研究”专题课。

编译《国外鲁迅研究论集》，北京大学出版社出版。

北大比较文学研究会和北大比较文学研究中心成立，担任两个机构的秘书长。

为《中国大百科全书·外国文学》撰写“比较文学”条目。

赴哈佛大学做访问学者一年，专修比较文学课程。

1982 年

在纽约参加国际比较文学学会第十届年会，发言题目为《中国文学史教学与比较文学原则》，载于《比较文学年鉴》(*Year Book of Comparative and General Literature*)。

接受美国加州大学伯克利分校邀请，在该校东亚系担任客座研究员，开展“中国小说中的知识分子”研究，并撰写回忆录 *To the Storm*。

1983 年

“北京大学比较文学丛书”第一本在北京大学出版社出版。

1984 年

在北大中文系开设“20 世纪西方文艺思潮与中国现代文学”专题课程，陆续开设“比较文学概论”“比较诗学”等课程。

参加中国文化书院建设，任中国文化书院导师。

创办跨文化研究院，任院长。

1985 年

由北京大学分配支援深圳大学，兼任该校教授及中文系主任。

《当代西方文艺思潮与中国小说分析》在《小说评论》杂志分六期连载。

在深圳组织中国首届比较文学讲习班，130 余人参加。

中国比较文学学会在深圳大学成立，在成立大会上作《中国比较文学的现状与前景》报告，并发表在《中国社会科学》杂志。

当选为中国比较文学学会副会长兼秘书长。

主编“深圳大学比较文学丛书”，写总序《比较文学的名与“实”》。

与卡洛琳·威克曼合著的 *To the Storm* 在加州大学出版社出版，同年获美国加州湾区优秀文学奖。

参与“中外文化比较研究”大型讲授活动。

1986 年

To the Storm 德文版出版，更名为 *Als Hundert blumen Bluhen So*（《当百花应该齐放的时候》）。

1987 年

《比较文学与中国现代文学》，北京大学出版社出版。

与杨周翰教授共同主编第一部《中国比较文学年鉴》，北京大学出版社出版。

随杨周翰、王佐良教授赴美参加第二届中美比较文学双边讨论会，提交论文《中国小说叙述模式从传统到现代的转型》。

1988 年

参加在德国慕尼黑举办的国际比较文学学会第十二届年会，提交论文《关于现实主义的两场论战——卢卡奇对布莱希特与胡风对周扬》，该论文同年发表于《文艺报》，同年 10 月被《新华文摘》转载。

当选为国际比较文学学会第 12 届执行局理事。

《中国小说中的知识分子》（英文版）作为加州大学伯克利分校中国研究系列第 33 种出版。

《比较文学原理》，湖南文艺出版社出版，并于 1995 年获全国高等学校人文社会科学研究优秀成果奖。

《中西比较文学教程》（主编），高等教育出版社出版。

《西方文艺思潮与中国现代文学》（与王宁合编），中国社会科学出版社出版。

1989 年

Literatures, Histories and Literary Histories—The Proceedings of the 2nd Sino-US, Comparative Literature Symposium，Liaoning

University Press 出版（与杨周翰共同主编）。

《超学科比较文学研究》（与王宁合编），中国社会科学出版社。

当选为中国比较文学学会会长。

1990 年

出席在贵阳召开的中国比较文学学会第三届年会暨国际学术讨论会，发表论文《以特色和独创主动进入世界文化对话》。本文载于年会论文集《面向世界》，并由《理论与创作》杂志转载。

《文学研究的全面更新与比较文学的发展》，发表于《中国比较文学》。

《论现代保守主义——重估〈学衡〉》，发表于《中国文化》。

《世界文化总体对话中的中国形象》，2 月发表于《文艺报》。

获加拿大麦克马斯特大学荣誉文学博士学位，在该校讲学一学期。

1991 年

参加《读书》杂志组织的中外著名学者笔谈《比较的必要、可能和限度》，写《转型时期的新要求》一文参与讨论。

《文化更新的探索者——陈寅恪》，发表于《北京大学学报（哲学社会科学版）》。

出席在东京召开的国际比较文学学会第十三届年会，发表论文《中西诗学中的镜子隐喻》。同年 10 月该文载于《文艺研究》，英文载于国际比较文学学会第 13 届年会论文集 *Literature and Vision*。

《欲望与幻象——东方与西方》（主编），江西人民出版社出版。

1992 年

任香港大学访问教授，授课一学期。

1993 年

《当代英语世界鲁迅研究》（主编），江西人民出版社出版。

在突尼斯参加主题为“从‘不可见’到‘可见’”的国际研讨会，发言题目为《意义的追寻》，讨论了中国古诗从“不可见”到“可见”的追寻。

在湖南参加中国比较文学学会第四届年会暨国际学术讨论会，提交论文《中西诗学对话中的话语问题》，载入1994年出版的《多元文化语境中的文学》，并为该书写了《比较文学新视野》（代序）。

1994年

《文化差异与文化误读》，5月发表于《中国文化研究》。

出席在加拿大阿尔伯特大学召开的国际比较文学学会第十四届年会，发表论文《中国诗学语境中的言、象、意》，讨论了中国诗学“书不尽言，言不尽意”的特点；载于1996年出版的《文化：中西对话中的差异与共存》论文集，英文版载于1999年出版的国际比较文学学会第十四届年会论文集 *Comparative Literature now Theories and Practice*。

《世界诗学大辞典》（与叶朗、倪培耕共同主编），春风文艺出版社出版，1998年获教育部颁发的第二届人文社会科学研究成果奖。

主编海外中国博士文丛，中国人民大学出版社出版。

1995年

To the Storm 日文版在岩波书店出版。

自传《我就是我：这历史属于我自己》，台湾正中书局出版。

赴澳大利墨尔本大学任访问教授一学期。

“独角兽与龙——在寻找中西文化普遍性中的误读”国际学术讨论会在北大召开，发表论文《文化差异与文化误读》。

《独角兽与龙——在寻找中西文化普遍性中的误读》（与勒·比松共同主编），中文版、英文版在北京大学出版社出版，法文版2003年在法国出版。

在澳大利亚墨尔本参加“90年代的中国文化与社会”国际研讨会，发言题目为《西方文论在中国》，后选入2001年出版的英文论文集 *Voicing Concerns: Contemporary Chinese Critical Inquiry*。

中国比较文学学会、北京大学比较文学与比较文化研究所联合组织“文化对话与文化误读”国际学术讨论会，接待国际比较文学学会第十四届第三次理事会（来自26个国家），发表论文《文化相对主义与“和而不同”原则》。该论文英文版1997年载于 *Cultural Dialogue and Misreading*。

1996 年

出席在巴西召开的国际比较文学学会执行局理事会会议，发表论文《中国比较文学现状》；1997 年载入英文版 *Comparative Literature Worldwide: Issues and Methods*。

在《中国比较文学》杂志发表《比较文学的国际性和民族性》，该文 1997 年被《香港中文大学人文学报》第一期和《南方文坛》转载。

《北美中国古典文学研究名家十年文选》(与陈珏合编)，江苏人民出版社出版。

1997 年

指导的第一个博士生史成芳毕业，毕业论文为《诗学中的时间概念》。

担任荷兰莱顿大学胡适汉学访问讲座教授，授课一学期。

出席在荷兰莱顿召开的国际比较文学学会第十五届年会并发表论文《文化差异与文化共存——东亚文学史的一个个案研究》。

与孟华、陈跃红、王宇根，因《"比较文学概论"文学教学的新突破》获 1997 年北京市教学成果一等奖。

散文集《透过历史的烟尘》，北京大学出版社出版。

1998 年

《比较文学原理新编》(与陈跃红、王宇根、张辉合著)，北京大学出版社出版。

编选《欧洲中国古典文学研究名家十年文选》，江苏人民出版社出版。

《跨文化对话》丛刊（主编），第一辑出版。

《远近丛书》(主编)，中文版由上海文化出版社出版，法文版 1999 年由法国 DDB 出版，意大利文版 2000 年由意大利 Servitium 出版。

出席在西班牙召开的"文化遗产的传递"国际研讨会，发言题目是《中国文化遗产传递的三种途径》。

1999 年

在香港科技大学讲学一学期。

参加在四川成都召开的中国比较文学学会第六届年会暨国际学术研讨会，发表论文《21 世纪与新人文精神》。该文入选 2000 年出版的《迈向比较文学新阶段》论文集。为该书作序《迈向新世纪：多元文化时代的比较文学》。

2000 年

散文集《绝色霜枫》，百花洲文艺出版社出版。

出席在南非比勒陀利亚（现更名为茨瓦内）召开的国际比较文学学会第十六届年会并发表论文。

受聘为香港学术评审局委员，并于 2001 年和 2003 年参加树人大学和珠海大学的评审。

2001 年

应邀主持 2001 年新加坡吴德耀纪念文化讲座，发表论文《中国今天的大众文化》，英文论文 *Plurality of Cultures in the Context of Globalization and A New Perspective of Comparative Literature*。

担任美国斯坦福大学访问教授，授课一学期。

从北京大学中文系离休。

2002 年

论文集《跨文化之桥》，北京大学出版社出版。

参加在南京召开的中国比较文学学会第七届年会暨国际学术研讨会，提交论文《21 世纪中国比较文学的发展前景》。

受聘为美国 *Comparative Literature Studies* 季刊编委。

2003 年

《比较文学简明教程》，北京大学出版社出版。

参加“跨文化对话的回顾与前瞻”中法合作研讨会。

《文化差异与文化共存》一文被译成意大利文。

应斯德哥尔摩大学邀请，赴瑞典参加中国哲学讨论会，提交论文《多元文化发展中的几个问题——中国视野》。

应哈佛大学邀请参加毛泽东诞辰 110 周年纪念讨论会。

2004 年

主编《20 世纪中国学术文存·比较文学研究》。

专著《比较文学与比较文化十讲》，复旦大学出版社出版。

参加在香港召开的国际比较文学学会第十七届年会，提交论文《全球化时代的比较文学——中国视野》。

参加上海第一届世界中国学论坛，提交论文《西方的文化反思与东方转向》。

《比较文学与中国——乐黛云海外讲演录》(英文版)，北京大学出版社出版。

2005 年

《同行在未名湖畔的两只小鸟》(与汤一介合著)，太白文艺出版社出版。

《跨文化沟通个案研究丛书》(主编)，文津出版社出版。

跨文化研究中心与世界文学研究所在北大举办“东西方互动认知”国际学术讨论会，发表主题演讲《在反思和沟通的基础上建构另一个全球化》。

中国比较文学学会第八届年会暨国际学术研讨会在深圳召开，发表主题演讲《比较文学发展的第三阶段》。

在香港凤凰卫视“世纪大讲堂”发表演讲《21 世纪文学研究与比较文学的第三阶段》。

《比较文学与世界文学：乐黛云教授七十五华诞纪念特辑》，北京大学出版社出版。

开始“道始于情”的研究，发表《文学与情——东方与西方》。

参加韩国首尔“东方文化对世界的意义国际讨论会”，提交论文《西方的文化反思与东方转向》。

参加法国巴黎“国际儒学研究会议”，提交论文《中国传统文化与文化自觉精神》。

参加澳大利亚悉尼第十四届国际中国哲学大会，提交论文《中国传统文化对化解文化冲突可能作出的贡献》。

2006年

《迎接新的文化转型时期》(《跨文化对话》丛刊，1—16辑选编)(主编)，上海文化出版社出版。

被日本关西大学授予“文化与科学”荣誉博士学位。

为《欧洲梦》中文版写序。

参加神话研究会议，并发表《评苏童的〈碧奴〉》。

参加上海第二届世界中国学论坛，发表《和谐社会与文化自觉》。

参加澳门中国比较文学学会成立大会，发表《中国应建立影响世界的思想体系》。

《中学西渐个案丛书》(主编)第一辑，首都师范大学出版社出版。

主持建立跨文化交流网(http://transcultures.org/)。

《中国知识分子的形与神》，昆仑出版社出版。

编写《比较文学研究》。

2007年

被聘为北京外国语大学客座教授，博士生导师，招比较文学博士生2名。

《远近丛书》(主编)5种，由中法两国学者合作，在北京和巴黎以中文和法文同时出版。

为《比较文学简明教程》越南文版写序。

《文学：面对重构人类精神世界的重任》，6月发表于《文艺研究》。

《探索人的生命世界》，中国广播电视出版社出版。

2008年

《21世纪的新人文精神》，1月发表于《学术月刊》。

在北京外国语大学续招比较文学研究生2名。

中国比较文学学会第九届年会暨国际学术讨论会在北京召开，发言题目为《站在跨文化对话的前沿——当代中国比较文学发展中的几个问题》。

主编《中学西渐个案丛书》第二辑：《中国禅与美国文学》《荣格与中国文化》《伏尔泰与中国文化》《黑塞与中国文化》。

为《中国比较文学》写专栏《快乐的对话》四篇。

参加上海第三届世界中国学论坛，发表《跨文化对话的紧迫性及其难点》。

《四院·沙滩·未名湖：60年北大生涯》，北京大学出版社出版。

编辑《跨文化对话平台丛书》，包括《编年史：中欧跨化对话（1988—2005）》中文版和法文版、《中法文化对话集》和《他者的智慧》。

主编《当代汉学家个案研究丛书》第一辑6种。

主编《中国经典传播个案丛书》第一辑6种：《孔子在西方》《孟子在西方》《老子在西方》《庄子在西方》《〈文心雕龙〉在西方》《〈沧浪诗话〉在西方》。

参加由南京大学比较文学与比较文化研究所、北京大学跨文化研究中心等单位共同主办的"跨文化对话暨丛刊十年庆国际研讨会"。

《编年史：中欧跨文化对话（1988—2005）》（主编），南京大学出版社出版。

2009年

在北京外国语大学续招比较文学研究生1名。

《多元之美》，北京大学出版社出版。

参加国家汉办主持的"五经翻译座谈会"，提交论文《诗歌的翻译是可能的吗？以〈诗经〉的翻译为例》。

2010年

在北大中文系作题为"文学：面对重构人类精神世界的重任"的讲座。

2011年

《乐在其中：乐黛云教授八十华诞弟子贺寿文集》，北京大学出版社出版。

出席在天津举办的中国首届比较文学与世界文学博导高层论坛。

赴贵阳参加"全国名家看贵州"采风活动启动仪式暨贵州日报《27°

黔地标》文化周刊创刊活动，为贵州文化大讲堂首次讲《中国文化面向新世界》。

《跟踪比较文学学科的复兴之路》，复旦大学出版社出版。

参加汤一介先生、乐黛云先生向北京大学捐赠图书仪式。

在北大朗润园为北大国际（BiMBA）学员和校友们举办讲座“北大文化的精神”。

2012年

《逝水与流光》，长春出版社出版。

《清溪水，慢慢流》《长天依是旧沙鸥》《跨越文化边界》《漫游书海》《得失穷通任评说——他人评论》，东方出版中心出版。

在北京大学作题为“关于中国文化面向世界的几点思考”的讲座。

2014年

《比较文学原理新编》（第二版，乐黛云等著），北京大学出版社出版。

《燕南园往事》（与汤一介、汤双、汤丹合著），江苏凤凰文艺出版社出版。

2015年

《涅槃与再生：在多元重构中复兴》，中央编译出版社出版。

《多元文化中的中国思想》，中华书局出版。

出席北京大学第一届“一介学术讲座”。

《儒风大家》采访，刊发《对话乐黛云先生：融化新知，安身立命》。

《乐黛云散文集》，译林出版社出版。

为汤一介遗稿《我们三代人》作序，中国大百科全书出版社出版。

《何处是归程》，中央编译出版社出版。

2016年

中国文化书院导师文集《师道师说：乐黛云卷》，东方出版社出版。

出席第二届“会林文化奖”颁奖典礼，与美国夏威夷大学安乐哲教授共同获得该奖项。

《山野·命运·人生》，海天出版社出版。

参加上海书展“汤氏一门三代知识分子的传承和守望——乐黛云解读《我们三代人》”活动。

《天际月长明》，海天出版社出版。

《跨文化方法论初探》，中国大百科全书出版社出版。

参加首届中国阳明心学高峰论坛，作主题报告“王阳明的‘知行合一’就是诚”。

2017年

《跨文化之桥》，北京大学出版社出版。

《面对世界的对话者：乐黛云传》（季进、曾攀著），江苏人民出版社出版。

2018年

接受人民日报记者采访，人民日报中央厨房·人物工作室发表访谈《乐黛云：革故鼎新心在野，转识成智觉有情》。

接受文艺报记者专访，《文艺报》发表访谈《乐黛云：建立属于我们的文化自信》。

2019年

参加中国文化书院导师雅集。

代后记

同行在未名湖畔的两只小鸟

在北京大学燕园，人们常常看到，黄昏时分，有两位老人绕着未名湖漫步同行。他们绕着这个“有名”的湖不知有多少圈了，还会再绕着同行，也许十年，也许更长的时间。

时间已经过去了五十多年，他们绕着这个湖一圈又一圈，从青年到中年，又从中年到老年。这湖，这湖边的花树，湖边的石头，湖边的靠背椅，湖边树丛中的鸟，一一都引起他们的回忆：他们在湖上无忧无虑地溜着冰；他们刚会走路的小女儿跟着年轻的父亲走在小径上，留下一张有着他们背影的照片；他们看着儿子在冰球场上横冲直撞；他们推着坐在轮椅上的年老的汤用彤先生绕湖观赏春天的美景；他们也常倾听着由湖边音响中播放的中外古典音乐，悠然神往。春天，他们找寻湖边的二月兰；秋天，他们欣赏湖岸不知名的黄花。他们绕湖同行，常常也会触景生情：湖的这边曾有他们的学生跳水自尽；湖的那边埋葬着他们所钟爱的一个学生的骨灰；湖边的小桥是他们两人中的一个被隔离审查时离别的分手处；湖畔的水塔边，他们曾看到两位老教授背着大黑铁锅，游街示众，脖子上划出深深的血痕……

绕湖同行，是不尽的回忆，也是当下的生活。他们边散步，边辩论应如何解释“有物混成”，探讨多种文明共存是否可能；他们议论理查·罗蒂在上海的演讲，也回忆与杜维明和安乐哲在湖滨的漫谈；他们还常共同吟味《桃花扇》中一曲《哀江南》所写的“眼见他起高楼，眼见他宴宾客，眼见他楼塌了”。他们多次设计着如何改变当前忙乱的生活，但生活依然忙乱如旧；他们常说应去密云观赏红叶，但红叶早已凋零，他们仍未成行。他们刚把《同行在未名湖畔的两只小鸟》编好，又计划着为青年们写一本新书，汇集自己人生经验的肺腑之言。他们中的一个正在为顺利开展的《儒藏》编纂工作不必要地忧心忡忡；另一个却对屡经催逼，仍不能按期交出的书稿而处之泰然。这出自他们不同的性格，但他们就是这样同行了半个世纪，这是他们的过去、他们的现在，也是他们的未来。

未名湖畔的两只小鸟，是普普通通、飞不高也飞不远的一对。他们喜欢自由，却常常身陷牢笼；他们向往逍遥，却总有俗事缠身！现在，小鸟已变成老鸟，但他们依旧在绕湖同行。他们不过是两只小鸟，始终同行在未名湖畔。

汤一介　乐黛云

2014 年 10 月 29 日

未名湖畔的背影